复盘网飞

That Will Never Work

The Birth of Netflix and the Amazing Life of an Idea

[美]马克·伦道夫（Marc Randolph） 著

尚书 译

中信出版集团 | 北京

图书在版编目（CIP）数据

复盘网飞 /（美）马克·伦道夫著；尚书译. -- 北京：中信出版社，2020.8
书名原文：That will never work：The Birth of Netflix and the Amazing Life of an Idea
ISBN 978-7-5217-1576-7

Ⅰ.①复… Ⅱ.①马… ②尚… Ⅲ.①网络公司—企业管理—经验—美国 Ⅳ.① F279.712.444

中国版本图书馆CIP数据核字（2020）第029646号

That Will Never Work: The Birth of Netflix and the Amazing Life of an Idea
Copyright © Marc Randolph 2019
This edition arranged with The Marsh Agency Ltd & IDEA ARCHITECTS
Through BIG APPLE AGENCY, INC., LABUAN, MALAYSIA.
Simplified Chinese edition copyright © 2020 CITIC Press Corporation
All rights reserved.

本书仅限中国大陆地区发行销售

复盘网飞

著　　者：［美］马克·伦道夫
译　　者：尚书
出版发行：中信出版集团股份有限公司
　　　　　（北京市朝阳区惠新东街甲4号富盛大厦2座　邮编 100029）
承　印　者：北京盛通印刷股份有限公司

开　　本：880mm×1230mm　1/32　　印　张：15　　字　数：310千字
版　　次：2020年8月第1版　　　　　　印　次：2020年8月第1次印刷
京权图字：01-2019-5081
书　　号：ISBN 978-7-5217-1576-7
定　　价：69.00元

版权所有·侵权必究
如有印刷、装订问题，本公司负责调换。
服务热线：400-600-8099
投稿邮箱：author@citicpub.com

NETFLIX

商界翘楚、学界导师、
传媒主编这样评价《复盘网飞》

读着《复盘网飞》，我不觉笑了，因为爱奇艺和网飞的初创经历非常相似。相信几乎所有的互联网创业公司都会有这种相似之处，就像网络游戏行业的"换皮"，综艺节目的"模式"。这本书描述了很多创业企业的共性。其中，首先是故事性，这点通常是最吸引读者的。此外，关于创业型企业家特有的精神，企业文化，人才的选择、成长和淘汰，创始人在创业初期的股权分配和分工等，在书中都有详尽描述。这只是我关注的这本书有趣、有价值且有共性的点，但不是全部。抱着好奇和学习的心态自己阅读吧，相信你一定会收获不小。

> **龚宇　爱奇艺创始人、首席执行官**

网飞是少有的几家真正的颠覆式创新的公司，它既有颠覆式技术创新，又有颠覆式组织创新。

> **克莱顿·克里斯坦森　"颠覆式创新"提出者**

网飞是我很欣赏的一家公司，它的每一次创新对内容产业都是颠覆式的，而且都实现了持续性高增长。这本书让我们有机会窥见流淌在网飞血液里的基因——创新、效率、执着、热爱与责任。

> **冯仑　万通集团创始人、御风集团董事长**

这本书是研究网飞非常好的"教材"，如果我们能够思考清楚，网飞如何没有因为原业务被市场淘汰而销声匿迹，如何找到了企业发展新的生机，如何把握住新的市场，如何找到用户的刚需，如何用一款产品、一项功能完美地解决了这个刚需问题，并由此衍生更多的增值业务……相信我们对人生、创业、经营管理的理念、方法论及实操工具会有更深的理解。

> **孙陶然　拉卡拉集团创始人、《精进有道》作者**

创业是一次孤独的旅程，伦道夫却乐此不疲。市面上关于网飞的话题点有很多，但从"局内人"身份复盘网飞的书只有这一本。走下"颠覆者"神坛，网飞曾遭遇"运营危机""裁员危机""文化危机"。创始人如何力挽狂澜，网飞的技术与文化基因如何被打造，首任创始人在书中进行了详尽披露，相信这对当今的创投人士有很好的启发。

> **周航　顺为资本投资合伙人**

这是一部网飞的创业史，值得每个创业者读一读。令我印象深刻的是，联合创始人伦道夫总结的独特经验：学会理性创新、积极应对变化、正视自己的局限、放弃不等于失败。这些有点儿不合常理的价值观给我们带来了思辨性的启发。

> **王煜全　海银资本创始合伙人、全球科技投资人**

网飞是典型的美式"天派"创业案例。网飞联合创始人伦道夫以"绝对的坦诚"还原了一个真实的网飞、一个黑马逆袭的创业故事，书中关于创始人在关键时点如何做出战略选择，如何处理创业者与团队、客户、股东、社会之间"商业五伦"关系的描写，值得中国创业者学习。

> **牛文文　创业黑马创始人**

当LD（激光视盘）机、DVD（数字视频光盘）机，乃至数字电视机顶盒纷纷被清出我们的客厅时，一家从邮寄影碟起步的公司却始终驻扎在我们的生活里。在我看来，网飞的传奇，并不在于公司规模大，而在于它的改变与坚持。所有的疑问和智慧，都可以在这本书中找到线索。

> **陈思劼　第一财经（上海第一财经传媒有限公司）总经理**

全球流媒体之战已经打响，在苹果、迪士尼、网飞、HBO电视网、谷歌等的竞争中，目前领先的是网飞，其全球付费用户数已近两亿。网飞联合创始人马克·伦道夫的《复盘网飞》，可以让你看到一个真实的网飞，一个小企业击败巨头的创业故事，一个在技术与组织上持续颠覆式创新的科技企业，以及无数黏住用户的高明招数。

> **秦朔　人文财经观察家、"秦朔朋友圈"创始人**

令我印象深刻的是伦道夫如何一步步退出亲手创办的公司，包括融资，股权、期权分配，职务变化，每一次都是天人交战，都是感性与理性的冲突。我想，所谓企业家精神，就是正视问题的态度和行动，能够始终理解创办公司的初心，始终坚持以客户为先和用户至上的诚恳，这也是创始人的独特能力所在。

> **吴声　场景实验室创始人**

伦道夫为我们展现了太多细节，也给人以实实在在的机会窥见流淌在网飞血液里的执着、效率、自由、责任。它们是网飞的历史故事，是网飞的基因，更是支撑其增长神话的真正内核。

> **刘亚澜　商业新媒体深响创始人**

作为创业者，同时也是内容行业的从业者，网飞几乎是我们的偶像。书未付印前，我就迫不及待地从编辑那儿要来样稿，一睹为快。这本书完美地还原了网飞的历程，更揭秘了诸多不为人知的细节。它既可当商业"教科书"，也能当人生"教材"。我想，更加难得的是，网飞为我们带来的美好和创新。如果你热爱内容，也欣赏商业之美，那这本书不可错过。

> **陈新焱　公众号"书单"创始人**

献 给

洛琳——

认为这个创意永远不会成功的人

虽然你不相信这个想法,但我知道你始终相信我

我爱你

目 录

推荐序一 精彩的故事，一样的成功 / I

推荐序二 创业圈外的人，也应该学习网飞 / V

作者按语 / XI

1

好点子的诞生
（1997年1月：上线前15个月）

每一个好主意背后，都有上千个馊主意。定制棒球棒、个性化冲浪板，为宠物狗量身定制的狗粮……这些都是我向里德提过的想法。而网飞从最初的创意变为现实，也经过了为期数月的研究、几百个小时的讨论，以及在一家家庭餐馆里开的数次马拉松式会议。

里德：完美搭档 / 003
网飞的创意来源 / 008
不要相信顿悟 / 010

2

"那永远不会成功"
（1997 年春：上线前一年）

我在背包里放了一个小本子，用来记录我的想法。我满脑子都是创意。如果你给我几个小时的空闲时间，让我待在硅谷的办公室里，只要网速够快，再有几块白板，那我敢肯定白板笔一会儿就不够用了。

弗洛伊德是我的舅太姥爷　／ 015
父亲的忠告　／ 018
为别人工作　／ 019
面临失业　／ 020
以创意为生　／ 022
两位卓越的同事　／ 023
那录像带呢？　／ 025
VHS 线上商店？　／ 027
再遭打击　／ 029
打磨创意　／ 031

3

测试：让想法落地
（1997 年初夏：上线前 10 个月）

大多数商业计划书都囊括了详尽的上市策略，对营业收入和支出的详细预测，以及对市场份额的乐观预测，但在我看来，这种计划纯属浪费时间。从创业开始的那一刻起，计划就过时了。所以，关键是要让你的想法尽快和现实亲密接触。

逆转：视频光盘　／ 037
邮寄 DVD？　／ 039
亲手试验想法　／ 040
测试成功　／ 044
从零开始建立库存　／ 046
最初的股权模式　／ 047
人才与商业计划书　／ 052
20 世纪 90 年代的硅谷　／ 053

4

初始团队

（1997 年 7 月：上线前 9 个月）

我告诉的人越多，我得到的有价值的反馈也就越多，我也越能从前人种种失败的尝试中吸取教训。与他人交流不仅有助于我完善自己的想法，通常还能让他们也想加入。

头脑风暴	/ 059
万里挑一的米奇	/ 064
在硅谷收集情报	/ 068

5

艰难的融资

（1997 年秋：上线前 8 个月）

年轻的企业家可以从询问他人的意见着手，但是在别人不出所料地回答"我喜欢这个点子"之后，要立马追问一句："你愿意投资几千美元吗？"对方前后态度的转变之迅速一定能让你的头脑更加清醒。

OPM 很难	/ 075
乞讨锤炼了我	/ 077
"这是狗屁"	/ 083
硬着头皮要钱	/ 088
"亲友轮"	/ 091

6

A 级团队
(1997 年冬：上线前半年)

我坚信，健康的创业文化源于创始人的价值观和选择。文化反映的是你是谁，你在做什么，它并非来自字斟句酌的使命宣言和委员会会议。你完全可以大谈特谈员工就是你最大的财富，讲述你如何打造一流的办公环境，但最终你还是得脚踏实地、循序渐进地践行你的诺言。

200 万美元入账	/ 097
把钱花在研发上	/ 099
做空赚钱	/ 101
打造 6 个基本面	/ 105

7

企业文化不是说出来的
(1997 年冬：上线前半年)

企业文化不是说出来的，是做出来的。我们的文化实际上是在大家共同的价值观基础之上自然而然地衍生的。这就是我们的文化：精心挑选十几个才华横溢、富有创造力的人，给他们一些有趣的问题，再为他们提供解决问题的自由空间。

企业文化是做出来的	/ 117
雇用创新者	/ 120
四个优势	/ 121
花钱买数据库	/ 126
每周的二人世界	/ 132
测试版叫"狗粮"	/ 136

8

正式上线

（决战时刻：1998 年 4 月 14 日）

我们预期会有 15~20 人使用网站订购 DVD，结果我们收到了 137 张订单，而且原本可能不止这些，因为我们不知道在网站出故障的时候有多少人曾试图访问网站。

蓄势待发 / 145
做最坏的打算 / 151
网飞上线日 / 154
网站一整天都在崩溃 / 167
截止期限前的冲刺 / 168
超过预期 6 倍的订量 / 170

9

上线后的日常一天

（1998 年夏：上线后 8 周）

创业是一次孤独的旅程，你在做一件没人愿意相信的事情，你一次又一次地被告知：那永远不会成功。是你在对抗全世界。但事实是，光靠自己是行不通的。你需要寻求帮助，说服别人接受你的想法，让他们也心怀如你一般的热情。给他们戴上神奇的眼镜，让他们也能看到你对未来的憧憬。

早上 5：00　监测数据　/ 177
早上 7：30　跟踪流量　/ 180
上午 9：00　结交高层　/ 183
上午 11：15　寻求合作与招聘　/ 191
下午 12：45　家庭财务危机　/ 195
下午 2：00　与行业领袖合作　/ 196
下午 4：00　租赁 or 销售　/ 198
下午 5：15　家庭时光　/ 201
晚上 8：00　晚间工作　/ 201
晚上 10：00　创业公司版真爱　/ 204

10

专注：收购风波的启示
（1998 年夏：上线两个月后）

同时做租赁和销售会让我们的用户晕头转向，也会让运营变得复杂。如果我们不把公司卖给亚马逊，那么亚马逊一旦进入这个领域就会将我们摧毁。我觉得我们不如干脆现在就退出，专注于租赁业务。

差点儿被亚马逊收购　　　／209
投公司就是跟对人　　　　／220
再见，太平岁月　　　　　／225

11

公司要如何优雅地成长
（1998 年 9 月：上线 5 个月后）

这就是创业要面临的：一边是大获成功，一边是一败涂地，而你就在中间地带如履薄冰。如果你做的次数足够多，你就会发现这也只是一种生活方式而已。在这里，谁解决问题并不重要，重要的是问题得以解决。

与索尼合作：百密一疏　　／231
成功会带来问题　　　　　／233
成功又失败的尝试　　　　／237

12

重大转折：创始人之间
（1998 年秋）

公司是一个梦想，由我来掌舵则是另一个梦想。如果公司想要成功，我就需要诚实地面对自己的局限。我觉得自己超过了 98% 的企业家，但里德超过了 99.9% 的人。他是历史上最伟大的企业家之一。在接下来这个阶段，他可以做得比我更好。他更自信、更专注，同时也更大胆。

关于梦想	/ 251
里德的坦诚	/ 255
放弃首席执行官头衔	/ 262

13

重新定义团队
（1999 年春：上线一年后）

网飞的文化，至少在最初阶段，并不是精心规划的产物，也不是雄心勃勃的原则抑或是文化宣言的结果。网飞的文化反映了创始人共同的价值观和行为。我们彼此信任，努力工作，我们对传统企业的那种废话秉持零容忍的态度。

不当领唱的日子	/ 271
适应新角色	/ 273
企业文化是做出来的	/ 275
洗牌重组	/ 285
网飞岌岌可危	/ 288
订阅模式初见雏形	/ 291

14

关键创新：订阅与算法推荐
（1999年秋：上线一年半后）

我和里德于1998年9月达成了首席执行官和总裁的协议。不到一年时间，订阅计划就上线了。在一年半的时间里，订阅计划就成了网飞唯一的租赁方式。与此同时，一个经过重新设计的网站正在使用一种创新的算法与用户互动，这种算法能准确地算出他们想看的电影……而且是我们想让他们租借的电影。

订阅模式	/ 297
为潜力付费	/ 301
专注与放弃	/ 305
数据先行	/ 307
开创算法匹配服务	/ 311

15

成功的烦恼
（2000年9月：上线两年半后）

没法上市对我们来说是一次重大的打击。但现在回想起来，这可能是我们最大的运气之一。倘若我们在2000年秋真的上市成功，我们就会被门户网站的理念以及围绕它建立的不切实际的财务预期束缚，而那将会是一场灾难。

未上市之幸	/ 324
互联网浪潮	/ 327
竞争对手百视达	/ 329
硅谷精神	/ 332
奇异文化	/ 334

16

与百视达谈判
（2000年9月）

一切都在线上化。没人能确切地知道这将如何发生，或者需要多长时间，但不可避免的是会有越来越多的百视达用户希望——不，是坚决要求——在网上进行交易。百视达不仅在利用这一趋势方面处于不利地位，它甚至似乎没有意识到这一趋势的到来。

梦碎达拉斯　　　　　　　／ 343
重整旗鼓　　　　　　　　／ 355

17

危机下的盈利计划
（2000—2001）

在后泡沫时代，我们不能成为烧钱的无底洞。我们必须到达这样的节点：我们不仅每个月能从每个用户那里赚到钱，还要有足够的用户数量来确保我们有能力偿付经营企业的固定成本。

泡沫危机　　　　　　　　／ 359
只关注棘手之事　　　　　／ 363
裁员计划　　　　　　　　／ 364
干掉百视达好吗　　　　　／ 372

18

上市
（2002 年 5 月：上线后 49 个月）

在风险投资人和公司创始人的词典里，"成功"这个词的含义并不完全相同。风险投资人总是说他们与你的使命一致，他们想要的都是对公司最有利的。但他们真正想要的，其实是对他们的投资最有利的。这两者并不总是等同的。顺风顺水时，大家的方向都是一致的。只有当暴风雨来临时，你才会发现原来大家的目标其实各不相同。

明星团队	/ 377
次日送达	/ 378
将"不"变成"是"	/ 380
上市前的思考	/ 386
上市当天全记录	/ 399

后记　伦道夫的成功法则	/ 409
致谢	/ 433
参考文献	/ 439

NETFLIX

推荐序一
精彩的故事,一样的成功

龚宇

爱奇艺创始人、首席执行官

《复盘网飞》是我认真看的第二本关于网飞的书(另外一本是《奈飞文化手册》[1]),而且都写了推荐。是因为爱奇艺被称为"中国的网飞"吗?也许是吧,但又不完全是。

20年前,中国的互联网创业者几乎全部称自己的企业是中国的某美国互联网企业,他们一定相信自己所说的全部。10年前,中国有很多互联网创业者还是称自己的企业为中国的某美国互联网企业,不同的是声音小了,而且很少有人真的彻底相信自己的

---

[1] 奈飞是网飞的另一种译法。——编者注

描述了。大家心知肚明，相似的商业模式和简单的类比描述是第一步，这样可以少走一些弯路，更容易让西方投资者明白他们在做什么生意，以便融到资金，同时也让中国的网民更加容易理解和接受自己的服务和产品。创业者还知道，第二步一定要根据中国的市场特点做本地化创新，这才是生存和成功的法宝。回想五六年前，我在波士顿面对那些数百亿甚至上千亿美元的家族基金管理人——老爷爷们做NDR（None Deal Roadshow，即非交易路演）时的沮丧和无语：只有一个小时，我要先花四十多分钟讲解网络视频点播和电视广播的差别，剩下十几分钟再介绍爱奇艺。再对比两年前，我在投行的指导下做IPO（首次公开募股）路演，简单描述爱奇艺是"中国的网飞"时，所有的西方投资者都明白，而且眼中透露着关注和兴奋。这就是"套路"的价值和力量。

读着《复盘网飞》，我不觉笑了，不只是笑以上自己的"套路"，更笑爱奇艺和网飞的初创经历非常相似。相信几乎所有的互联网创业公司都会有这种相似之处，就像网络游戏行业的"换皮"，综艺节目的"模式"。

这本书描述了很多创业企业的共性。第一是故事性，这点通常是最吸引读者的。创业者似乎都对创业筹备和开始阶段的某个细节记忆犹新，同时媒体的报道和业内的口碑传播逐渐对真相产生了善意的、戏剧性的，甚至是传奇性的改编。就如作者马克描述的，网飞另一位创始人、现任首席执行官的里德因为租赁录像带超期而被罚40美元，所以网飞从一开始就不收取超期罚款。所有创业者几乎都记得的细节还有网站的起名过程、上线时刻每个人的表情和语言。当然还有类似于服务器死机、打印机卡纸这样低级的但是几乎都会出现的技术故障。也有在员工人数不多的阶段时，某些家属总要陪伴着自己的亲人深夜加班的温暖画面。

第二是创业型企业家特有的精神。无论公司在什么阶段，似乎创新、不走寻常路是成功创业者永不磨灭的基因。自己永无休止地创想和选择创新型的合作伙伴加盟，遇到必然出现的困难时期，创业型企业家体现的是坚韧和自信。

第三是企业文化。网飞是重视企业文化且企业文化鲜明的企业。这本书描述了著名的网飞企业文化的诞生过程：企业文化不是讨论出来的，而是创始人的价值观和他的选择，也是创始人带着初始团队做出来的。

第四是人才的选择、成长和淘汰。成功的企业都要经过从无到有、从小到大的发展中人才的进化过程。有人会随着企业的发展而学习、进步和提升，与此同时，必然有些人会因为能力、性格或者心态而落后。公司元老怎么办？如果是联合创始人，那又该怎么办？一定要血雨腥风地斗个你死我活吗？

第五是作为创业者，或许还有联合创始人，在企业创立初期的分工和股权比例的确定，特别是有人出钱，有人不出钱只出力，或者有人既出钱又出力时怎么计算。虽然方法简单，但是这对于第一次创业的企业家们经常是一个不大不小的技术性挑战。遇到看不上你的投资者也就算了，但是遇到极度有钱、极度聪明却又极度自负的投资者教育你，指出你前途的黯淡——要么是他过于乐观地预估了行业的变化速度，要么是他忽略了优秀创业者强大的韧性、过人的自适应能力和快速迭代能力——那时候，你该怎么办？

  以上只是我关注的这本书有趣、有价值且有共性的点，但不是全部。抱着好奇和学习的心态自己阅读吧，相信你一定会收获不小。

NETFLIX

推荐序二
创业圈外的人,也应该学习网飞

孙陶然

拉卡拉集团创始人、《精进有道》作者

最早注意到网飞是因为美剧《纸牌屋》,以及网飞公司竟然一改电视连续剧播出方为了收视率和吊足观众的胃口,每天两集挤牙膏式的播出方法,一次性全部上线播出!

后来又读到网飞的发展故事,这家如今与谷歌、亚马逊、脸书、微软等齐名的公司竟然是从租赁DVD这种传统业务发展而来……

再以后就是那本著名的《奈飞文化手册》,以及只招聘"成年"人等八条奈飞文化原则……我还专门写了一篇读书笔记,发表在"陶然自在"公众号上。

总之,在我的印象里,网飞是一个传奇,值得每一个创业者深入研究和学习，所以当编辑拿给我这本《复盘网飞》，请我写点儿什么时，我欣然应允。

通读下来，发现网飞联合创始人、首任首席执行官马克·伦道夫的这本书，简直是给创业者的一部绝好"教材"。

创业是一门科学，企业的经营和管理也是一门科学。既然是科学，就有其原理、定理和公式，虽然掌握了原理、定理和公式未必能够解决问题，但是不掌握原理、定理和公式一定解决不了问题。

对绝大多数创业者而言，创业都是第一次，经营和管理公司也是第一次，因此，学习和掌握创业、企业经营，以及管理的原理、定理和公式，就变得非常重要了。

这也是我创办昆仑堂体系型商学院的理念和宗旨，希望成体系地对人生、创业、经营管理三大问题，从理念、方法论和实操工具三个层面进行教学，帮助学员科学创业。

而马克在这本书中，用简洁流畅的笔法全面讲述了网飞如何从海量想法中筛选出一个刚需，用一款产品、一项功能解决这个刚需问题，以及如何组建团队，如何融资、发展、上市的全过程。

说来也巧，网飞在发展的过程中，几乎遇到了所有创业者都会遇到的所有问题，幸运的是他们都做对了。从某种角度看，这本书几乎是为昆仑堂体系型商学院18门专业课度身定制的案例。

例如，创业之初，马克和潜在的天使投资人里德只做了一件事：找刚需，找市场。马克充分发挥他的想象力，天马行空地寻找市场需求，而里德作为一个有经验的天使投资人，理性地帮马克分析需求的刚性以及市场的容量等因素，最终他们选择了在网上租赁 DVD 这个方向，然后专注和聚焦于这项业务。

而我在昆仑堂体系型商学院有一门课，讲 80% 的创业失败发生在从零到一的阶段，从零到一失败有三大原因，第一条就是产品太多、不专注、不聚焦。网飞公司发展过程中有过两次重大的做减法行动：一次是砍掉了唯一盈利的销售 DVD 业务，专注于租赁 DVD 业务；一次是砍掉了单件租赁方式，专注于订阅租赁方式。我认为网飞之所以能成功，就是因为网飞的人专注，聚焦于一个刚需、一款产品、一项功能上，甚至连销售还是租赁，单件租赁还是按月收订阅费这样细微的差异都能果断放弃一个，聚焦于另一个。这正是所有的创业者应该深刻反省，坚决学习的。

再例如，书中详细讲述了网飞最初的股权是如何分配的，以及分配时考量的因素。我亲眼看见很多创业者，因为认为股权未来会很值钱而不愿出让股权融资，自己抵押房子、车子，投入公司，最后创业失败，形成了沉重的负债。马克的选择是，控制风险，不投现金，所以他只获得了 30% 的股权，里德选择了投入 190 万美元（本来想投 200 万美元，但为了检验马克创业的靠谱性，要求马克另外去找 10 万美元投资，最终马克从亲友们处找到了），获得近 70% 的股权。在这个过程中，他们的心理状态、思维过程在书中栩栩如生，是创业者学习的绝好案例。

另外，网飞发展史中另一个值得所有创业者自我反省和学习的是马克的让贤和里德的加入公司。

在网飞发展得还可以时，原本作为天使投资人的里德发现创始人兼首席执行官马克并不能胜任带领公司走向期待的成功，于是马上非常坦诚地找马克谈话，提出自己加入公司，担任首席执行官，马克改任总裁，并要求马克让渡一些期权给他，以便与他未来的投入匹配。实际上，里德已经拥有网飞近70%的股权，马克只有30%。当然，即便如此，里德的要求也是合情合理的，而马克只经过了短暂的犹豫就答应了。从此，网飞插上了腾飞的翅膀，短短一年多的时间，就迅速找到了创新的订阅模式，并且做减法，放弃了单件销售模式，聚焦于订阅模式，走上了成功的快行道。

还有，网飞之所以能成功，是因为有一个特别优良的传统，就是一旦得出了显而易见的正确结论，马上就实施，而不会为了顾及任何人的面子而纠结，他们认为谁对谁错并不重要，重要的是我们做对了。这一点很值得所有创业者学习，初创公司创始人之间产生分歧、争论很正常，但他们往往会陷入争论者之间的面子之争，导致无法做出对的选择，更无法协调一致，执行做出的决策。

最后，创业者很少有不知道努力方向的，但是，方向并不能让我们成功，成功需要找到精确的方位。有一款对的产品才能成功，而对的产品和不对的产品之间的差别，不是天壤之别，而是毫厘之差，只有确保这毫厘之间的精确，才能成功。网飞在这方面简直是一个活案例：让网飞成功的不是网上租赁 DVD 这样一个方向，而是只要每月交 19.99 美元的订阅费，就可以收到 4 张 DVD，没有限期、没有滞纳金，只要寄回去，马上就可以自动收到你想看的新 DVD……

不过，也并非网飞的所有做法我都认同，例如网飞强调用人，不赞成打着培养人的旗号而不去更换不匹配的员工，甚至连不高度匹配的员工都应该被替换，认为员工不必在一家公司工作一辈子……

这个我不敢苟同，我愿意员工是从公司退休的，当然前提是公司必须管理好员工的升职和加薪。管理老员工是一门学问，必须高度重视，不要让员工积功以致升到他们不胜任的职位，拿到超出他们能力的薪水，才是对老员工的保护。

这正是读书的价值，学习有三种方法：通过读书向书本学，通过观察向先进学，通过复盘向自己学。而向书本学是最基础的一种方法。

读书并不是把书中的内容和观点囫囵吞枣，而是要将之与自己的认知体系相互印证，如果相同，就强化自己的认知体系，如果不同，就要深入思考，找出为什么不同，并就此更新自己的认知体系，这样的读书收获才最大。

认真推荐，满怀真诚。

作者按语

本书是一部回忆录,而非纪录片。它是我基于20年前的回忆写就的,所以书里的大部分对话都只是情景再现。正如我所写的,于我而言,重要的是尽可能生动、准确地展现网飞(Netflix)创始团队成员们的个性。我想展现他们真实的样子,捕捉他们当时的心境。最重要的是,我想描绘出彼时我们在网飞所面临的挑战,以及排除万难后获得成功的那种感觉。

1

好点子的诞生

（1997年1月：上线前15个月）

NETFLIX

里德一脸木然。这个表情我再熟悉不过了。在外人看来，他似乎只是透过脏兮兮的挡风玻璃注视着车外呼啸而过的红杉树，抑或是盯着我们前面那辆龟速前进的斯巴鲁汽车，但我深知这个表情背后的心思：飞快的利弊评估、火速的成本效益分析，以及瞬间建立的对潜在风险和扩展性预测的模型。

里德：完美搭档

我又迟到了。我和里德·哈斯廷斯约好在停车场碰面，然后拼车一起去上班。其实我开车只需要3分钟就能到那个停车场，但如果这天早晨你的儿子把早餐吐在了你的身上；你到处都找不到钥匙；外面在下雨；你临出门时才想起来汽车没加够油，根本撑不到我们抵达圣克鲁斯山另一边的森尼韦尔市……那么约在早上7点见面就只能自求多福了。

里德经营着一家名为"普雷阿特里亚"（Pure Atria，以下简称普雷）的公司，该公司专门生产软件开发工具。它近期还收购了我帮忙创建的一家初创公司——"英泰格丽缇QA"（Integrity QA，以下简称英泰）。里德收购了我们的公司后，让我继续担任企业营销副总裁。我们会轮流开车去公司上班。

我们一般都能准时抵达办公室，但到达的方式有所不同，这取决于当天谁负责开车。轮到里德时，我们会准时出发，乘一辆一尘不染的丰田亚洲龙，车速保持在最高限速。有时我们会有一个司机，他是斯坦福大学的一个学生，里德要求他小心、准确地驾车行驶在 17 号公路蜿蜒盘旋的山路上。"开车的时候，你要想象仪表盘上放了满满一杯咖啡，不能洒出来。"我听到里德对他说。那个可怜的孩子确实达到了他的要求。

轮到我的时候，我会开一辆破旧的沃尔沃，后排只有两个座位。至于我的驾驶风格，说得好听点儿是"没耐心"，准确点儿讲则是"野蛮"。我转弯的速度很快，如果谈及兴奋的事情，车速就会变得更快。

这天恰好轮到我开车。我把车开进停车场时，里德已经在等我了。他缩在一把伞下，靠在他的车上，看起来挺恼火的。

"你迟到了。"他一边抖落伞上的雨水，一边钻进我的车里，从副驾驶座位上捡起一个被压扁的健怡可乐罐和两包尿布，把它们扔到后排，接着说，"下这么大的雨，肯定要堵车。"

一点儿不错。劳雷尔弯道出了事故，一辆重型卡车在山顶抛锚了。接着就是硅谷常见的交通拥堵，程序员和高管们在高速公路上排着长队，犹如蚂蚁归巢。

"好吧。"我说，"我有个新想法——定制棒球棒。那是完全个性化的产品。用户可以在网上填写信息，然后我们按照他们填写的规格，比如长度、手柄厚度和球棒的切面直径，用电脑控制的铣床精确制作出符合要求的棒球棒。所有产品都是独一无二的，或者你可以完全复制其他人的球棒。如果你想要汉克·艾伦[1]的

| 汉克·艾伦，美国职业棒球运动员。——译者注

球棒,我们也能做一根。"

里德一脸木然。这个表情我再熟悉不过了。在外人看来,他似乎只是透过脏兮兮的挡风玻璃注视着车外呼啸而过的红杉树,抑或是盯着我们前面那辆龟速前进的斯巴鲁汽车,但我深知这个表情背后的心思:飞快的利弊评估、火速的成本效益分析,以及瞬间建立的对潜在风险和扩展性预测的模型。

5秒过去了,10秒过去了,15秒过去了。大约30秒后,他转过身来,说:"那永远不会成功。"

几周以来,我们一直在这么做。里德一直在加班处理一件很大的并购案,这次并购会让我们两个人都失业。一旦尘埃落定,我就打算自己创业。我每天在车里时,都会向里德提出一些想法。我试图说服他以顾问或者投资人的身份入伙,我也看得出来他对此颇有兴趣。他很乐意给我反馈。任何创意只要经过他的头脑,他便知是好是坏。

那么,每天早上我在路途上提出的那些想法都如何呢?大部分都是馊主意。

和此前很多次一样,里德一下子否定了这个想法:不切实际,毫无创意,永远不会成功。

"况且,棒球在年轻人当中已经越来越落伍了。"他说。我们在一辆运沙卡车后面停下了。车上的沙子要被运往圣何塞市,在那里被制成混凝土,再被运往蓬勃发展的硅谷,用来兴建道路、建筑。"别从一开始就被不断减少的用户基数牵制。"

"你错了。"我开始陈述自己的理由。我也是做了功课的。我了解过体育用品的销售额，研究过棒球棒的生产，包括原材料成本、采购和操作铣床的成本。好吧，我承认这个想法可能有个人情感因素的影响：我的大儿子第一次参加了少年棒球联盟比赛，刚刚结束这个赛季。

对于我提出的每一个理由，里德都有回应。他善于分析，十分理性，也不拘泥于礼节。我也不拘礼节，于是我们俩的嗓门都提高了，但我们其实并不生气。这是一场极富成效的争论。我们充分理解对方，但我们也都知道，对方会态度强硬、绝不妥协。

"你对这个想法这么固执，并不完全出于理性。"他话一出口，我就差点儿笑出了声。我听过有人背地里把里德比作斯波克[1]。我觉得他们说这种话时并不是在恭维他，但其实里德是值得赞扬的。在"星际迷航"系列影视剧中，斯波克几乎总是对的，而现实世界中的里德也是。如果里德认为某件事行不通，那这件事很可能就是行不通。

我第一次见到里德，是因为我们恰巧一起搭乘从旧金山飞往波士顿的航班。当时里德刚刚收购了我的公司，但我们此前从未单独认真交流过。我坐在登机口旁的椅子上，一边候机一边翻阅着一本有关内存泄漏检测器和软件版本管理的资料。有

---

[1] 斯波克是"星际迷航"系列影视剧的主角，该角色以严肃、逻辑严密的特点著称。——译者注

人拍了拍我的肩膀,是里德。他皱着眉头看着我的纸质机票,问我:"你的座位在哪儿?"

我告诉他后,他拿着我的机票,快步走向柜台,帮我升到了头等舱。

我觉得这样挺好。我可以看看书,放松一下,甚至小睡一会儿。

但那是我从里德身上吸取的第一个教训。他示意空乘把免费的橘汁香槟酒端走,然后侧过身来和我对视。在接下来的5个半小时里,他滔滔不绝地向我详细介绍了我们公司的业务状况,几乎没有停下来喝过一口汽水。我基本插不上话,但我根本不在乎能不能插上话,因为这是我听过的数一数二的业务分析,那就像接通了一台超级计算机一样精确流畅。

我们此刻坐的不再是头等舱了,我们坐在一辆亟待清洗的沃尔沃里。但我仍然觉得里德的想法引人入胜,他的风度让人耳目一新。我很感激他给我的建议,感谢他在我们"翻山越岭"往返硅谷的途中为我提供免费的咨询服务。我感觉自己十分幸运,能够和一个不仅理解我的想法,而且能为我提供宝贵建议的人在同一座城市、同一家公司工作,何况我还能节省不少汽油。不过,听到我花了整整一周时间钻研的想法完全不可行时,我备感沮丧。我开始怀疑自己所有的商业创意是否都是建立在不稳定的根基之上的,就像我们前面的卡车上装载的沙子一样。

顺便说一句,那辆卡车还在左车道上,它开得很慢,耽误了所有人的时间。我很烦躁,于是打了闪灯。卡车司机从后视镜里看了看我,甚至都没什么反应。我咕哝了几句脏话。

"你需要放松。"里德指着我们前面的车流说。他已经告诉过我两次了,我经常换车道的习惯最终只会适得其反,变得效率低下。我的驾驶风格让他抓狂,还让他有点儿晕车。"慢慢来,总会到的。"

"我想把头发拔了,反正也没剩几根了。"我用手抚摸着自己残留的卷发。紧接着,奇迹就出现了:我经历了一次非常罕见的顿悟。似乎所有事情都是同时发生的:太阳从云层中钻了出来,细雨停了;运沙卡车呼啸着驶进了正确的车道,车流开始涌动。我似乎能看到几英里[1]以外的地方:穿透圣何塞市熙熙攘攘的中心城区,我看见了鳞次栉比的房屋和办公大楼,树梢在微风中摇曳。我们加快速度,车窗外的红杉树被远远地甩在了身后。我看到远处的汉密尔顿山,山顶上的新雪有些晃眼。接着我就想到了那个最后肯定能行的创意。

"邮寄个性化洗发水。"

网飞的创意来源

硅谷一向爱听有趣的创业故事,比如某个改变了一切的想法,午夜时分的灵光乍现,抑或是"要是我们能把这件事做出不一样的效果会怎么样呢?"的谈话。

---

[1] 英里约为 1.6 千米。——编者注

创业故事往往取决于顿悟。向半信半疑的投资者、小心谨慎的董事会成员、喜欢追根究底的记者及普罗大众讲述的故事，通常都会突出一个特定的时刻：一切都豁然开朗的那个时刻。布莱恩·切斯基和乔·戈比亚付不起旧金山的房租，于是他们意识到可以在家里摆一张充气床垫，租给房客来赚钱，这就是爱彼迎（Airbnb）的前身。特拉维斯·卡兰尼克在新年前夜花了800美元雇了一个私人司机后，认为肯定有成本更低的解决办法，于是优步（Uber）应运而生。

关于网飞的创业故事，有个流传甚广的版本是，里德在百视达（Blockbuster）公司租了一部电影《阿波罗13号》，他在归还录像带时因为逾期，不得不支付了40美元的滞纳金，而后他就萌生了创办网飞的想法。他当时想的是：要是没有滞纳金这种东西会怎么样呢？砰！网飞的创意就此诞生了。

这个故事很美，也很有用。用市场营销的行话来说，它在情感层面上是真实的。

但本书随后会告诉你，这并不是故事的全貌。故事里确实出现过一盘逾期的《阿波罗13号》录像带，但创办网飞的想法与滞纳金毫不相干——事实上，在公司成立初期，我们甚至收取过滞纳金。更重要的是，网飞的创意并不是在某个神谕的时刻出现的，它不是一瞬间就以一种完美、富有价值且正确无误的状态出现在我们的脑海里的。

顿悟是极其罕见的。出现在创业故事中的所谓的顿悟往往是被过分简化的，甚至是伪造的。我们之所以爱听这些故事，是因为它们契合了有关灵感和天才的浪漫想象。我们想让我们这个时代的"牛顿们"在苹果掉下来的时候坐在苹果树下；我们想要这个时代的"阿基米德们"坐在浴缸里。

但真相往往比这复杂许多。

真相是，每一个好主意背后，都有上千个馊主意。这两者有时很难区分。

定制棒球棒、个性化冲浪板，为宠物狗量身定制的狗粮……这些都是我向里德提过的想法，我们都花了很长时间思考，也曾以为它们要比最终孕育出网飞的想法更好。而网飞把最初的创意变为现实，也经过了为期数月的研究、几百个小时的讨论，以及在一家家庭餐馆里开的数次马拉松式会议。

我不知道什么点子行得通，什么行不通。在1997年，我只知道自己想要创业，我想在网上卖东西。别的什么都不知道。

而当今全世界最大的媒体公司之一竟然就源于这两个愿望，这看起来似乎荒诞不经，但的确如此。

不要相信顿悟

这是一个关于我们如何从定制个性化洗发水到创办网飞的故事，但它也是一个关于创意的生命周期的故事：它如何神奇地由梦想变为概念，再由概念化为现实。这还是一个关于我们在一段旅程——从两个人在车里的天马行空到十几个人在一间由银行改造而来的办公室里对着电脑工作，再到数百个员工看到大屏幕上滚动的公司股票代码——中学到的东西是如何改变我们的生活的故事。

我讲这个故事的目的之一，就是要戳穿那些依附于叙事的神话。但对我来说，同样重要的是要向大家展示我们在创业初期所做的一些事情是如何以及为什么会奏效的，而且它们通常是在无意中发挥了作用。距离我和里德最初一起开车上下班的日子已经过去20多年了。在那段时间里，我开始意识到，我们发现的一些事物倘若得以广泛应用，就可以影响一个项目的成败。这些事物不完全是法则，甚至不是原则，它们是来之不易的真相。

真相之一：不要相信顿悟。

最好的想法鲜少如电光石火般在山顶显现。它甚至也不会在山边出现。当你被困在一辆运沙车后面的车流中时，当时的创意只会在几周甚至数月的时间里逐渐浮出水面。事实上，当你终于有了一个不错的想法时，你也可能在很长一段时间里都没意识到它的存在。

2

"那永远不会成功"

(1997 年春:上线前一年)

NETFLIX

我明白,一次完美的挥杆并不能治愈我。我需要的既不是一场让人汗流浃背的曲棍球比赛,也不是在德拉维加高尔夫球场打出一洞小鸟球。我需要的是那种全身心投入一个项目中的感觉。我需要的是目标。因此我才有了创办一家新公司的想法。

弗洛伊德是我的舅太姥爷

我在童年时期印象最深刻的记忆之一，就是我父亲亲手做的蒸汽火车模型。它不是那种买来的一整套的小型电动组装模型，有现成的零部件，只要插上电源就能在轨道上运行。作为一个真正的蒸汽火车狂热爱好者，他做的是功能齐全、蒸汽驱动钢轮运转的迷你火车。每一个零部件——车轮、活塞、气缸、锅炉、曲柄、杆子、梯子，甚至微型工程师用来铲微型煤块的微型铲子，都必须纯手工制造。其中，他唯一没有自己动手做的就是用来把所有部件连在一起的螺丝钉。

这对我父亲来说不成问题。他曾经是一名核工程师，后来他发现凭借自己的技能，给投资核能和武器研发的大公司当财务顾问更有"钱途"。他的工作让我们一家人得以在纽约市郊舒适地生活。但他很想念实验室，想念那些仪器、运算，想念建造东西时的那种自豪感。在华尔街工作了一天后，他回到家，会解下领带，换上一件连体工作服——现实中火车工程师穿的那种工作服，他收集了世界各地的工程师制服——然后就去地下室开始做模型。

我在纽约州查巴克一个相当普通的中上层家庭长大。在这个地区,家家户户的父亲们每天乘火车去市区工作,母亲们留在漂亮的大房子里照顾孩子。父母去参加学校董事会会议或者鸡尾酒会的时候,小孩子就会到处捣乱惹麻烦。

当我们家最小的孩子终于也开始上学时,我母亲开了自己的房地产公司。我们家的房子建在一座小山上,山两边是苹果园,山后有一个大池塘。我童年的大部分时间都是在户外度过的,我会在房子周围几英亩[1]的树林里玩耍。我也花了不少时间在父母藏书丰富的图书馆里阅读。那里挂着两幅西格蒙德·弗洛伊德的巨幅画像。其中一张画里只有他一个人,另一张画里是他和他的妻子玛莎·伯奈斯。周围是6张较小的照片和建筑物透视图,还有装裱好的签名信件。书架上摆满了弗洛伊德的书:《文明及其不满》《超越快乐原则》《梦的解析》。

在20世纪60年代,弗洛伊德的分析并不罕见。但我们家的图书馆里并没有一座微型的弗洛伊德博物馆,因为家里的人都在那位治疗师的沙发上消磨过时间——弗洛伊德是我们家的亲戚,我们叫他"西格舅舅"。

但实际的亲缘关系要更复杂一点儿。弗洛伊德实际上是我父亲的舅姥爷,也就是我的舅太姥爷。

---

[1] 英亩约为4 047平方米。——编者注

不过，无论这条关系链多么错综复杂，我的父母都为与弗洛伊德存在亲缘关系而感到自豪。弗洛伊德是一个成功的人，是20世纪的思想巨擘，是他们那个时代里最重要的知识分子。这就像与爱因斯坦有血缘关系一样：可以证明这个家族在大西洋两岸都很优秀。

我的家族与20世纪另一位重要人物爱德华·伯奈斯也有亲缘关系。伯奈斯是我祖母的哥哥，也是西格舅舅的外甥。如果你上过广告专业的任何课程，或者上过美国20世纪大众传媒的课，或者只要你看过《广告狂人》[1]或香烟广告，你对他的作品就应该很熟悉。从很多方面来说，伯奈斯都可谓"现代公共关系之父"，他是那个真正懂得如何将心理学和精神分析的最新发现应用于市场营销的人。因为他，我们才会吃培根和鸡蛋当早餐；因为他，我们才会歌颂电灯的发明人托马斯·爱迪生，而非约瑟夫·斯旺。在帮助联合果品公司（United Fruit）推广香蕉之后，伯奈斯参与了美国中央情报局（CIA）发起的一场宣传运动，以便在危地马拉发动政变。

所以，他做的也不全是值得称颂的事情。但即便爱德华做的很多事并不令人钦佩，我也仍然坚信，我可以像我的父亲一样，每天晚上在我们家的地下室里用他的工具来搞些发明创造。高中时的我乏善可陈，大学里主修的是地质学。但是如果我哪一

---

[1] 《广告狂人》是美国经典电影有线电视台（AMC）出品的一部有关广告人的电视剧，曾获艾美奖、金球奖等奖项。——译者注

天想在一张纸上看到我此生的命运,那我只需要看看我的出生证明——马克·伯奈斯·伦道夫。"市场营销"就是我的中间名。

父亲的忠告

父亲做的火车模型很漂亮。他在这上面倾注了多年的心血。每当组装完一辆火车模型,他都会给它刷上一层油漆,再开始一辆接一辆地做下去。然后他会把我叫到地下室,让我看着他把火车模型的锅炉和一台空气压缩机连接起来,再把火车模型放置在工作台上方的小方块上。当空气顺畅地通过阀门时,我们会看到活塞来回运动,驱动轮平稳旋转。我们会欣赏手工打造的长杆和连接器系统顺利地将能源传递到车轮的过程。父亲甚至会压缩空气来吹响微型口哨。

我喜欢这个尖锐的声音。对我来说,它就像在正式宣布又一次大功告成,宣布又一件制作精美的物品诞生了。但父亲听到这个声音时却总是很伤感。据他说,真正的火车汽笛声应该是由蒸汽带来的,而不是由压缩机发出的。真正的汽笛声更吸引人,他只能想象那个声音。地下室里没有火车轨道,他制作的绝大多数火车模型从未真正开动过,只是经过了空气压缩机的测试。我从地下室回到楼上后,父亲会关闭空气压缩机,满心欢喜地把火车从工作台上拿下来,搁到架子上,然后便开始制作下一个模型。

我渐渐意识到,父亲并不是喜欢制作出来的一辆辆火车模型,而是喜欢多年辛勤劳动的过程:在车床上工作的那些日子,在钻床和铣床上花费的数千个小时。我对小时候看火车模型真正跑动起来没什么印象,我只记得他总是兴奋地把我叫到地下室,让我看他刚刚做好的一件作品,一件与其他 50 个部件拼在一起才差不多相当于一根车轴的作品。

"给你个忠告吧,"有一次,他一边把放大镜放在左眼前看东西,一边对我说,"如果你真的想成家立业,那就自己创业吧。掌控你自己的生活。"

那时我还在上高中。我大部分的精力都花在了追女孩子和攀岩上面,花在了如何说服那个卖酒的人我到了可以买啤酒的合法年纪。我并不清楚到底什么是成家立业,但那时我以为我明白他的意思。我当时想的是:"当然,我肯定会这么做的。"

为别人工作

但 20 年后,大概是在 20 世纪 90 年代初,我才觉得自己终于领会了父亲的意思。多年来,我一直在大大小小的公司为别人做市场营销。我曾是《苹果用户》(*MacUser*)杂志、"苹果仓库"(MacWarehouse)和"微软仓库"(MicroWarehouse)的联合创始人,后两者是最早的计算机产品邮购渠道。我曾在博兰国际公司(Borland International)工作多年,它是 20 世纪 80 年代的软件巨头之一。在这些地方工作的时候,我一直都专注于直接营销,也就是直接向个人消费者邮寄信件和产品目录,再研究他们的反应。我很喜欢也很擅长做这件事:我有本事把产品和顾客联系起来；我很清楚人们想要什么，就算我不知道，我也明白怎么才能找到答案；我知道如何触达用户。

但从某种意义上说，我一直是在为别人工作。在博兰国际公司，我是大公司的一个员工。即便是作为《苹果用户》和"苹果仓库"的联合创始人，我也只是在帮忙实现一个创意，而这个创意也不全是我想出来的。尽管这些工作让我受益匪浅，但我内心深处一直在幻想，要是从头开始、完全独立地创办一家属于我自己的企业，那会是怎样的一种感觉？如果我解决的问题就是我自己的问题，我会不会更有成就感？毕竟，这就是我的父亲一边拿着锤子干活，一边对我说过的话。这就是他会像伏尔甘[1]一样，俯在我们家地下室的工作台上不知疲倦的原因。他想自己制造问题，然后解决这些问题。

1997年以前的我也是这样。我当时39岁，有一个贤惠的妻子和三个孩子，赚了足够的钱买了一栋对我们来说很大的房子，房子坐落在一座可以俯瞰圣克鲁斯的山坡上。

出乎意料的是，我还有相当多的空余时间可以自由支配。

面临失业

在收购我们公司，批准我接手营销部门并组建团队后不到6

---

[1] 伏尔甘是罗马神话中的火与工匠之神。——译者注

个月，里德就同意了公司并购，这让我、里德，还有我刚招聘来的两位同事都面临下岗。在接下来 4 个月左右的时间里，联邦机构人员一直在检查相关的文件，其间我们还得每天来上班。我们虽然还有薪水可领，但根本无事可做。

那真是百无聊赖的一段日子。普雷公司的办公室与当今创业公司悠闲自在的办公环境迥然不同。大厅里既没有午睡舱，也没有弹球机。只有小小的格子间、塑料假盆栽，以及饮水机有规律的汩汩声。

里德正忙着完成并购，他也已经开始制订重返校园的计划。随着他 CEO（首席执行官）的任期接近尾声，里德有点儿筋疲力尽了。他梦想改变世界，但他却越来越相信光靠做一名科技公司的 CEO 是没法实现这个梦想的。"如果你真的想要改变世界，"里德说，"你需要的不是几百万美元。你需要的是几十亿美元。"除此之外，他认为实现变革要靠教育。他对教育改革的热情与日俱增，觉得除非自己在这一领域拿到高等学位，否则没人会把他当回事。里德把目标锁定在斯坦福大学。他无意创办一家新公司……不过他也表示希望以投资人或顾问的身份参与。

在那段前途未卜的并购时期，一开始，我把时间都花在了体育运动上。我认识了一大群从东海岸搬过来的人，他们都很想念家乡的溜冰场和冰球运动，我和他们一起哄骗了几个加州[1]人加

---

[1] 美国加利福尼亚州夏季干旱、多阳光，冬季多雨，不流行冰球运动。——译者注

入我们的停车场曲棍球比赛，双方实力悬殊。我们在办公楼停车场的背阴处消磨时间，努力把一只已经被磨损的网球打进用聚氯乙烯（PVC）管自制的球门里，用身体阻挡对方进球，结果我们都跑到停着的汽车中间去了。

我也花了点儿时间练习高尔夫球，练习的那几周让我明白了一点：我根本不是打高尔夫球的料。我之前一直以为，只要在这上面花足够多的时间，就能通过练习打出一场像样的高尔夫球赛。我用了好几周来验证这个假设。我那时每天花一个半小时吃午餐，然后在回办公室的路上顺道去趟球场。

但是，不管我练习多少次，我都没有长进。

我想，在那个时候，我就已经明白，一次完美的挥杆并不能治愈我。我需要的既不是一场让人汗流浃背的曲棍球比赛，也不是在德拉维加高尔夫球场打出一洞小鸟球[1]。我需要的是那种全身心投入一个项目中的感觉。我需要的是目标。

因此我才有了创办一家新公司的想法，也想到了邮寄个性化洗发水。

以创意为生

我在背包里放了一个小本子，用来随时记录我的想法。无论

---

[1] 小鸟球是高尔夫球比赛中以低于标准杆一杆的成绩入洞的球。——译者注

我去哪里，是开车抑或是骑山地自行车，我都随身携带这个本子，它的大小刚好可以放进运动裤的口袋里。我甚至会带着它去冲浪，不过肯定是把它放在我在岸上的背包里。也正因此，我被否决的第 114 条创意就是"个性化冲浪板，根据你的身高、体重、力量和冲浪风格由机器量身定做"。有人说，最好的想法源于需求。当你在加州欢乐海滩争夺海浪的时候，你最需要的莫过于一块形状合适的冲浪板了。

我满脑子都是创意。如果你给我几个小时的空闲时间，让我待在硅谷的办公室里，只要网速够快，再有几块白板，那我敢肯定白板笔一会儿就不够用了。我甚至可能会提出一些商业计划，只是为了摆脱在高尔夫球练习场的尴尬。

两位卓越的同事

但我也对自己招骋的那些同事有一种责任感。她们在加入之前放弃了自己非常好的工作，结果现在却无所事事。克里斯蒂娜·基什是我以前在 Visioneer 公司的同事，那是一家制造台式扫描仪的公司。特（特蕾泽的昵称）·史密斯是我在博兰国际公司的同事，也是我的朋友，她在跳槽过来的第一天就被解雇了。

我不希望她们后悔自己当初选择追随我而来。我希望在我们都失业的时候，我能给她们提供一个落脚的地方。另外，出于私心，我不想失去她们。当你终于找到像克里斯蒂娜和特一样能干、聪明又容易共事的人时，你需要留住他们。

所以我开始把我创业的最新想法告诉她们。她们是绝佳的参谋。虽然我有很多好点子，但我非常不擅长将它们付诸实践，也不擅长考量细节，而这些恰恰是克里斯蒂娜和特所擅长的。

克里斯蒂娜是一名项目经理。她的性格内敛，黑色的头发向后梳成一根简单的马尾辫。她的经验丰富，擅长把幻想变成实实在在的产品。除了对细节敏锐的洞察力，她还有时间管理方面的天赋，总能在截止日期之前完成任务，甚至为此不惜一切代价。她精通将幻想从可能转变为现实的艺术。

特是公关和传播方面的专家。她认识每个人，每个人也都认识她。她不仅知道如何写一篇吸睛的新闻稿，也知道媒体界的哪个人才是值得结交的重要人物，知道要说些什么才能让他们给她回电话。特是新闻发布会上的女主人，她会像准备国宴一样精心安排发布会。她接受过着装规范的训练，甚至学习过最晦涩难懂的礼仪。她总是知道在餐桌上什么时候该用哪把叉子。对她来说，公关宣传就好比一个舞台，而她就是皇后，是女主角。像麦当娜一样，她不需要任何头衔、任何介绍，仅仅一个名字便如雷贯耳。对于每个人来说，从衣冠不整的用户组管理员到西装革履的报刊商业版编辑，她就只是特。

这两个女人可谓天差地别。克里斯蒂娜很认真，比较独立。特则是个古怪的人，她打扮的风格狂野，满头卷发，在加州生活了几十年却依然带有波士顿口音。克里斯蒂娜经常穿着运动鞋就来上班了，她爱跑马拉松。特则教我什么是"伯拉尼克高跟鞋"。特的内心还住着另一个名叫"微醺泡沫"的自我，她喝过几杯香槟之后就会原形毕露。

但她们的共同之处就是她们一直都很聪明敏锐，注重细节，做事高效干练。

我觉察到里德有出资一起创业的意愿（前提是我能想出一个足够好的点子），于是立马去找克里斯蒂娜和特过来帮忙。我们在普雷公司的白板前一待就是好几个小时，也充分利用了公司的高速互联网（在那个年代很少见，即便是在硅谷，网速也没有那么快），对几百个不同领域做背景调查，寻找完美的突破口。上下班途中，我在车里和里德提出的每一个想法，早就经受过克里斯蒂娜和特详细的分析和检验了。

那些白板会议给我的成就感，远远超过在停车场打曲棍球或者在球场打高尔夫球所取得的任何成绩带来的满足感。即使我在白板上写下的每一个想法都很糟糕，即使克里斯蒂娜和特的研究清楚地表明，我午夜时分的那些灵感根本不切实际，我也依然相信，我们最终肯定会有好的创意。就像我的父亲在地下室辛勤耕耘一样，我也感到工作中充满了乐趣。我们在做设计，而总有一天，我们能有机会把图纸变成现实。

那录像带呢？

"好吧，"在一个星期二的早晨，我叹了口气，这一次我们是坐在里德洁净无瑕的丰田车里，"我估计这个创意是没希望了。"

里德一边点了点头，一边平稳加速到 55 英里 / 小时。不多不少，刚好是最高限速。

当时我们正在讨论我笔记本上的第 95 个创意：为宠物量身定制食物。这个想法倒是不错，就是成本太高。里德还指出，这会让我们深陷债务噩梦。

"如果有人的狗死了怎么办？"他问道，"那我们就少了一个客户。"

"那他们也少了一条狗。"我想起了我自己养的拉布拉多犬，它那天早上在篱笆上咬了一个洞。

"当然，当然。"里德心不在焉地回答着，"但关键是，为每位客户专门定制一款独一无二的产品实在是太难了，而且这不会随着时间的推移变得容易。做一打产品需要付出的努力就是做一个产品所付出努力的 12 倍。那永远不会成功。"

"但我们总得卖产品呀。"

"没错，但我们需要的是可以规模化生产的东西。这种产品，卖出一打和仅仅卖出一个所付出的努力是完全相等的。我们需要试着找到一种不仅仅是一次性销售的产品。这样，我们一旦获取了一个客户，就可以一次又一次地把产品卖给他。"

我回想了一下我最近提出的所有点子：个性化冲浪板、狗粮和棒球棒。它们都是定制的独一无二的产品。除了狗粮，其他两种产品（冲浪板和棒球棒）的客户都只是偶尔才会买。至于狗粮，客户一个月也就买几次而已。

"你比较常用的是什么产品，有什么是一个人会反复使用的吗？"

里德想了一会儿，脑袋微微后仰。坐在驾驶座上的大学生微微转过身来，说："牙膏。"

里德皱了皱眉头。"一个月才能用完一管牙膏，这不够频繁。"

"洗发水。"我说。

"不，别再提洗发水了。"

我想了一会儿，但那天早上我的大脑有点儿迟钝。我已经喝完两杯咖啡了，但因为前一天晚上没睡好，我还是感到无比疲惫。我三岁的女儿半夜从噩梦中惊醒，而唯一能哄她重新入睡、让她擦干眼泪、闭上眼睛的就是塞在我们家客厅电视柜里的一盘破旧的《阿拉丁》电影录像。我差不多看完了一整张碟，甚至在女儿睡着之后，我一个人又看了一会儿。

"录像带呢？"

里德看着我。"你就别提醒我了，"他摇摇头，说，"因为一盘电影录像带逾期了，我刚刚被百视达骗走了40美元。但是……"他转过身去，再度凝视窗外，声音随之渐渐减弱，面无表情。接着，他双眼向上一翻，点了点头。

"也许吧。"

VHS线上商店？

那天早上，我和克里斯蒂娜以及特像往常一样在我的办公室开会。当我把和里德拼车时发生的一切告诉克里斯蒂娜时，她走到白板前，慢慢擦掉了过去几天我们在上面潦草写就的一大堆清单、预测和计算式。

"再见了,宠物狗。"特说。

"我们需要的是一种已经存在于世的产品,"我说,"我们要做的是帮助用户在线上获取这种产品。贝佐斯[1]就做到了这一点,他卖的是书。你不需要自己写书再放到网上来卖。"

确实如此。亚马逊公司当时刚刚上市,它向所有人证明了,曾被认为仅限于实体店的服务现在也可以在网上完成,而且服务甚至比以前更好。众所周知,电子商务就是下一波潮流。因此,大家纷纷开始创办网店,销售的产品囊括了几乎所有可以装进盒子里的东西,尿布、鞋子等,应有尽有。

也正因此,我每天早上都和里德一起反复讨论各种创意,直到它们被一票否决,化为尘埃。

"我考虑的是VHS[2]录像带,"我对克里斯蒂娜说,"这种录像带尺寸挺小的。看过一两次之后,大家不一定想保存录像带。音像店就做得挺好的。我们可以让用户在网上租录像带,然后直接寄给他们。"

克里斯蒂娜皱起了眉头,说:"所以我们得支付往返的运输费,因为你不可能指望客户来付运费。"

1　杰夫·贝佐斯是电子商务公司亚马逊的首席执行官。——译者注
2　VHS是日本胜利公司在1976年开发的一种家用录像机录制和播放标准。——译者注

我点点头，说："没错。"

"那成本也太高了，"克里斯蒂娜在一个小本子上草草写下一串数字，继续说，"首先你得买录像带，然后你得付运费，还是往返运费。加上用来包装录像带的材料，再加上需要仓库存放你买来的所有录像带……"

"更不用说，"特插话说，"谁会愿意等上一个星期再看《西雅图夜未眠》？"

"我会一直等着啊。"我说。

"我想说的是，当你想看一部电影时，你想要的是立刻能看到。"特表示。

"说得没错，但你最近去过百视达的门店吗？"克里斯蒂娜嘀咕道，一边仍然盯着她笔记本上整整齐齐的一排排字迹，"真的很差劲。店里凌乱不堪，服务态度冷漠，库存也不够多。"

我从办公室的一角拾起我的曲棍球棒，开始心不在焉地对着文件柜击打网球。特回到白板前，用蓝色记号笔在上面写下了"VHS 线上商店"。

我们再度起程。

再遭打击

那天晚上，我回家看了看家里收藏的录像带。它们比我想象中的少，有《阿拉丁》《狮子王》《美女与野兽》，都被装在迪士尼的壳子里。当我开始考虑邮寄的时候，它们看起来突然又显得硕大无比了。

晚饭时，我的妻子洛琳用一只手抹掉女儿摩根脸上的意大利面酱，再用另一只手拿勺子喂我们最小的孩子亨特吃苹果酱。我则试着教大儿子洛根如何把意大利面缠在叉子上，也试图向洛琳解释我的新想法，但我做的这两件事都不怎么成功。

我尽量每天回家吃晚饭，但心思总是没法完全离开工作。洛琳并不太介意这点，而且她往往能准确判断创意是否可行。一谈到新的想法，我就容易被兴奋冲昏头脑。

这一次，洛琳一脸怀疑地听我说话。我与她初次见面是在科罗拉多州的韦尔市，距离现在已经快20年了。她是我滑雪巡逻队队友的室友的朋友，当时和男朋友一起来滑雪。然后……简单来说，我一出现他们就分手了。我那时爱上她的理由就和我现在爱她的原因一样：我爱她敏锐的思维、务实的直觉判断。她把我迷住了。

看着洛根张开嘴，把一叉子意面送进嘴里，我积聚起当天最后的热情说服洛琳接受我的好主意。"想想看，你有多讨厌把这三个小家伙拖到百视达店里，"我指着摩根和亨特，这两个家伙一个脸上沾满酱料，一个咧着一张没长牙的嘴在笑，"简直就是一场噩梦。但这个创意就可以很好地解决这个问题。"

洛琳噘起嘴，她几乎没动盘子里的食物，只拿着叉子悬在盘子上方。我知道等我们站起来的时候，她就必须站在水槽边迅速地吃完，而我要负责把三个孩子赶进浴室，再哄他们上床睡觉。这是个漫长的过程。

"首先，你的衣服上全是酱汁。"

我低头一看，果然如此。那也不是一件多好的衣服——一件白色T恤，上面写着"博兰国际公司故障搜寻1987"的广告标语，它只在斯科茨谷市方圆40英里内的地方勉强可以算作高级时装。酱渍更是让它看起来一塌糊涂。我拿起桌子边的湿布轻轻擦拭。只要孩子们在吃东西，我们就会在桌子旁边备一块湿布。

"其次，"她咧嘴一笑，"那永远不会成功。"

打磨创意

洛琳的理由与克里斯蒂娜和特在那个周末说的理由差不多。录像带有些笨重，没法装运，而且没有办法保证用户会把看过的录像带寄回来。此外，录像带也极有可能在运输途中受损。

最重要的是，录像带很贵。现在大家可能都不记得当年VHS录像带的价格了。我们家的录像带全都是儿童电影，这是有原因的：在20世纪90年代，唯一定价销售VHS录像带的电影公司就是迪士尼。即便在那时，它也只卖已经上映了多年的电影。对迪士尼来说，《小鹿斑比》几乎永远算得上新电影，因为从未看过它的新顾客每天都在诞生。

对儿童电影不感兴趣？那可真不走运。一盘录像带的定价在75～80美元。我们没有足够的资金来配备足够多的录像带库存，从而吸引音像店的客户。

克里斯蒂娜花了几天时间研究百视达和好莱坞音像店的商业模式,但她的发现却毫不鼓舞人心。

"就连实体音像店也举步维艰。要想赚钱,一盘录像带一个月内就必须流转 20 次。你需要稳定的客源。这意味着你必须备有大家想看的电影,最好是刚刚上映的。大家每周五晚上在百视达门店排队不是为了看多年前的经典电影,大家想看的是最新的电影,比如系列动作片,所以音像店里总有一整墙的这类影片。"

"好吧。我们也可以专注提供最新上映的电影,"我说,"实体音像店能做的话,我们也能做。"

克里斯蒂娜摇了摇头,说:"不是这样的。比如,我们要花 80 美元买一盘录像带,租金定为 4 美元。除去邮费、包装费和手续费,每笔租金到最后大概只能剩下 1 美元。"

"所以我们必须把这盘录像带租出去 80 次才刚好收支平衡。"特补充道。

"没错,"克里斯蒂娜说,"同一部新电影,音像店一个月可以租出去 25 次,因为它不用等邮政服务。它的租期可以仅限 24 个小时。另外,因为不需要支付包装或运输费用,每租出去一次,它赚的钱就更多。"

"那我们可以把租期限制在两天内。"我说。

"那也还需要至少 3 天的时间来运输,"克里斯蒂娜低头看着自己的笔记本,说,"最好的情况是——但其实不太可能——你可以在一周后收回这部电影。在非常理想的情况下,同一盘录像带一个月可以租 4 次。"

"所以当你把一部新电影租出去足够多的次数来确保赚钱的时候，它就已经不再是一部新电影了。"特说。

"完全正确。"克里斯蒂娜表示。

"你还要和百视达竞争。"特说，"在美国，几乎每一个潜在租客附近 10~15 分钟的路程内就有一家百视达的门店。"

"那在农村地区呢？"我问道，但我其实并不感兴趣。我知道她们是对的，除非采购录像带的成本变得更低，或者邮局的运输变得更快，否则通过邮寄方式租借电影几乎就是痴人说梦。

"回到画板上来。"我拿起了白板擦，说。

3

测试：让想法落地

(1997年初夏：上线前10个月)

NETFLIX

任何商业计划都无法在与真实客户碰撞的过程中存活。所以，关键是要让你的想法尽快和现实亲密接触。

逆转：视频光盘

在接下来的几周里，我和克里斯蒂娜、特讨论了各种想法，和里德就这些想法展开争论。在驾车往返于斯科茨谷市和森尼韦尔市的途中，我眼睁睁地看着这些创意在我那辆沃尔沃的底板上慢慢化为灰烬。我开始泄气了。

我不记得我们最初是怎么了解到 DVD 的。可能是克里斯蒂娜在做市场调查的过程中发现了这项当时尚处于萌芽阶段的技术。我之前在英泰公司的联合创始人史蒂夫·卡恩是家庭影院技术怪才，他可能在普雷的办公室里提到过。也可能是我在报纸上读到过——1997 年，DVD 正在旧金山和其他 6 个城市进行市场测试。

但我猜测当时应该是从里德那里了解到的。他真的会阅读所有寄到普雷公司的免费科技期刊。于我而言，这些期刊只会堆在我办公室的角落里积灰。在网上视频租赁的想法破灭之后，他有一次和我抱怨音像店收了他一笔过高的滞纳金。他心里一直想着电影，邮寄电影是我仅有的几个能引他注意的想法之一。

但有一点是可以肯定的：我没有在哪个书架上看到过一张DVD。

在1997年以前，DVD只在日本销售。所以即便你找到了一张影碟，也没有办法播放，因为你在美国买不到DVD播放机。而LD则比DVD容易找得多。

即便到1997年3月1日，第一批DVD播放机开始在美国试销时，要买DVD还是只能去日本。直到3月19日，美国才有DVD发行，而仅有的几部电影也并不是热门的最新影片，而是《热带雨林》《动画大师》《非洲：塞伦盖蒂国家公园》之类的片子。一周后，华纳兄弟娱乐公司第一次大规模发行了一批电影，总共32部。

录像格式的历史非常引人入胜，限于本书篇幅，在此不做赘述。但从根本上说，所有人，从电影公司、视频播放器制造商、大型音像连锁店到电脑公司，都希望尽力避免VHS与Betamax[1]大战的重演。在这场大战中，两种相互竞争的技术在市场上展开了殊死搏斗，不仅把消费者弄得一头雾水，也让录像机（VCR）的使用推迟了许多年。况且，除了影迷和收藏家，其实也没人真的喜欢几年前就已经推出的那种激光视盘，它不仅占地方，而且

---

[1] Betamax是由日本索尼公司研制开发供盒式录像机系统使用的一种磁带格式，它在与更便宜的VHS系统的竞争中失利，最终被市场淘汰。——译者注

价格不菲。在20世纪90年代中期，有多种相互竞争的技术都处于研发阶段中，而且它们全都是激光唱片（CD）那样的尺寸。

请注意这一点：激光唱片那样的尺寸。这就是吸引我的地方。一张CD要比VHS录像带小得多，也轻得多。事实上，我突然意识到它或许轻巧到可以被装进一张标准的商业信封里，仅需一枚32美分的邮票便可邮寄。它与邮寄VHS录像带所需的笨重纸箱以及联合包裹服务公司（UPS）高昂的运费相比，可谓大相径庭。

邮寄DVD？

克里斯蒂娜做了一些调研，发现电影公司和制造商正计划将DVD作为收藏品进行定价，一张光盘的价格在15~25美元。这与20世纪80年代的情形迥然不同。当时，面对如雨后春笋般涌现的音像店，电影公司纷纷抬高了录像带的定价。电影公司一发现钱都被录像带租赁店赚走了（谋利的方式就是采购VHS录像带，再租出去成百上千次。这是最高法院依据"首次销售原则"[1]确立的权利），就立马决定，唯一的应对方法就是把VHS录像带的

---

[1] "首次销售原则"指，根据《美国版权法》合法生产的特定复制品或者录音制品的所有者，有权不经版权所有人授权而出售或者处置该复制件或录音制品。——译者注

价格抬高到足以从租金收入中夺回它们"应得的那部分"的程度。虽然知道这样抬高价格就意味着放弃个人消费者的市场，但它们觉得这么做是值得的，因为大多数人只愿意租电影看，并不想买。

电影公司已经从这个错误中吸取了教训，它们希望DVD能像CD一样，成为可收藏的消费品。它们推断，如果DVD的价格足够低，顾客就不会再去租电影，而是像买CD音乐专辑一样去购买电影光盘。电影公司设想的场景是，顾客会在自己家中的架子上摆满电影光盘，这样就可以完全避免中间租赁商。

在库存配备和物流运输的成本都变低的情况下，如果DVD成为一种流行的格式（但其实可能性不大），那么邮寄电影似乎就是可行的。随着图书、音乐、宠物食品等其他主要门类的商品逐渐转移到线上，电影租赁（该行业每年带来的收入高达80亿美元）就成了一个诱人的目标。把赌注押在DVD上是有风险的，但这也可能成为我们最终攻破这一门类的方法。在整个市场都被VHS录像带租赁占领的情况下，我们或许可以实现邮寄DVD租赁，还能在短期内独占这个通过邮寄方式租赁视频的细分市场。

邮寄VHS录像带的想法已经胎死腹中，但邮寄DVD或许可行。

这时候，我要是能找到一张DVD就好了。

亲手试验想法

在很长一段时间内，我幻想过当一名邮递员。在加州待了几年之后，这个梦想已经成了我和洛琳之间反复提及的一个笑话。每当我厌倦了办公室政治，或者担心从初创企业、融资到泡沫的永无休止的盛衰周期时，我们俩就会坐在屋后的露天平台上，喝着葡萄酒，想象我们在别处的另一种生活，想象那条未选择的路。我或许会在蒙大拿州西北部一个小镇做邮递员，她负责在家里教育孩子，在我结束了一天的工作后，晚上5点，我们会一起做饭。再也没有危机，再也不用通宵熬夜，再也不用周末去办公室加班，再也不用出差，再也不用在凌晨3点起床，只为了记下那些把我从酣睡中唤醒的想法。

这些幻想的一部分，是渴望拥有一种节奏更慢、更简单的生活，是渴望摆脱单调枯燥的工作。拥有一份下班后就可以抛诸脑后的工作自有其诱人之处。我相信，于洛琳而言，这种对简单生活的幻想也同样动人心弦。多年来，她一直容忍着我的心不在焉。每每有关工作的想法突然浮现，我哪怕话说了一半也会思绪游移。她说完话，常常需要等两三秒，待我把注意力从自己的思路中拉回现实才能回答她。对此，她已经习以为常了。

这种简单生活的诱人之处也体现在经济方面。硅谷不仅是全美房价最高的地段之一，其他方面的成本也极其高昂。尽管我在早期创业过程中已经攒了不少钱，我们当时的工资也足够维持生计，但我们总感觉，我们再怎么竭尽全力地向前奔跑，也仅仅只够维持在原地不动而已。我和洛琳坐在门廊上，双双陷入了长时间的幻想以及与之伴随的经济现实之中：卖掉现在住的房子，再加上积蓄，我们可以在蒙大拿州买一栋豪宅。我差不多到40岁就可以退休了。哪怕只有一份兼职的邮差工作，我们也可以过得相当滋润……

但如同所有求之不得的渴望一样，我们对闲云野鹤般崭新生活的美好憧憬最好还是不要变成现实。如果我真的住到蒙大拿州的康登市去，每天只有靠投递邮件才能让自己不至于太过清闲，那么我可能很快就会明白为什么会出现令邮差愤怒发狂的暴力事件。

事实上，我喜欢麻烦。我喜欢每天都有一个问题摆在我面前，喜欢有问题让我深思熟虑，让我开动脑筋加以解决。

那年夏天，我常去圣克鲁斯中心太平洋大道尽头一家名叫"露露木匠的店"的咖啡馆。我和里德每周都会在那里吃一两次早餐，再开车去上班。我们俩通常坐在室外人行道边的座位上，背对着咖啡馆敞开的大窗户，看着街对面的圣克鲁斯邮局，它宛若教堂般庄严地耸立在太平洋大道上。

圣克鲁斯邮局气势恢宏，有很多根支柱，是一栋迷人的老式建筑。它有着花岗岩和砂岩建成的外墙，以及光亮的瓷砖地板。门厅里都是邮政信箱，信箱的黄铜把手有点儿生锈了。1997年，我已经不怎么写信了。那时我在科技行业，行业内盛行写电子邮件。但是看着人们在邮局门口进进出出，我也油然生出提笔写信的欲望。这让我回想起我作为"垃圾邮件大王"的第一份工作，当时我每周要发出几千封——不，是几十万封——邮件。

这让我又一次想要邮寄东西。

我的眼睛盯着自己面前的那杯卡布奇诺，咖啡表面用奶泡雕出了树叶形状的拉花。"邮寄 DVD"这个想法的推介词是克里斯蒂娜和特帮我构思的，我已经跟里德讲了 30 分钟了。"这样吧，我们不妨试一试，寄一张 CD 到你家。如果 CD 损坏了，我们就知道这个想法永远不可行。如果 CD 寄到了，那你星期二晚上就有东西可听了。"

里德盯着我的眼神让我有点儿坐立不安。那是星期一的早晨 8 点，他可能 4 点就醒了，已经喝过一杯双倍的浓缩咖啡了。此刻他又喝完了半杯普通咖啡。他已经提醒过我好几次，我们俩都没有真正见过一张 DVD 光盘。

而我呢？我兴奋得像只小鸟。我也起得很早，太阳升起的时候，我正在"汽船航道"[1]冲浪。但即使过了几个小时，在陆地上喝着咖啡，我也能看到眼前这个最新的想法刚刚开始从地平线上显现，远远看去隐隐约约仿佛波浪一般腾起。现在要判断我们能否驾驭这浪涛还为时过早，但无论如何，最好的策略还是先移动就位。

里德感觉到了我的坐立不安。"好吧，好吧，快把你的烤饼吃完。"

我们沿街走到了太平洋大道上的一家名叫"罗格斯"的二手唱片店。我们在门口一直等到该店开门营业。当然，它还没有

---

[1] "汽船航道"是美国加州圣克鲁斯著名的冲浪地点。——译者注

DVD出售，但我们觉得一张CD也差不多。我买了一张二手的《佩茜·克莱恩[1]精选集》——就算这个想法不成功，至少这张唱片也有人愿意听。几分钟的时间内，里德负责把唱片从CD盒子里取出来，而我则钻进了名为"纸张视觉"的办公用品商店去找信封。为了寄一件东西而买下一整盒信封似乎挺蠢的，所以我就买了一张贺卡。那张贺卡的封面上画着一只柳条篮，里面有两只小狗，上面写着"生日快乐"。贺卡自带了一张粉色的信封。里德去邮局把他的地址印在了信封上，我则通过自动售货机用硬币买了一枚32美分的邮票。

CD装进去了，邮票也贴上去了。我舔了舔信封的封口，吻了一下以求好运，然后就把它丢进了写着"只收本地邮件"的破旧铜制标牌下面的插槽里。

测试成功

说到运气：好几个月之后，当尝试创业的工作已经进行了很长时间后，我跑去参观了一趟圣克鲁斯邮局。彼时，公司的发展顺风顺水，虽然尚未正式上线，但相比早期那段在17号公路上一边驾驶丰田亚洲龙，一边否决各种创意的时光，我们已经前进了一大步。实际上线的日子已经近在咫尺，所以我决定亲自看看

---

[1] 佩茜·克莱恩，美国歌手，被誉为20世纪五六十年代"第一天后"。——译者注

我们的 DVD 究竟是如何通过邮局进行运输的，以便我们调整快递包装的设计。

当我经过信件投递口背后沾了污渍的筐子，经过装载区和收发室的时候，我觉得自己就像个小孩子一样。圣克鲁斯的邮政局长解释说，他现在描述的路线和 9 个月前我们的粉色信封所经历的路线是一模一样的：从邮票到信箱投递口，从分类到装袋，最终由运货卡车送到里德的邮箱。我原本想象的是一个高度自动化的系统，在巨大的压力之下高速运行，哪怕是最坚固的样品也能被这个系统摧毁。或者，如果信件在这里仍然安然无恙的话，我本以为这些信件会被送到圣何塞市附近一个更大的机构，在那里进行分拣和处理，再被送回圣克鲁斯进行投递。但我看到的却是更人性化的流程。信件经过手工分拣后被立即分发，本地邮件直接发送给司机。这是一个惊人的快速而低调的过程。

"全美各地都是这样的流程吗？"我问。

邮政局长当着我的面大笑起来。"当然不是，这是本地邮件的流程。所有寄往外地的邮件都会用卡车运到圣何塞，在那里进行分拣。"

"那么照你说的，如果我把一张光秃秃的 CD 装在信封里寄到别的地方，那么它就会破裂、损坏或者被刮花？"

"很有可能。"

我们是幸运的，我想。

这被称为"假阳性"，也就是我们所熟知的"幸运"。如果我们通过其他邮局投递，或者如果里德住在加州的洛斯盖多斯或者萨拉托加，那么我们寄的 CD 可能已经被毁了。如果我们把它寄到我在斯科茨谷的家，而不是他在圣克鲁斯的家，那张 CD 可能就没法完好无损地被送达了。那我也就不会写这本书了。不过，也许我还会写书，但那就是关于洗发水的了。

然而，就在我们寄出 CD 的第二天早上，就在我们的粉色信封消失在投递口后不到 24 个小时，我在斯科茨谷的一个停车场遇到了里德。他掏出了信封，里面是一张完好无损的 CD。

"寄到了。"他说。

"谢天谢地。"

从零开始建立库存

再见了，定制冲浪板。再见了，个性化棒球棒。

我想，当那张 CD 被安全送达时，我和里德都已经心知肚明，我们终于找到了属于我们自己的创意。克里斯蒂娜和特的所有反对意见，包括关于周转时间和便利因素的顾虑依然存在。但如果寄一张 DVD 只要花 32 美分，买一张 DVD 只要花 20 美元，那么我们都知道我们从中看到了机会。

我、克里斯蒂娜和特发现，DVD 和 VHS 录像带最根本的区别在于电影库存的规模。即便在美国可以买到 DVD 的地方，也没有那么多电影可供选择。到 1997 年年中，DVD 格式仍然只有大约 125 部电影。但 VHS 格式的电影却有成千上万部。

当我给克里斯蒂娜看 CD 时，她问道："所以思路是，我们早点儿打入市场？抢在音像店前面赢得先机，然后建立更多的库存？"

我点了点头，说："更准确地说是'从零开始建立库存'。目前拥有 DVD 播放机的人很少，所以距离音像店开始销售 DVD 还需要一段时间。可能在很长一段时间内，我们可以一家独大，根本没有对手。"

"这也许可以弥补电影的滞后，"特说，"如果大家无论如何在商店里都买不到 DVD，那他们也不会太介意多等一段时间。"

克里斯蒂娜眉头紧锁，但我看得出她的立场开始动摇了。

"好吧，有人真的看过 DVD 吗？"

最初的股权模式

我们的创意已经有了，现在只需要解决资金来源的问题。

在创办一家公司时，你真正要做的事情是让其他人坚定地相信一个想法。你必须让你未来的员工、投资者、商业伙伴和董事会成员相信，你的想法值得他们投入金钱、声誉和时间。在当今世界，你可以通过提前证明你产品的价值来做到这一点。你可以建一个网站或者制作一个原型，你可以把产品打造出来，可以测出流量或者预售销量等。你做这些事情的目的只有一个，那就是当你去找潜在投资者时，你摊开手掌，有数字来证明你想做的这件事非但是一个不错的想法，而且已经实际存在并且取得成效了。

举个例子：几年前，我儿子大学毕业后离开家，和他的一个朋友一起搬到了旧金山市，打算创办一家新公司。在比从我们在斯科茨谷市的住所到旧金山的车程还要短的时间内，他就在广场空间[1]上建了一个网站，到在线支付服务商Stripe上开了一个信用账户，使用谷歌广告联盟（AdSense）购买了一些网页横幅广告，还在网站优化软件供应商Optimizely上建立了一些基于云计算的分析工具来测量结果。他完成这一切只用了一个周末。

他们测试的其中一个想法就是邮递洗发水。我还能说什么呢？有其父必有其子。

但把历史的时钟拨回1997年，那时你光靠演示文稿（PPT）就可以筹集200万美元。事实上，你别无他法。原因有很多，但最根本的原因与时代特征有关。1997年，没有Squarespace，没有Stripe，没有谷歌广告联盟，没有Optimizely，也没有云计算。如果你想建立一个网站，那你就必须依靠工程师和程序员，还必须有服务器来支持页面，你得想办法接受信用卡支付，你必须自己做分析。别说一个周末了，6个月都不一定能搞定。

你需要资金，需要花钱雇人、租场地、买设备……需要支撑到你能证明自己的想法有价值的那一刻，直到你能真正筹集第一笔可观的资金。

---

[1] 广场空间（Squarespace）是一个网络发布平台，用户可以通过预先构建的模板或拖放功能轻松设计网站。——译者注

这是个悖论：你没法向投资者证明你的想法行得通，除非他们给你提供资金来证明你的想法行得通。

你必须说服他们支持你的想法。

但在你接受第一笔钱，卖出第一份股票份额之前，你必须在上面加上一个美元符号。这叫作估值。你得想出一个数字来：你的想法值多少钱。

一般来讲，当有人说"嘿，有一个价值百万美元的想法！"，那往往是一件好事。

但在硅谷，百万美元也算不上多。

网飞目前的市值大概是1 500亿美元[1]。但在1997年，我和里德决定，这项知识产权——邮寄DVD的想法，加上我和他一起创业这件事——一共价值300万美元。不算太多，但似乎也足够了。足以让人认真对待，但又不至于多到没人愿意拿钱去冒险。

我们估计，公司起步需要200万美元：上线网站需要100万美元，在筹集下一轮资金的同时经营网站还需要100万美元。我们需要一个天使投资人。幸运的是，我们都认识一个人选：里德本人。

里德想成为我们的天使投资人，因为即使他要离开硅谷去投身教育事业，他也想找到一种与硅谷保持联系的方式。资助我们

---

[1] 这本书英文原版出版时间为2019年。——编者注

就成了他保持创业感觉的方式。这让他得以继续沉浸在他所热爱的创业文化中。创办、经营小企业给了他生活的秩序、意义和乐趣。我想，他可能害怕在进入教育领域后会失去这些。作为我们公司的天使投资人，他可以建立一种安全网，那可以把他拉回那个他熟悉且游刃有余的世界里。他纯粹是害怕错失良机，就这么简单。

我决定不投入金钱。首先，我刚刚有了第三个孩子——儿子亨特。其次，和里德不同的是，我会为这个项目贡献很多时间和精力。

我的风险是我投入的时间。里德的风险是他投入的金钱。

但由于我一开始没有投入任何资金，实际上我改变了我的持股比例。要明白这背后的原因，你就需要略微了解一下创业公司是如何筹集资金的。这里会涉及数学知识，请保持耐心。

如前文所述，我和里德认为网飞（当时只有我们两个人加一个想法）的价值是 300 万美元。为便于计算，假设网飞一开始的股票份额为 600 万股，每股价值 50 美分，每股股票都代表股东对公司拥有一个基本单位的所有权。在第一天，公司只有我和里德两个股东，我们把公司一分为二，各获得 300 万股，也就是网飞公司 50% 的股份。如果此后什么变化都没有，而我仍然拥有网飞 50% 的股份，那我现在的生活就会变得有点儿不一样。前文提到过，网飞现在的市值大概是 1 500 亿美元，坐拥其中半壁江山应该能给我带来不错的改变。

但随后出现了一个名叫"稀释"的变化。

请记住，在这个时间节点上，还是只有两个人加一个想法。之后我们需要建立网站、招聘员工、租办公室、买白板笔（我真的很喜欢白板笔），所以我们需要钱。里德愿意出资，但他必须得到一些有价值的东西作为回报，于是我们就卖给他股票。我们不是把已有的股票卖给他，而是要创造新的股票再卖给他。既然我们已经规定了每股价值50美分，那么我们就得卖给里德400万股以换取他200万美元的出资。

所以此刻大家都很满意。我们现在拥有一家价值500万美元的公司：公司的资产包括这个想法（我们对它的估值是300万美元），以及200万美元现金。但现在所有权发生了变化。我仍然持有300万股，但因为现在总共有1 000万股，所以我的持股比例从50%减少为30%。与此同时，里德的股权增加了，他现在拥有700万股：最初因想法获得的300万股，加上他投资换来的400万股。

里德持有的股份从50%变成了70%，所以我们现在是股份三七开的合伙人。

这一点没有对我造成困扰。股权稀释是创业过程中的正常现象。不错，我的持股比例确实从50%降到了30%，但我更愿意持有一家有充足资金来实现目标的公司的30%的股份，而不是一家手头没有现金的公司的50%的股份。

我能否尝试与里德进行对半投资，以保持五五开的合伙人关系呢？当然可以。这就是所谓的"按比例"，这种情况屡见不鲜。但我不像里德那么有钱，我还要承担更多的家庭责任。另外，与他不同的是，在接下来的几年里，我的每分每秒几乎都要花在让我们的想法落地上。此外，我认为把自己的大量资金投入这个项目会影响我承担其他类型风险的能力。如果我损失的不仅仅是我的工作，还很可能会损失 100 万美元，那我就不确定自己是否还会采取那些富有创造力的大胆举措了，而这些举措在早期发展的过程中是至关重要的。

人才与商业计划书

在硅谷，技术人才是最稀缺的资源。一家不知名的初创公司是很难吸引顶尖员工的。但是，多亏普雷公司的收购交易，里德在业界有了影响力。短短几天之内，他就让我们与埃里克·迈耶取得了联系。法国人埃里克貌似木偶，举止疯狂。网飞发展初期有一支古怪的运营团队，团队成员大部分都是外国人，埃里克后来就成了这支团队的关键人物之一，他后来担任网飞的首席技术官。埃里克在职业生涯早期与里德共事过，我们和埃里克取得联系的时候，他正在毕马威会计师事务所（KPMG）担任高级职务。我知道要说服像埃里克这样富有才华（而且拿着高薪）的软件开发人员加入我们这群散兵游勇，着实需要费一番口舌，所以我一拿到他的电话号码就立刻打了过去。

与此同时，我需要写一份接近商业计划书的材料。注意，我用了"接近"这个词，因为我从未打算真的写出一份商业计划书来。大多数商业计划书都囊括了详尽的上市策略，对营业收入和支出的详细预测，以及对市场份额的乐观预测，但在我看来，这种计划纯属浪费时间。从创业开始的那一刻起，计划就过时了，然后你就会意识到当初所有的期望有多么离谱。

事实上，任何商业计划都无法在与真实客户碰撞的过程中存活。所以，关键是要让你的想法尽快和现实亲密接触。

但我们仍需思考应该从哪里着手，在这方面，我全靠克里斯蒂娜。我们在我办公室的白板前待了好长时间，试图想象出在线视频商店的模样。克里斯蒂娜手工绘制了网站的每一页，一丝不苟地勾勒出每一样内容的摆放位置，包括 DVD 封面图、故事梗概和订购信息。有了初始的团队成员之后，我立马就开始寻找合适的办公场所，或者至少要找个让大家可以面对面讨论的会议室。我家那条街上的最佳西方（Best Western）酒店是我最中意的，会议室的租金是一周 250 美元。

20世纪90年代的硅谷

我的描述也许让你觉得这一切都发生得很快。确实很快，只用了短短几周的时间，我们就将一堆模糊的想法转为半清晰的行动计划了。但 20 世纪 90 年代末的硅谷有一个特点：一切都很快。

我并不是说 20 世纪 80 年代的发展就很慢，不完全是这样，但 90 年代的进展更加迅猛。整个硅谷笼罩在一种工程驱动的文化之中，所以一切都以事物建造的最快速度在进行。在我于 80 年代工作过的博兰国际公司，企业园区的建筑通常是工程师坐在顶层带窗的办公室里，其他人坐在下面的楼层里。这种设计强化了一种等级观念：工程师处于金字塔尖，而其他人都在为他们服务。与这种等级制度相伴而生的就是古板保守的观念。一切改变都必须严格按照计划，有条不紊地进行。

到90年代中期，情况已经有所转变。杰夫·贝佐斯在亚马逊公司的成功已经向我们表明，引领未来进步的不仅仅是更强大的硬件或者更富创新的软件，还有互联网本身。你可以利用互联网来销售商品。互联网就是未来。

互联网是不可预测的。互联网的创新不是在企业园区集中进行的。这是一个全新的世界。

变化在以肉眼可见的速度展开。1995年，你可以在市面上买到一本书，上面罗列了当时现存的网站，大约25 000个，这本书不到100页。到1997年3月，当我和里德驾车翻过圣克鲁斯山，在上班路上进行头脑风暴时，世界上已经有了大约30万个网站。到1997年年底，网站的数量已经达到了100万个，用户的数量也已经增至一亿。事实上，并不只有我们在探索利用互联网赚钱的新方法。有成千上万像我们这样的人也在寻找正确的角度、正确的产品、正确的方式来利用这种全新的媒介。

我听说有人把硅谷的90年代中后期称为"非理性兴奋时代"。我赞同对"兴奋"的表述。面对人类历史上最具革命性、最具颠覆性的技术，谁不会为之兴奋呢？

但真的"非理性"吗？不完全是。我们在互联网时代之初的激动之情完全是理性的。我们正处在一片开阔的绿色田野的边缘，这片田野既没有被犁过,也没有种过任何庄稼。若你多与企业家、工程师谈谈20世纪90年代中后期的情况,你就会发现他们向你描述的内容简直就像直接出自刘易斯和克拉克(Lewis and Clark)的远征[1]日记。我们都觉得自己是伟大远征前夕的拓荒者。这里有足够的土地可以分给每一个人。

---

[1] 这次远征是美国首次横越大陆、西抵太平洋沿岸的往返考察活动。——译者注

4

初始团队

(1997年7月：上线前9个月)

NETFLIX
我通常对"头衔通胀"持谨慎态度，尽管这看起来似乎是零成本，但它其实暗藏着高昂的代价，因为它会导致一连串过度晋升。

头脑风暴

在我们寄出 CD 的一周后,我坐在库比蒂诺市的霍比餐厅里一张 8 人桌的主座位置,嚼着一块硕大的熏肉生菜番茄三明治。吃了一半的汉堡和波浪薯条散落在桌子上,被推到一边,腾出的地方放着活页夹、笔记本和咖啡杯。我们真的开始行动了。

对于不知情的读者,我要解释一下,霍比餐厅算不上高级餐厅,只是一家小饭馆而已:餐桌紧贴着墙壁;压了膜的菜单上面印有食物的图片,整洁无污渍,因为在每次轮班之后,菜单都会被放进洗碗机进行清洗。一杯咖啡只要两美元,还可以无限续杯。

我们选择霍比餐厅,倒不是因为这里的食物有多美味。在这里开会也不是为了避免泄露我们的想法。实际上,保密是我们最不关心的事情。那时我已经意识到,把我的想法告诉别人是一件好事。我告诉的人越多,我得到的有价值的反馈也就越多,我也越能从前人种种失败的尝试中吸取教训。与他人交流不仅有助于我完善自己的想法，通常还能让他们也想加入。

那我为什么要选这家餐厅呢？是因为位置。我们用圆规在地图上克里斯蒂娜的家（位于福斯特城）和我的家（位于斯科茨谷市）周围画了大小相等的两个圆圈，在两圆相交处，位于库比蒂诺市的斯蒂文斯克里克大道正好就处在中心位置。任何人开车过来都不会超过30分钟。

任何人是指哪些人？当然包括我、克里斯蒂娜和特。我们的临时首席技术官埃里克·迈耶带着法国人特有的鄙夷打量着他那杯泡沫过多的卡布奇诺咖啡。鲍里斯和维塔·德鲁特曼是一对乌克兰夫妇，他们的口音很重。埃里克向我们保证，这两个人都是写代码的天才。里德也来了，难得他不用留在普雷公司的办公室里。

我们不得不在霍比餐厅见面，是因为我们当时的处境既奇怪又尴尬：努力朝着真正建立一家公司的目标迈进，却连一间像样的办公室都没有，甚至连办公场地的租金都拿不出来。我、克里斯蒂娜和特仍然在普雷公司工作，让大家成天在我们那儿进进出出也不太合适，毕竟这支团队是在为另一家公司工作。所以我们就在下班后或者午休时间溜到霍比餐厅参加两个小时的会议，讨论我们未来的公司：我们要做什么，我们要怎么做，以及什么时候可以开始行动。

克里斯蒂娜和特花了很长时间做市场调研，上沙拉的时候，她们会给我们展示调研结果。"在过去的一周里，我去了15家音像店，以下是我了解到的一些情况。"特说。接着，克里斯蒂娜拿出了她按照自己的设想对网站界面进行的初步设计。鲍里斯和维塔会跟埃里克挤在一起,用一种非常高级的语言谈论技术细节问题,我不是每个字都能听得懂。我通常同时做三件事。当我的身体坐在桌子边,听着这些对话时,我的思绪却常常飘到了其他地方,试图想办法说服新人加入我们的团队,思考公司应该叫什么名字,或者一旦资金确定下来,我们要在哪里办公。我们不可能永远待在霍比餐厅里。

我还需要一位首席财务官。我看中的人叫杜安·门辛格,他是我在博兰国际公司工作的时候认识的。他完全符合这个角色的设定:非常专业,曾在普华会计师事务所(Price Waterhouse)工作近十年。在崇尚休闲风格的加州,大家习惯的日常穿着是短裤和人字拖,但他却总是西装革履。杜安身上有许多吸引我的品质,比如小心谨慎、有条不紊,而且厌恶风险,但也正是这些特质使他没法下定决心加入我们这支胜算似乎不大的欢乐小团队。他虽然一再婉拒我的邀请,但仍然同意在业余时间帮助我们建立财务模型。他就好像是我们"租来的首席财务官"。

而吉姆·库克的烦恼则跟我的烦恼恰好相反。他最后成了网飞团队中最重要的成员之一。他是克里斯蒂娜的朋友,身材魁梧,曾在财捷集团(Intuit)从事金融工作多年,脸上总是挂着大大的、憨憨的笑容。我挺喜欢他这一点,因为在创业界能始终保持乐观的心态是件好事。但问题在于,他非常想当我们的首席财务官。吉姆看起来倒也确实符合这个角色,他整天穿得像个银行家似的:熨得笔挺的西裤、挺括的衬衫,所有的衬衫都是浅蓝色的。他做事井井有条、注重细节,效率也很高。与杜安不同的是,他对于冒险创业习以为常。和我们其他人一样，他真的很享受这个过程。我觉得就凭这一点，他就很适合做运营，也就是去钻研我们要如何采购、存储和运输 DVD。

但是他不同意做运营。我在和他开了几次会之后才意识到，他整天挂在脸上的灿烂笑容绝不仅仅是乐观主义，更多的是一种谈判策略。当我在谈判中得不到自己想要的东西时，我的策略就是叹气，表现出自己很疲惫、很忧愁，让对方觉得自己像个让父母失望的孩子一样。大家都知道那句老话：我没生气，我只是对你太失望了。而吉姆的策略就是向我咧嘴一笑，那笑容简直让人瘆得慌。

但他的策略没有成功。吉姆在 10 月正式签约担任我们的财务总监及运营总监。最后我才意识到，他对"财务"这个头衔比对实际的工作更感兴趣。我通常对"头衔通胀"[1]持谨慎态度，尽管这看起来似乎是零成本，但它其实暗藏着高昂的代价，因为它会导致一连串过度晋升。因为这个原因，我已经决定取消副总裁的头衔，至少在公司创立之初不设这个岗位。他们都只能是总监，头衔必须直接反映他们的实际工作职责，而不是他们想做什么。不过吉姆是个例外，有点儿违规是不可避免的，他对公司太有价值了，不能因为区区一个头衔就失去他。所以，我还是勉为

---

[1] "头衔通胀"指公司给员工派发各种唬人的高级头衔，从而在不增加成本的情况下提供晋升机会，以留住员工。——译者注

其难地给他加上了"财务"这两个字,但同时也让他明白,有了杜安的加入(尽管只是暂时的),我们目前真正需要他的地方是运营。首席财务官的头衔会有的,他只需要耐心地等待一段时间。

与此同时,我必须为吉姆以及我们其余所有人找到一个可以办公的地方。我们需要一间办公室。我非常渴望把公司建在圣克鲁斯,渴望打破硅谷的惯例,不想搬到森尼韦尔或者圣何塞市千篇一律的办公园区去。圣克鲁斯对我更有吸引力。这是一座海滨小城,是个适合冲浪的小镇,仍然充满一股20世纪60年代的气息。小城里的居民数量甚至还没有路上开的大众汽车多。作为一座城市,圣克鲁斯的主流精神与硅谷"不惜一切代价谋发展"的模式背道而驰。在圣克鲁斯,大家反对开发,反对拓宽道路,不希望城市繁荣发展。

在圣克鲁斯山脉的那边,发展就是上帝。但在圣克鲁斯,谈发展会显得很粗俗。

我想让我的公司也能沾染一点儿圣克鲁斯那种安逸悠闲的气质。我不希望吸引的是山那边那样的一群技术工人——年轻气盛、壮志满怀。我想要的是思想自由且能略微跳出条条框框的人。我希望这次做的事情能有点儿不一样。

我希望自己和同事们都能平衡好工作与生活。我喜欢圣克鲁斯蜿蜒的小路、翻涌的海浪,想拥有一种更放松、更惬意的生活,不希望每天为了去帕洛阿尔托市上班而花两个小时在通勤上。如果要创办自己的公司,那么我希望这份事业能与我的生活无缝对接、融为一体。我希望我的孩子们能来办公室和我一起吃午饭,也希望我傍晚能开车回家和他们共进晚餐，而不是花几个小时在长长的车流中缓慢蠕动。

我去看了圣克鲁斯的办公场地。但在获得资金之前，我们只能选择斯科茨谷市的最佳西方酒店。

顺便说一句，这家酒店现在还在那里。上周我开车经过时，很想再去当年的会议室坐坐。在拥有真正属于我们的办公室之前，我们在那里度过了好几周的时间。我想看看自己的记忆有没有出错——那张会议桌到底有多大？那张磨损的旧地毯到底是什么颜色的？我把车停好，在大楼外面转悠，尽量保持谨慎。但当我透过窗户往里窥探网飞的第一个办公空间时，发现当年的那张长桌和那几把人体工学座椅通通都不见了，就连一直放在那儿的一把水壶，以及水壶周围摆着的几只塑料杯也全都没了踪影。我看到的，是房间里摆满了我们谁也不会用到的东西：一台色彩黯淡的跑步机，一堆哑铃，角落里摊开的一张脏兮兮的瑜伽垫。

时间是残酷的，在科技行业还谈什么纪念碑呢。

万里挑一的米奇

那年夏天，我在吃午餐上花了不少时间。除了去霍比餐厅，我每个月还会开车去几次伍德赛德，一直在试图讨好一个名叫米奇·洛的音像店老板，想赢得他的支持。

我第一次见到米奇是在拉斯韦加斯视频软件经销商协会（以下简称 VSDA）的年度会议上。那年 6 月，我凭着直觉去参会了，除了做最普通不过的调研外,也没什么其他真正的计划。考虑到我们正打算开展一项专注于视频租赁的电子商务业务,多深入了解一下视频租赁行业似乎更稳妥。我内心深处期望的,其实是能找到一个销售用于经营出租店的某款软件的人,这样我们就可以把这个软件改造一下,用以线上运营。

我必须得耍个花招。VSDA 是一场"交易会",这意味着它表面上只对行业内部成员开放,不面向普通公众。所以,在出发前往拉斯韦加斯之前一个月左右报名参会的时候,我就假装自己是"加州斯科茨谷伦道夫视频公司"的总经理,尽我所能地回答了问卷上的问题:

员工数量:7 人。

年收入?

这个问题挺难回答的,因为我根本不清楚音像店的营业收入大概是什么水平。75 万美元应该不离谱吧?

几周后,参会的徽章就躺在了我的邮箱里。

我不记得自己当时对 VSDA 的展会有何预期。也许会有一些摊位、一些圆桌会议吧,就像我从事直销多年所接触过的商务会议一样,平淡无奇、枯燥乏味。我猜我当时可能以为,整个大会将由典型的音像店员工来主持。如果你年纪够大,还记得音像店,那你就一定知道"典型的音像店员工"长什么样子:20 岁出头,戴着大眼镜,总带着一副蔑视嘲讽的表情。

等我到了那儿,才发现一切跟我的设想大相径庭。VSDA 简直让人疯狂。会场里有成千上万人,他们全都挤在几百个精心布置的摊位周围。模特们在会展中心四处游荡，分发一些电影公司的赠品。名人们都在摆姿势拍照。每条横幅都有着鲜艳的装饰，聚光灯照亮了整个会场。巨大的扩音器里播放着电影原声带，声音震耳欲聋，震得地板都在颤抖。它就像是迪士尼世界、好莱坞电影首映礼和印第安纳州博览会的混合体。

我站在一块绿色屏幕前，把笑脸成功地插入《碟中谍》的海报里。我摆好姿势，和动画片《超级无敌掌门狗》的主角华力士与格罗米特合了影。我仰视着9米多高的卡通霸王龙巴尼，惊奇地看着它在展览大厅的入口处站岗，嘴巴一张一合，跟大家打招呼。

我感觉自己像服了迷幻药一样。

几个小时里，我在一个又一个摊位间转悠，主要是想弄清楚音像店的业务究竟是如何运作的。哪些人是主要的参与者？谁赚了钱？是如何赚到钱的？我的策略就是采取最笨的办法——假装是行业中的一员去接近他们，试图得到这些问题的答案。不过，这番努力暂时收效甚微。

在活动接近尾声的时候，我设法穿过了巨大的展位，来到了这类会议上所谓的"管帘区"。之所以有这个叫法，是因为展位间都由一个齐腰高的金属管框架隔开，框架上挂着帘子以做遮挡。这里的摊位人流量较少，展台也相对矮小，没有花哨的电子显示屏，没有知名演员的人形立牌，也没有马克杯纪念品或者3D立体眼镜。有的只是坐在小桌子后面的中年男子，他们平静地交谈着收益率和库存。

这些就是我最想见的人——做软件的人。

最后，我来到靠后面的一个摊位，和一个看起来30多岁的男子搭讪。他留着胡子、相貌平平，表情、举止和蔼可亲，手写的名牌上只写着"米奇"。我开始使出浑身解数套他的话。

"在我的店里，我和我的7个员工一直都是用纸笔来记录租金收入的，你们这种软件实际上是做什么的？"

他的微笑表明他可能已经看穿了我，但他却不露声色。在交谈之中，我了解到米奇经营着名为"视频机器人"（Video Droid）的小型音像连锁店，一共有10家店面，每家店都有成千上万部电影。他提到自己面临的实际挑战是同时要维护新电影和经典电影的库存，这勾起了我的兴趣，但真正令我着迷的是他对电影的深刻了解，还有他与顾客之间建立的更深层次的关系。他会留意顾客喜欢什么电影，来租什么电影，以及他们想要看什么类型的电影。他本人就是个不折不扣的电影迷，他也想帮助客户找到他们喜欢的电影类型。这意味着他不仅能给顾客提供他们自己想看的电影，甚至还能提供他们自己都没意识到自己会喜欢的电影。

米奇就是"一个行走的互联网电影资料库（IMDb）"。他白天全泡在自己的店里看电影，下班回家后，他会一边吃晚饭一边看一部电影，接着熬夜再看几部电影。典型的音像店员工往往自命不凡、恃才傲物，但米奇与他们不同。他乐于交际、待人友善，渴望与人分享自己的热情。在他入行的这几十年里，他和千千万万的人谈论他们看过的电影，喜欢哪些，不喜欢哪些，讨论他们还看过其他什么电影。正是他不断积累的电影知识和对人心的洞察，使他得以精准预测与顾客情绪、兴趣和品位匹配的电影。

他就像个调酒师，只不过他调的不是酒，而是电影。

他也没被我的伎俩糊弄住。在我们交谈了大概 10 分钟后，他冲我一笑，看起来老实巴交，但眼里闪烁着一丝光芒。他问我："你到底是做什么的？"

我犹豫了片刻，还是把邮寄 DVD 的大致想法告诉了他。他似乎有点儿兴趣。我和他交换了电话号码，然后就离开了展位，走的时候心里想着我可能已经找到了一个低调的小老板，可以和他这个内行人交流想法以激发灵感。他这个人真不错，我想。

那天晚些时候，为了找一张会展中心的地图，我打开了 VSDA 手册。封面内页是一张占了半页纸的全彩照片，照片上正是今天坐在"管帘区"的那个人。照片下面印着他的名字——米奇·洛，VSDA 主席。

在硅谷收集情报

在那次 VSDA 年会之后，我和米奇一直保持着联系。因为他住的地方远在马林县，所以我们大多数情况下都是打电话交流，但我总是第一时间就跟他聊我们的最新进度。如果我觉得他的回答能帮助我们，我也会积极地向他发问。我约他在伍德赛德一起喝过几次咖啡。到了开始筹集资金的阶段，我就积极地拉他入伙，开始请他在巴克餐厅吃午饭。

巴克餐厅是硅谷的圣殿之一，有太多公司都诞生于此。它们要么是在这里被构思出来的，要么是在这里获得了资金或者以其他方式组建起来的，店主甚至应该要求分成。餐厅的食物美味，非常治愈人心，但其实来这里主要追求的是气氛。餐厅被各种饰物塞得满满当当，不过，最引人注目的装饰或许要数一辆悬挂在天花板上的无马达汽车。还记得肥皂盒滑道赛车（Soap Box Derby）吗？在这个比赛中，童子军的成员会把自制的木制汽车从山上滚下去，看哪辆车跑得最快。硅谷也有类似的比赛。每年，帕洛阿尔托市的沙丘路都会举办一场无马达汽车比赛，价值上百万美元的风投公司都会参赛争抢风头。这个比赛的赛车不再是简单的木制汽车，而是可以称得上带轮子的宇宙飞船。赞助商们四处寻找各种尖端高科技的碳纤维复合材料，甚至利用自己的人脉获得了在洛克希德·马丁[1]公司的风洞里测试汽车的机会。它们采购的轴承每套价格高达数千美元，甚至连车轮都比改装赛车的车轮更轻、更结实，当然价格也更昂贵。

在巴克餐厅，其中一个古怪的装置就是一辆无马达汽车，虽然它输了沙丘路的比赛，但它曾创下无马达汽车下坡速度的纪录。用餐时，它就挂在头顶的天花板上，时刻提醒着你，只要足够努力、足够创新和有足够的资金，没有什么事情是不可能实现的。

---

[1] 洛克希德·马丁（Lockheed Martin）公司是美国一家知名的航空航天制造商。——译者注

巴克餐厅的每一个座位上都留有风险投资的痕迹。那里的餐巾纸上留有成千上万支钢笔的压痕，笔触勾勒出一些看似不可能但或许恰好行得通的想法。在某种程度上，巴克餐厅就是硅谷的VSDA，那是一个疯狂的、有点儿迷幻的地方，一切谋划设计似乎都是为了迷惑外人。这就是我带米奇去那里的原因。

我借助午餐的机会收集信息。针对我同克里斯蒂娜和特讨论过的一些问题，我会提出一些可能的解决方案，在聆听米奇把方案一一否决的过程中，我又能学到很多东西。他兼备内容知识和行业知识，因为他既喜爱电影本身，又热爱电影租赁行业。

米奇当时并不是硅谷人，现在依旧不是。他是一个脚踏实地的商人，有着令人难以置信的进步思想。事实上，他的音像连锁店的名字 Video Droid 就寓意着他很早就押下的赌注——电影最终可以通过报亭来分销。[乔治·卢卡斯[1]曾经盯上了米奇，给他下达了停止令，因为乔治声称他拥有 droid（网络收集器）这个词的版权，直到米奇证明自己使用这个词的时间比《星球大战》早很多年，这一纠纷才告一段落。]

他的样貌和举止看起来与常人无异。但我和他交流得越多，就越能感觉到，在他的外表之下隐藏着更有趣的东西。他害羞地承认，他的母亲获得过成人电影界的奥斯卡奖，不是作为演员，而是由于对行业的贡献。20世纪七八十年代，米奇家在缪尔森林

---

[1] 乔治·卢卡斯，科幻电影《星球大战》的导演。——译者注

公园的住宅曾被用作几十部成人电影的布景。

最终，我公开向他提供了一个职位，但他却婉言谢绝了。他喜欢经营自己的家族企业，热爱视频行业，也不急于离开马林县。

然而……我每次请他去巴克餐厅吃饭，他都欣然前往。他愿意赴约并不是因为餐厅美味的野牛肉卷，他是真的对这件事很感兴趣，也不断地在给我建议和指导。午饭一直是我请的。那年春天和夏天，为了讨好米奇，我吃了太多的鲁宾三明治，胖了不少，我后来把这叫作"创始人的15磅[1]"。我把皮带放得越来越松，内心希望摄入的这些卡路里能给我带来回报。

[1] 1磅约为0.45千克。——译者注

5

艰难的融资

（1997 年秋：上线前 8 个月）

NETFLIX

伸手索取让我觉得自己很卑鄙，被人拒绝则让我情绪低落。但到目前为止，最让人难受的还是被无视。当你好不容易鼓起所有的勇气，下定决心，在一个陌生人面前自轻自贱，结果却被对方完完全全无视了，这才是最糟糕的。相信我，在你经历过这些以后，向投资者要 25 000 美元根本就算不上什么难事。

OPM 很难

在硅谷待得久了，你就会听到一个有趣的缩略语：OPM。尤其是如果你身边有一些身经百战的建立过几家初创公司的创业者，那么在谈到初创企业的时候，OPM 这个词就会经常出现。有时，这个词会出现在金玉良言里："你知道创业最重要的原则是什么吗？那就是 OPM。"有时，它会出现在警世恒言里："我知道你很自信，但务必要坚持 OPM。"有时，它又似乎只是一句反复念诵的祷语，作为瑜伽练习的一个环节，在全美各地办公园区的会议室里重复着："OPM，OPM，OPM。"

你可能会问，那 OPM 到底是什么呢？它其实只是创业界的一个俚语。

它意为"别人的钱"（Other People's Money，首字母缩写为 OPM）。

当企业家们恳求你记住 OPM 时，他们真正要表达的意思是：一旦涉及为你的梦想融资，你就只花别人的钱。创业有风险，你唯一的投资只能是时间，不要把真金白银砸进去。你反正会把一生都奉献给自己的创意，那就让别人贡献金钱吧。

我把自己的时间而不是金钱投入邮寄 DVD 的概念中，其实就是在遵循 OPM 的原则。里德则恰好相反。正如我们所知，他同意出资 200 万美元作为种子资金。但几周之后，他重新考虑了出资的数额。确切地说，他并没有临阵退缩，他只是不希望成为唯一的出资方。

"我喜欢这个想法，但我担心我们可能处在一间回音室[1]里。"里德表示。

"你担心我们自视过高。"

里德点了点头，说："你确实容易因为自己的胡扯兴奋到忘乎所以。"

"只要你真心相信，那就不是胡扯。"

他说得倒也没错。在我的职业生涯里，我常常因为对自己推销的东西有着无限的信心而遭受批评。甚至在创办网飞之前，我就说服了不少人减薪为我工作，说服他们放弃稳定的工作，加入一家生存机会渺茫的初创企业。但每一次，我都不只是在夸夸其谈。无论是最新一代的电子表格，还是邮寄 DVD，我对自己推销的想法都深信不疑。

---

[1] 回音室效应，指在一个相对封闭的环境里，意见相近的声音以夸张或其他扭曲的形式不断重复，令环境中的大多数人认为这些扭曲的故事就是事实的全部。——译者注

我对我们正在做的事情有绝对的信心,但我也明白里德的意思。伸手向别人要钱可以迫使我们听到更多的意见,迫使我们倾听来自普雷公司办公室或者里德的丰田亚洲龙之外的意见,迫使我们从多方面充分验证自己的想法。

这就是运用 OPM 的第二个好处:在全身心投入创业之前,最好确保你不是完全失去了理智。说服别人出钱往往可以让你区分盲目支持你的人("我喜欢这个主意!")与清醒理智地支持你的人。我经常建议年轻的企业家从询问他人的意见着手,但是在别人不出所料地回答"我喜欢这个点子"之后,要立马追问一句:"你愿意投资几千美元吗?"对方前后态度的转变之迅速一定能让你的头脑更加清醒。

此外,在你筹集下一轮资金时,越早接触你未来可能需要的投资者越好。"种子资金"中的"种子"通常是指初创企业就像刚种下的种子,人们希望它生根发芽、枝繁叶茂。它同时也指在创业之初就参与的投资者。

最后,里德将原先承诺的 200 万美元减为 190 万美元。于是我们得向其他人募集另外的 10 万美元。

乞讨锤炼了我

我要强调的是,要钱很难——真的很难。但要与在康涅狄格州哈特福德市的人行道上乞讨零钱相比,这简直是小巫见大巫了。

我上大学的时候,每年夏天都要花两个月的时间,为美国户外教育学校（NOLS）组织为期30天的野外探险活动，这个荒野计划利用野外环境来培养成员的领导力。刚成年的我花了好几个月的时间和该学校的成员待在山区，后来我自己的孩子也是一样。直到今天我还会参与那所学校的活动。这个项目教会我自力更生、团队合作，以及野外生存的技能，还带我走遍了世界各地——从阿拉斯加北部的河流到巴塔哥尼亚的山峰周围的冰川。我非常感激这段经历，它教会了我自律和自立，让我对自然界充满敬畏。它教会了我打结、航海，还教会了我如何徒手抓鳟鱼。

对于我学到的几乎所有有关领导力的内容，我都是背着背包学会的。

在大学期间的暑假里，我通常会用第三个月的时间在家休息，走亲访友。但在大三之后的那个夏天，我在一家机构找到了一份工作。这家机构的正式名称是"荒野学校"，非正式名称是"林中流氓"。这个名称在政治上不太正确，而且我最后发现，它在事实上也不正确。虽然孩子们确实都是少年犯，但那个夏天我遇到的大多数孩子都冰雪聪明，有求知欲，举止也得体。不过一个朗朗上口的名称确实会让人过耳不忘。

我的一个朋友是纪录片的制片人，他在制作关于这个项目的短片时，需要有人帮他背食物、补给、备用的胶卷和电池、一支吊挂式话筒，以及一台大约20磅重的纳格拉牌磁带录音机。（那是1979年，当时还没有摄像机。）

从技术上讲，我担任的是纪录片的音效师。但实际上呢？我只不过是一头骡子罢了。

尽管如此，在树林里度过了一个月之后，还是有一些东西引起了我的共鸣。第二年夏天，我报名当了荒野学校的一名导师。

荒野学校从哈特福德市、纽黑文市和斯坦福德市的贫困地区市中心招收学员，让他们生平第一次体验荒野探险。参加这个项目的许多孩子此前从未离开过他们所在的城市，甚至几乎没走过人行道以外的路。这个项目让他们有机会划独木舟、攀爬悬崖，在卡茨基尔山的小径上远足。项目教授孩子基本的户外生存技能，包括生火、搭建庇护所，以及净化饮用水，以此来培养领导能力和团队合作精神。但该项目真正的目的是让孩子们置身于似乎不可能完成的任务之中，再一次又一次地向他们证明，他们的能力其实远远超出他们自己的想象。

荒野学校的这份工作教会了我谦卑。和其他大多数领导者和导师一样，我含着金汤匙出生，在绿树成荫的郊区长大。从表面上看，我们和那些将要进入森林探险的孩子没有什么共同之处。我们大多数人从小衣食无忧、住所稳定、安全无虞、家境殷实，而这些孩子中有许多人却无家可归、居无定所，还常常忍饥挨饿。

那些从未离开过哈特福德市的孩子从小就在贫困中长大，他们已经经历了远超我想象的苦难，现在要把他们扔到英国康沃尔郡或者美国印第安纳州戈申市郊外的树林里去，说是"巨大的变化"已经算轻的了。为了帮助我们更好地理解这种经历究竟会给孩子们带来多大的冲击，荒野学校对我们进行了各种各样的培训，每次培训都是为了让我们体验几乎同等程度的"晕头转向"。培训的地点一律设在学生的家乡：哈特福德市、斯坦福德市和纽黑文市。所有培训都是为了让我们切身体会学生即将体验到的那种不适。

最有效的练习是什么呢？是蒙住我们的眼睛，开车把我们带到哈特福德市任意一个十字路口，没收我们的钱包和手表，再告知我们三天后会有人来接我们。没有食物，没有水，也没有预先安排好的睡觉的地方——仅有一个电话号码写在我们的手臂上，我们如果决定放弃就联系这个号码。不用说，我们宁可在立交桥下面活活冻死，也决不愿认输。

一个星期二下午5点，我被放在了查特奥克街和泰勒街的街角处。起初，那似乎与任何城市的一个午后没什么分别。我那天的午饭吃得晚，所以不担心会饿。我会看地图的技能派上了用场，因此我很快就找到了康涅狄格河。我知道怎么在绿地上生存。夜幕降临时，我用一只垃圾袋和一些掉落的树枝临时搭建了一个住处。那天晚上很暖和，睡不着的时候，我就走到河边和一群在那里聚会的青少年聊天，让他们给了我几听啤酒喝。我并不是特别想和他们一起熬夜等待日出，在外面喝上一整晚，我只是知道，啤酒里含有足够的热量能帮我抵御饥饿，还可以顺便打发时间。

第二天早上醒来时，我已是饥肠辘辘。循着油炸食品的香味，我快步往城里走，走进了市中心的一个美食广场。我像秃鹰一样围着桌子打转，试图鼓起勇气请求别人给我买份早餐，或者至少能分我一个百吉饼。但我很快就改变了主意。为什么还要问呢？我躲在一旁，看着商人们狼吞虎咽地吃下麦当劳的腌肉蛋麦满分和百吉饼，一等他们离开便小心翼翼地溜到他们的座位上。虽然还不至于从垃圾桶里翻拣东西吃，但我确实没忍住捡起一盘还剩一半的薯条的冲动。我就像拥挤广场上的一只鸽子，对每个动静时刻保持警惕。我也很清楚，当我去搜寻别人的剩饭剩菜时，其他人是怎么看我的，或者是如何刻意装作没看见的。

我从来没有被这样轻视过。

到了第二天的晚饭时间，我饿到感觉胃已经缩成了一团。别人吃剩下的那一半比萨已经不管用了。我需要略过"中间人"，弄几美元来买点儿东西吃。我需要钱。别人有钱，我唯一要做的就是走过去找他们要钱。经过街边的银行橱窗时，我瞥了一眼自己，看到了还算干净整洁的衣服，符合我当时所处的东海岸严谨精致的着装风格，胡子刮得也算干净。我问自己：要钱能有多难？

答案是：非常难。

大家衡量一项营销或销售任务的方法之一就是分析索取的难度。你索取的是什么，又承诺什么作为回报。多年以后，当我第一次进入市场营销行业时，我把瓶装水视为推销术的一大胜利，那是最纯粹的营销。把钱给我，我就给你……水。水原本是免费的，几乎在任何地方都能获得，它是覆盖了地球表面75%的物质。

但与乞讨相比，这都算不上什么。行乞才是最纯粹的推销术，是赤裸裸的索取：请给我钱，但我无以为报。

我们不习惯向他人索取，即便真的有所求，我们也已经学会必须提供一些东西给对方作为回报。但如果只是开口要钱，却什么也拿不出来，没有服务、产品，甚至没有献唱一首，那么那种体验就仿佛凝视深渊一般，实在是让人胆战心惊。

那天在哈特福德市,我觉得空手伸出去实在太过突兀,于是便从垃圾桶里拣出一个塑料杯,站在市中心一条方便通行的人行道上,稍微远离交通繁忙的路段。虽然离家足有100英里,但我还是想尽力避免遇到任何认识的人,无论是朋友、朋友的朋友,还是朋友的父母。我在心里默念着:有零钱吗?我甚至还编了一个更长版本的故事——我搭便车后被困住了,我在公交车上被打劫了,我的钱包丢了。唯一不能说的就是真相:为了利用暑假带领贫困青年穿越康涅狄格州的乡村,我参加了一场奇怪的城市生存能力测试。

第一个经过的人西装笔挺、身材高大,像是律师。在他距我一米多的时候,我就退缩了,甚至不敢与他对视。接着走过来的是一个建筑工人,他一边走向公交车站,一边把在工地上穿的背心脱了下来。然后是一位穿着护士服的护士,她匆匆跑到街对面的药店里去了。每一次,我都下定决心要看着他们的眼睛,然后开口要钱,但我的身体总会退缩。渐渐地,我开始垂头丧气,打不起精神来。

我爬过山,在河上划过竹筏,还完成过"铁人三项",但乞讨却是我做过的最艰难的事情。

最后,我成功地开口了。当时走过来的是一位慈眉善目的阿姨,她跟我母亲年龄相仿。她转过街角朝我的方向走来,脚步不疾不徐,算不上闲逛,却也足以放松。我鼓起勇气直视着她的眼睛,低声问道:"您有零钱吗?"

"没有。"她从我身边经过时,脸色变得像石化了一样。

但我至少迈出了第一步。在接下来的 4 个小时里，我要来了 1 美元 75 美分，这足够我在美食广场买一个火腿肠面包了。我要钱的能力逐渐提高了，我学会了说话尽量简短，注意眼神交流，可以表现得没精打采一点儿，但也不要太过。声音要足够大，确保别人能听见你说话，但又不要大到让人觉得你的要求太高或者很吓人。

但对我来说，最大的突破就是告诉别人真相。"你有零钱吗？我真的很饿。"发自内心的语言可以打破障碍、直抵人心。它能引起人们的注意，打消他们的怀疑和戒备。

关键就是要克服索取带来的羞耻感，克服向陌生人展现自己最基本的需求所带来的羞耻感。真正做起来要比听上去难得多。

伸手索取让我觉得自己很卑鄙，被人拒绝则让我情绪低落。但到目前为止，最让人难受的还是被无视。当你好不容易鼓起所有的勇气，下定决心，在一个陌生人面前自轻自贱，结果却被对方完完全全无视了，这才是最糟糕的。

相信我，在你经历过这些以后，向投资者要 25 000 美元根本就算不上什么难事。

"这是狗屁"

我们最先看中的一位投资人名叫亚历山大·巴尔坎斯基。我在生活中遇到过很多有趣的法国人，他就是其中之一。其他人有：我在博兰国际公司的前老板菲利普·卡恩，他在面试我的时候光着膀子，只穿了一条茵宝牌运动短裤；无线星球公司[1]的首席执行官阿兰·罗斯曼，在我拒绝他的工作邀请时，他曾对我大发雷霆。（我当时觉得，没有什么比在手机上安装互联网浏览器更可笑的了。）还有埃里克·迈耶，他以首席技术官的身份加入了我刚刚起步的公司。

此外，还有亚历山大，他是DVD和视频技术领域的巨擘，他创办的斯高柏微系统公司（C-Cube Microsystems）开发了视频压缩软件，可以将模拟视频和图像材料转换成易于存储或传输的数字字节。我们认为亚历山大是最完美的人选：他理解我们在做什么，以及为什么这么做能成功，他对这个领域的深刻洞察还能为我们公司的定位提供宝贵的建议。

我和里德驱车前往亚历山大位于米尔皮塔斯市的公司总部。在充分意识到这次会面的重要性之后，我稍微打扮了一下，换下了平日里习惯穿的登山短裤和T恤，穿上了干净的牛仔裤和Polo衫（网球衫）。里德穿了一套对他来说已经相当考究的衣服：黑色牛仔裤和白色的带纽扣的衬衫。与亚历山大见面前，我一点儿都不紧张，我和里德在这方面已经有了丰富的经验，况且我们都知道这个创意是值得投资的。但是当接待员把我们领到大厅里的几把椅子前让我们等待，过了5分钟、10分钟、15分钟都还没人

---

[1] 无线星球公司（Unwired Planet）是全世界第一家帮助运营商部署移动互联网浏览功能的公司。——译者注

出来的时候，我记得当时我们俩都开始冒汗了。

他真的在冷落我们，我心里想着。

然后门开了，一个身材高大、体形健美的人走了出来。他穿着一件西装外套、一条休闲裤，脚上是一双看起来很贵的皮质拖鞋。

"你们好。"他说话带点儿欧洲口音。

哎呀，我心想，他是法国人吗？

当你向别人推介一个商业创意时，永远别指望能一直滔滔不绝地讲下去。这个过程更像是向最高法院呈递一个案件：在你提出第一个论点的几分钟内，提问肯定就开始了。如果根本没人提问，那你可能就有麻烦了。绝大多数情况下，他们之所以保持安静，不是因为他们在礼貌地倾听，而是因为他们对你所说的完全不感兴趣。更糟糕的情况是，他们觉得你的论点太薄弱、太差劲，甚至根本不值得费一番口舌来反驳。

所以我们已经做好了随时会被打断的准备，准备好面对各种问题和对我们商业理念的各种质疑。但我们唯独没有准备好面对的是，亚历山大竟然在我们推介"邮寄DVD！全世界最大的库存！全球首创！"的理念时，摇了摇头，用指关节敲了敲我们之间的玻璃桌子，用一种我仍然听不太清的口音说：

"这是狗币（屁）。"

发音大概是这样。

狗屁？当真吗？我们有将近200万美元的投资正命悬一线，有一支斗志昂扬的团队，还有一次成为下一家亚马逊的机会。我看了看里德，他正盯着亚历山大。如果你不了解里德，那么你是无法读懂他脸上的表情的。不过我太了解他了，他是在担心。

亚历山大告诉我们，DVD只不过是昙花一现。"没人会长期采用这种技术，真正的飞跃是从模拟到数码。一旦电影数字化，通过塑料圆盘来移动比特就将变得毫无意义，因为这种方式效率极低、速度极慢。大家迟早会通过下载的方式或者流媒体技术来看电影，这不过是时间问题。到那时，也许就在不久的将来，你就不得不面对满仓库毫无用处的DVD了。"

"这我可不敢苟同，"我说，"我觉得没那么快，我们至少还有5年时间。"

亚历山大摇了摇头，说："会更快的。我为什么要投资一家5年后就不复存在的公司呢？"

最重要的是，他几乎全说对了。DVD是介于模拟VHS录像带与下载或者流媒体之间的一个过渡环节。他比任何人都清楚，让DVD过时的技术很快就会出现。毕竟，这是他熟悉的领域。粗略看一下网飞目前的业务就可以证实他的理论——用户最终可以通过互联网直接观看几乎所有的电影。

但他把时间线搞错了。他不了解好莱坞。当时的我们知道电影公司在DVD格式上押了大注，更重要的是，它们在购买DVD上押了注。它们不希望重蹈20世纪80年代的覆辙：音像店成了消费者的中间商，靠把同一部视频租出去几十次来赚钱。电影公司不希望仅仅为了赢得家庭影院市场份额而不得不提高电影录像带的单价，它们想让自己制作的电影直接进入消费者的家庭，而

DVD这种新技术就可以帮助它们获得更富竞争力的定价——可以给它们一个重新开始的机会。

至于在线下载，65岁的电影公司高管恐怕不是很懂技术。音乐产业所发生的事故仍让人惊魂未定：纳普斯特[1]开创了非法文件共享时代。尽管DVD的盗版防范机制比CD更为健全，但对于把电影变为可以轻松共享的数字文件一事，电影公司仍然保持着谨慎的态度。

同时，亚历山大也低估了"最后一英里"的问题。在美国大部分地区，下载电影仍然无法实现，或者至少可以说是不切实际的。高速互联网总是时断时续，而且说实话，这"高速"也算不上多快。此外，互联网的终端位于电脑而非电视。即便你能花上几天的时间下载完一部电影，你也没法把电影从电脑传到电视上，毕竟大多数人是不愿意坐在办公室的椅子上用康柏电脑看《宇宙威龙》的。

亚历山大的一生都在为一个可以通过互联网流媒体播放电影、电视剧的时代做铺垫。从很多方面来说，是斯高柏微系统公司促成了这一切的发生。但和大多数先驱一样，亚历山大的思想太过超前了。

我们的商业模式适用于DVD时代。我们也等得起。我们一

---

[1] 纳普斯特（Napster）是第一个被广泛应用的点对点音乐共享服务，也因此引发音像界大规模的侵权行为。——译者注

点一滴建立的品牌资产，包括所有客户关系和我们与电影相关的所有专业知识，在时代变迁时也依然有价值、有用处。

我们大致就是这样告诉亚历山大的。但他带着一丝轻蔑，挥了挥他那精心护理过的手，就打断了我们所有的反驳。如果你和一个潜在投资者争论起来，那么一切就已经结束了。我们灰头土脸地离开了他的公司，这结局完全出乎意料。我们心里还有一点儿紧张。在回森尼韦尔的路上，我像往常一样把车开得飞快，就连转弯的时候也没有减速。里德则一言不发。

在硅谷，从来没人会真正对你说"不"。在做完路演之后，你通常会听到的一句话是："这个想法挺好，但是……"听了太多遍以后，一旦听到对方说"这个想法挺好"，你内心就应该默默准备好收拾文件、掏出车钥匙了。

这个想法挺好，但是我希望在投入之前先看到更多的热度。

这个想法挺好，但是等你有了一万名订阅用户时，我们再谈谈吧。

这个想法挺好，但这不是我们目前关注的投资领域。

亚历山大没有告诉我们，这个想法挺好。他告诉我们，这是狗屁。

这可把我们吓坏了。

硬着头皮要钱

到了现在这个关头，必须硬着头皮开更难的口了：我要去向史蒂夫·卡恩推介我们的创意。在正常情况下，我挺喜欢向熟人推介的，但当时的情形既复杂又尴尬。因为里德是在逼我回去重新谈判。

史蒂夫是我在博兰国际公司的第一个老板，从很多方面来说，他一直都是我的导师。他是个保守的人，总是负责帮我把控损失。他曾经跟我说，每次只要看到是我在敲门，他通常只会有两个想法，要么是"这次他又把谁给惹毛了"，要么是"他又凭空想出了什么疯狂的事"。我敢肯定，当我走进他在普雷公司的地下办公室，邀请他共进午餐时，他脑中出现的就是这两个想法中的一个。

甚至在我们决定推动网飞的创意雏形之前，我就知道自己内心希望史蒂夫加入我们的董事会。一方面，每家公司的董事会都至少需要第三个人来打破平局。

另一方面，史蒂夫是一个狂热的视频技术爱好者。在从英泰公司的收购中拿走了他的那份收益之后，他就拿这笔钱与英泰的另一位联合创始人鲍勃·沃菲尔德展开了一场关于家庭影院系统的竞赛。这是一场旷日持久、彼此都不让步的比赛。环绕立体声、阶梯座椅、消声壁挂、皮革躺椅、最先进的投影系统……如果你把这些设施全都连接到家庭影院，它就是史蒂夫和鲍勃早已有的或者很快就会有的设备。任何一项顶尖的视频技术都有大约45天的窗口期，史蒂夫和鲍勃一直在争夺这个窗口期。

不过，我想让史蒂夫加入董事会最重要的原因是，他是我的朋友，他乐于助人、正直坦诚、周到体贴，而且有一个真正支持我的人的感觉会非常好。

邀请他加入董事会很容易。我其实是在请他帮个忙，只需要他匀出一点儿时间给我作为回报。我带他去了办公室附近一个小型购物中心，找了一家印度料理自助店吃午餐。他耐心地听我阐述想法，我面前的咖喱饭菜一口没动。没过多久，他就说"当然可以"，但我从他说话的语气中可以感觉到，我说的具体是什么想法，对他来说其实并不重要。

现在，里德觉得我需要向史蒂夫索取的不应该仅仅是时间了。里德解释道，如果史蒂夫要进入董事会，他就必须拿出真金白银参与其中。

但是，用一个进入董事会的特权，换他出资 25 000 美元，恐怕会非常困难。我心里害怕，把这件事拖了好几天。这么做感觉像是故意诱他上钩再偷梁换柱——我当初请他帮的忙，原本不损他分毫，现在却贴上了价码。

我们又去了上次那家印度餐馆，我觉得这能带来好运。我感到很紧张。史蒂夫还没来得及把菜单拿起来，我就脱口而出："你能投资 25 000 美元吗？"

我永远不会忘记史蒂夫当时的表情。他呼了一口气，噘起嘴唇，放下菜单，脸上流露出疲惫的神情。即使在那一刻，对着一篮子蒜蓉烤饼，我的手在桌子下面悄悄地把一张餐巾纸撕成碎片，我也读懂了这个表情。这个表情意味着他正面临一个无解的困境，寓意"根本没有正确答案"。

如果史蒂夫拒绝投资这 25 000 美元，那会显得他卑鄙，好像他并不是真的相信这个想法（尽管他可能确实不太相信）。但如果他答应，他就得拿出 25 000 美元，而这是他未曾预料的开支。此外，我们都知道他之所以答应，不是因为他喜欢或者看好这个想法，而仅仅是因为我请求他这么做。因为他从我的脸上看到了，从我的声音里听到了助我在哈特福德市的街上渡过难关的同一事物——我是真的很渴望做这件事。

当他答应时，我们俩都知道这与创意的好坏毫无关系。史蒂夫后来告诉我，他当时在心里对自己说："好吧，这 25 000 美元就当打水漂儿了。"

"亲友轮"

最让我紧张的其实是向我母亲开口。

很多人会在创业的种子阶段向父母要钱寻求支持。事实上，当时甚至没人把这个阶段称为"种子轮"，大家的叫法是"亲友轮"。

尽管如此，年近 40 岁、已婚，有 3 个孩子，名下拥有多家成功公司……这时候还要打电话向父母要钱，多少还是有点儿可悲的。我好像又回到了 8 岁的时候，在杂货店里拽着妈妈的腿，问她要 50 美分买一根棒棒糖。

尽管如此，我还是硬着头皮去做了。

我向母亲开了口，因为父亲是不可能给我钱的。凡是跟钱有关的事，他一律很严苛，毫无商量的余地。我的祖父祖母在大萧条中倾家荡产，因此父亲在财务方面极度厌恶风险。他把账簿记录在老式的分类账里，从收入到投资，再到每月的水电费账单，简直应有尽有。（他去世时，我翻看了他的文件，1955—2002年的每一笔天然气账单，他都精确地记了下来。）在华尔街，他曾目睹很多人血本无归。他眼里的商业，更多的是有关大公司和银行，那必须是稳妥的、逐利的、真实的。至于风险投资和创业公司——成立之后好几年都无法实现盈利（如果真能盼到盈利那一天的话），在他看来都算不上商业。我要是把网飞的创意雏形告诉他，他就会拿出放大镜，逐一分析这个创意为什么荒唐。

我的母亲虽然也精打细算，但她时不时会挥霍一下。况且，她自己也是企业家。我上高中的时候，她自己开了一家房地产公司，生意兴隆，已经有了自己的积蓄。事实上，她通过创业，资助我和我的兄弟姐妹都读完了大学。

她住在东海岸，所以我没法当面问她。我害怕打电话。销售就像一场戏剧：作为商人，你为了说服你的客户、潜在投资者……所进行的每一次推销、每一次互动，打的每一通电话，都是一场小小的表演，每一方都在其中扮演一个角色。但对于儿子打电话问母亲要钱来说，那就不仅仅是戏剧了，那简直就是歌舞伎表演。一切都必须是程式化的、富有仪式感的。

我们俩都知道最后她肯定会同意的——她是我的母亲，而且那笔钱并非完全不合理。她一直都很支持我，支持我的事业，对我也颇有信心。事实上，我向她要钱的原因之一就是我知道她一定会投资。更重要的是，我知道她知道我知道这一点。

我们都明白她的思维过程大概是这样的：

（1）我根本听不懂他在讲什么。

（2）等等，这是什么意思？

（3）哎呀，搞的什么名堂啊。

（4）我猜我应该会做的，毕竟我是他的妈妈。

换句话说，我知道我会扮演一个有点儿娇生惯养的儿子，她会扮演一位将信将疑但慷慨大方的母亲。我们两个人演的都是由来已久的角色，几十年的家庭关系更是让我们将这两个角色扮演得炉火纯青。这对我们来说都挺好。

你这个样子怎么能让西格舅舅为你感到骄傲呢？

我已经记不太清自己在那一通可怕的电话中说了什么了。那时我并不像现在这样精通"索取的艺术"，但可以肯定的是，我无意中吐露了一些在推销中令人生厌的陈词滥调：我今天给你打电话是想给你一个投资我的公司的"机会"，诸如此类的话。如果我当时回到查巴克的家里，我可能会和她一起去趟图书馆，一边喝白兰地一边讨论这笔投资。

即便是现在，一想到那通电话，我还是会感到难堪。

我能肯定的是，母亲礼貌地问了一些她感兴趣的问题，我也礼貌、热情地给出了回答。我唯一真正记得的是，她知道这笔投资在长期内是可以得到回报的。当她说出这句话的时候，我觉得她是优雅的典范。她笑着说："我敢肯定，15年后我能用这笔钱在城里买套公寓。"

她想向我证明她的投资不仅仅是送我的礼物，还是一次真正意义上的投资。我们彼此都心知肚明，她投资的原因无关我所陈述的利弊，抑或是我的预测，仅仅是因为她是我的母亲，我是她的儿子。

我甚至有点儿希望她拒绝我，因为现在我必须要真正行动起来了。

6

A级团队

（1997年冬：上线前半年）

NETFLIX

我感觉自己就像我父亲当年沉迷于制作火车模型一样。我的满足感源于把所有事情安排妥帖，调查清楚所有问题，然后努力一一解决。我也仿佛是在地下室里专注地做着什么，心里明白，在不久之后的某一天，我会邀请其他人都进来看看。

200 万美元入账

经过数周的纠缠(不知道出于什么原因,里德似乎不太愿意在支票上签署名字和日期),你的第一个投资者终于把支票交给你了。这张支票可以让你租一间办公室,聘用员工,再买几张可折叠的桌子。

当然,能做的远不止这些。这张支票代表了启动的能力,是仅存于你脑海中的想法与这世界上一家实实在在的企业的区别,是从无到有的区别。

它就是一切。它同时也是一大笔钱。

你仔细检查这张支票,一遍又一遍地确认上面填写的金额,确认数字里有足够多的 0,确认日期没有出错,确认上面的签名出自你熟悉的那个人之手。

你想驱车直抵圣克鲁斯,开到那家装有嵌入式节能灯的银行,那里铺着瓷砖的地面通明锃亮,柜台后面的金色安全门半开着,在黑暗中闪着光,宛若游艇的方向盘。你想把自己的衬衣换成有领子的衬衫，或许为了这一刻，你还可以系条领带，盛装打扮一下。

190万美元是一笔巨款。拿着这张支票，你会紧张，就像这是从别人那里抢来的。最好尽快赶到最近的银行存起来，哪怕这家银行是在洛斯盖多斯的一个小型商场里，但又有什么关系呢？反正得赶快让这笔钱离开你的手。

你突然觉得自己像个逃犯。

在银行排队的时候，你的手心渗出了汗，但你却仍然一遍遍地摸着那张支票，直到它在你的口袋里变得有些潮湿。在其他人眼里，你仿佛携款潜逃的人。

当然，你不是没有经手过钱，你也在大公司工作过，公司四处花的钱可比这笔钱多得多。

但你从未真正把这样一笔钱握在手里过。

队伍挪得很慢，终于轮到你了。你想，眼前这位出纳员一定会很开心吧。她一定会印象深刻。她一定会小心翼翼地向经理打个手势，经理会把我领进后面的办公室，里面有古董家具和波斯地毯。他会给我倒杯香槟，礼貌地和我交谈，同时，他的下属会处理好所有细节问题。

壹佰玖拾万美元。

你把支票递过去，但想象中的一切并没有发生。出纳员的神情里没有一丝赞赏，也没有分毫惊讶。一切如常。

"需要取现金吗？"她问。

把钱花在研发上

我把里德的钱存进了银行,再加上普雷公司的合并交易顺利完成,我们终于可以搬出最佳西方酒店了。不过也用不着搬太远:我在斯科茨谷市一个不起眼的办公园区里找了一个地方,就在原来酒店的对面。租金对我来说太过高昂,而且一签就是好几年,不过这也给接下来的进展奠定了乐观的基调,但愿这一切不完全是在干蠢事。

这个办公场所与博兰国际公司华丽的办公园区根本无法相提并论,也与时下流行的开放式庞大建筑迥然不同。现在的潮流是木质家具和多肉植物,以及消防滑杆和懒人沙发。我们的办公园区则完全平淡无奇,像是牙科医生或者税务律师办公的地方。事实上,那里确实有几位精神科医生和一位验光师。不过,在这个园区办公的大多是小型初创企业,它们搬来又搬走,在繁荣与萧条的旋转门里进进出出。

旗杆旁边有一个花坛,花坛里永远有新鲜的花和其他植物。确切地说,这些植物都不是真正生长在那里的,也没人照料它们成长。相反,业已成熟、盛开的花朵被移栽到土壤里,枯萎后会被挖出来,再换上新一轮盛开的郁金香、三色堇或者水仙花。只要鲜花怒放,费用不成问题。路过花坛时,我看到了一个花匠,他推着一辆四轮运货车,里面装满了盛开的郁金香,它们即将被插进泥土里。此情此景,你很难不把这个花坛看作有关创业公司生命周期的隐喻:栽种、盛开、死亡……被取而代之。

我们的办公室很宽敞，地上铺着难看的绿色地毯。这里之前是一家小银行，它遗留的一间步入式保险库没有上锁，仍然可以进出。几间办公室排成长长的一排，还有一间会议室。此外，角落里有一间单独的办公室，从那里可以看到街对面的停车场和温蒂汉堡店。作为首席执行官的我占领了这个房间，但我没什么东西可放的。

这不是多么豪华的地方，我们只花了不到1 000美元来装修。没有办公转椅，没有乒乓球桌，也没有塞满碳酸饮料的冰箱。只有六七张折叠桌，还是宴会承办商用的那种廉价的桌子。我从储藏室里翻出来一些不配套的餐椅。如果员工还有其他需求，他们就得自己从家里带过来。我清楚地记得，当时有几个员工把沙滩椅拖了进来，座位上和椅子腿上还残留着沙子。洛琳第一次来我们的办公室时，指着会议室问道："那不是我们以前放在餐厅里的旧椅子吗？"

我们没把钱花在家具上，而是用它来研发技术了。我们在网上买了几十台戴尔电脑，让商家寄到我们的办公室。1997年还没有共享云，所以我们采购了几台服务器，将它们安装在办公室的角落里。我们还买了好几英里长的电缆，利用下班时间在办公室布线。延长线和以太网电缆像橘色和黑色的蛇一样在办公室里四处缠绕。电线仿佛藤蔓一般从天花板上垂下来。

我已经忘了正式搬的那一天的具体情形。我们或许点了比萨，跑了几趟好市多（Costco）超市去买东西。但更有可能的是，大家只是带着他们的工作必需品陆续搬了进来。如果你在1997年秋的某一天来到网飞历史上的第一间办公室,那么映入你眼帘的房间,就像电脑极客的地下室与政客竞选指挥中心的混合体。而我们恰恰就是喜欢它这一点。

我们的办公室释放了一个明确的信号:我们不是主角,用户才是主角。我们在这里工作,不是为了特别的津贴或者免费的食物,而是为了队友情谊,为了迎接挑战,为了有机会和聪明的人一起解决有意思的难题。

你为我们工作不是因为你想要一间漂亮的办公室,而是因为你希望有机会做一些有意义的事情。

做空赚钱

在换办公室的同时,我自己也在考虑搬家,最后也开始了筹划。

在网飞试验阶段的头几个月里,我一直住在一间小出租屋里,距离办公室步行仅需 5 分钟。我和洛琳在山上住了几年之后,于 1995 年搬到了这里。在搬过来之前,我每天得花半小时开车去圣克鲁斯,接着再花一个半小时徒步翻过山去上班,那实在是太累了。所以我们卖掉山上的房子,在斯科茨谷租了一间小屋,准备攒钱为将来做打算。

我喜欢每天走路上下班。离家这么近,晚饭时间我都可以赶回家和家人待上几个小时,再回办公室完成这一天剩下的工作。但这并不是长久之计。我想有一个大院子,洛琳觉得抚养孩子需要一栋大房子。我们有3个孩子,在狭小逼仄的出租屋里,他们似乎总是会撞个满怀,而且室外没有太多的空间可以让他们玩耍。出租屋离高速公路很近,夜间汽车的噪声总是让我们翻来覆去地睡不着觉。

但我们寻找新家的努力仍然毫无进展。靠近圣克鲁斯的房子都不在我们能承受的价格范围内。我们去看了山那边靠近圣何塞市的房子,情况更加令人沮丧。在了解了我们的预算后,房地产经纪人带我们看的房子简直糟糕到可笑。有一栋房子的屋顶上都长草了,而且不是有意为之的。另一栋房子的附近则有一群山羊。

到了10月,有一栋在斯科茨谷市外山上的房子在出售,占地50英亩,有3层楼。那里曾经是一片葡萄园,在20世纪早期是一个乡村度假胜地。屋主是80多岁的老人,他们已经无力再维护这栋房子了。我们第一次带孩子过去看房的时候就爱上了它。它对我们来说简直太完美了:在大面积土地上建的一栋大房子。

房子的售价略低于100万美元。

那天晚上,我有点儿惊慌失措,只好打电话向我母亲求助。她是房地产经纪人,对我的家庭也非常了解。

"我们真的很想买这栋房子,但需要花一大笔钱,我从没花过这么多钱。我刚开了一家新公司,再多承担一项风险真的有必要吗?我们应该出价多少?"

"如果你真想要,就不要讨价还价了,不然可能会失去机会,"她对我说,"一大笔开支带来的焦虑是短暂的,但是住在那里的快乐却是永恒的。全力以赴吧。"

于是我们照做了。

我后悔过吗？当然后悔过。在敲定全部购房文件的那个晚上，我和洛琳以及几个朋友一起坐在屋后的露天平台上，喝着葡萄酒，看着孩子们追逐打闹，草坪上的红杉树投下拉长的斑驳树影，映在孩子们的身上。即便在那时，当我们表面上是在庆祝我们的巨额财富时，我也在想：这会是我一生中最大的错误吗？

要是公司倒闭了怎么办？要是我失业了怎么办？要是邮寄DVD的创意永远都不会成功怎么办？

"还记得我们大学刚毕业的时候吗？"那天晚上，等客人们都乘车离开后，洛琳问我，"我们偶尔的挥霍。"

我们刚结婚时，身上就背负着大约10 000美元的债务。当时我的第一份工作是直邮营销，年收入大概为3万美元。洛琳跟我的收入差不多，她当时是初级股票经纪人，负责给陌生人打电话推销。我们设定了在一年内还清债务的目标，于是在接下来的12个月里，我们一丝不苟地记录每一笔开支，不管花费多小：牙膏，1.50美元；在火车站买的甜甜圈，75美分。

每个星期，我们都会给自己两次放纵的机会：一次是在雅典比萨店买一份方形比萨，另一次是买一箱瓶装的施乐兹啤酒。喝完啤酒后，我们会把空瓶子送回去换钱。

"我们之前成功过一次，我们一定可以再试一次。"我表示赞同。

我不是一个小气的人。事实上，我在生意上的许多行为都摒弃了我的父亲对待金钱时的一毛不拔。记录开支只是一次例外，是针对特定问题的一个解决方案。在通常情况下，有钱的时候，我会选择把钱花掉。这既不是浪费，也不是愚蠢，而是因为我一直坚信，在硅谷经济的盛衰周期中，你应该把赚到的钱花出去。花钱要明智，但一定要花。

虽然我在创业之初就取得了一些成绩，不过我从来都不是大股东，所以我尽管做得不错，但回报并不丰厚。我第一次真正的意外之财是在加入博兰国际公司的时候，那时我刚过完30岁的生日没几个月。我的运气很好，恰好赶上公司的产品和股票都大卖。我一下子变得很富有……但只是纸面上的，因为我实际拥有的只是股票期权。一天晚上，在中国香港的一家酒吧里，我坐在公司的高级销售副总裁道格·安东的旁边，我们谈论起股票的表现。当我告诉他，我的期权还一点儿都没有兑现时，他差点儿把一口饮料吐了出来。

"你还在等什么呢？"他问道，"但凡我有了任何股票的权益，我都会立马卖出。如果股价继续上涨，那还是会有更大的上涨空间的。但是万一股价下跌，那你就可以庆幸了。"

从那天起，我不仅接受了这个理念，而且成了它最主要的倡导者之一。我总是告诉我的员工，在可以卖的时候就赶紧抛售股票。实际上，我最喜欢的一句话出自洛琳在做初级股票经纪人时的前老板之口："做空赚钱，做多赚钱，韭菜被割。"（那位老板后来被指控参与内幕交易。如果他当初真的言行一致，兴许可以做得更好。）

尽管我承认自己对金钱的矛盾心态，但在网飞工作的第一个秋天，只要一停下手头的工作，我就会因为自己的财务状况而感到焦虑。唯一的解药似乎就是马不停蹄地工作。一旦我埋头工作，努力确保网飞未来的发展，我就不再过度担忧它的未来。一旦我着手努力打造我们的新房子，我便不再因它感到心烦意乱。在搬家之前，我利用好几个月的周末时间修整房前屋后：扯掉藤蔓，用拖拉机清理灌木丛，把前任屋主遗留下来的10年、20年，甚至30年前就已经倒下的枯树移走。

我想象自己能有一个果园，一串串葡萄挂满藤蔓。我在东海岸长大，童年时只能吃到水果沙拉罐头和浸泡在浓厚糖浆里的梨罐头。长大后，我最渴望的生活就是可以走到后院里，直接从树上摘下一个果子，站在我自己拥有的土地上吃。但要实现这个梦想，我就需要自己栽种。先清理出一片空地，种上一棵树苗，然后日复一日、年复一年地培育这棵幼嫩的植株，希望它可以在我的呵护之下茁壮成长。

打造6个基本面

1997年秋冬，在我们搬家前的几个月里，我的日常生活完全顺遂了自己的心愿。早上起床后，我会和洛琳一起帮孩子们准备好去上学，接着我就开几分钟的车去上班。要是天气不错，我也不赶时间，我就会走路去办公室。我一整天的工作都是为了把自己构思的创意变为现实，周围都是我精心挑选的才华出众的队友，大家关系融洽、相处愉快。我们专心致志地投入其中。对于一个患有注意力缺陷多动症及（我一直怀疑自己有）轻微强迫症的人来说，几乎没有比这里更令人愉悦的地方了。

每天在工作中，我都要从成百上千个问题中挑选出我想要解决的那一个。我周围都是优秀的人，我负责管理他们，因此，我可以专注于自己真正感兴趣的事情。这是在规划阶段掌管初创公司的一大乐趣。这家公司既小到每个人都必须身兼数职，又大到你永远不必做不适合自己的事情。

以下是那年秋天我们面临的几个问题。

设立办公室

如果你在博兰国际公司或者普雷这样的大型上市公司工作，或者哪怕你只是一家老牌初创企业的员工，那你根本不需要考虑这个问题。但我逐渐认识到，作为一家公司的掌门人，确保员工拥有基本的办公用品，比如电话、打印机、订书钉等，最终责任在于你自己。我们需要买电话、电脑，需要给办公室布好电线，保证所有设备都能正常运转。即使我们已经花了大概5分钟来考虑装修设计的问题，还是得有人负责将其落到实处——负责买小折叠桌，再把它们大致排成一条直线。

不仅如此，我还必须决定我此前从未考虑过的一些问题。我们是要每周打扫一次办公室，还是每隔一周打扫一次？如何分配钥匙？应该选择哪家银行？应该聘请外部公司提供人力资源服务吗？

可以说，这些决定就是我们20世纪90年代末期的创业者所面临的问题的缩影。当你彻头彻尾开始建立一家企业时，你就得从零开始。你必须想办法让它运作起来。对于一家创立于1997年的科技初创公司也是如此，尤其这是一家专注于利用互联网新兴力量来销售一项全新技术的公司。DVD几乎尚未问世，高速互联网还在起步阶段，创建网站也没有现成的模板。如果你想做某件事，那你就必须自己动手——从零开始。

组建一支团队

既然我们现在已经成立了一家真正的企业，我们就需要填写一下我们的花名册。核心团队成员是7个人——克里斯蒂娜、特、埃里克、鲍里斯、维塔、吉姆，还有我，但还有很多空缺。我们需要有人负责联系DVD用户，需要有人联系电影公司和经销商。我们还需要后台的程序员和技术人才，这也是硅谷最稀缺的资源，我们会一直需要他们的。

进入深秋时节，我莫名其妙地就说服了米奇·洛加入我们这支队伍。他后来打趣道，他之所以最终决定每天开一个半小时的车来上班，是因为这样他就有时间听美国总统传记的音频了。这是一项浩大的工程。他按照时间顺序，从首任总统华盛顿开始，听了好几年才到约翰·泰勒[1]。他对美国总统的历史真的很感兴趣。

但在我看来，米奇加入我们的真正原因是他有点儿厌倦自己开的店了。他也开始意识到，他的"电影亭实验"太过超前。我在

1　约翰·泰勒（1790—1862），第10任美国总统。——编者注

VSDA遇到他时，他一直在推介的名为"神经系统"（Nervous Systems, Inc.）的软件公司，要成立也得再等上好几年。

有了米奇，我们就有了宝贵的资源：他对租赁业务了如指掌，在各大电影公司都有人脉，他还知道如何用顾客喜欢的电影打动他们。他带来了丰富的经验和知识。在成功说服他的那一刻，我就知道，他会是我招募的最重要的员工之一。

不过，他的妻子仍然认为这个想法永远不会成功。

为了帮助我们与客户建立更紧密的联系，特请来了科里·布里奇斯。科里负责赢得用户，或者更具体地说，是负责一个被我们戏称为"秘密行动"的计划。科里曾就读于加州大学伯克利分校的英语专业，他是一位才华横溢的作家，具有创造人物角色的天赋。他很早就意识到，找到DVD买主的唯一途径是通过互联网的非主流社区：用户群、公告栏、网络论坛，以及其他各种聚集了爱好者的线上社区。科里的计划是打入这些社区的内部。他不会宣称自己是网飞的员工，而是以家庭影院爱好者或者电影发烧友的身份加入相关社区的讨论，与活跃的DVD爱好者和电影迷成为朋友，然后润物细无声地把这个名叫网飞的超棒的网站透露给那些最受敬重的评论者、版主和网站主。当时距离上线还有好几个月的时间，但他播下的种子在未来将会生根发芽。

至于技术人才，通过埃里克的人脉，我们从普雷公司聘请了一位有才华的工程师苏雷什·库马尔，以及一位天资聪颖但有点儿古怪的德国人霍·布劳恩。埃里克、鲍里斯和维塔都说霍是个天才。他通常在下午三四点才来办公室，然后一直待到凌晨。如果我某一天上班特别早，那我可能会在早上 6 点看到他坐在办公桌前，桌上放着已经干涸的茶包和吃了一半的燕麦坚果能量棒。正是他给办公室布好电线的，他自己一个人一晚上就干完了。他勤奋刻苦，有创造力，大多数情况下都沉默寡言。我们一起工作了那么久，我好像从没听他说话超过 20 个字。

打好基础

我坚信，健康的创业文化源于创始人的价值观和选择。文化反映的是你是谁，你在做什么，它并非来自字斟句酌的使命宣言和委员会会议。

你完全可以大谈特谈员工就是你最大的财富，讲述你如何打造一流的办公环境，但最终你还是得脚踏实地、循序渐进地践行你的诺言。

所以在把支票存进银行的那一刻，我就必须做出一些决定。我们会付给员工多少工资？会有员工福利吗？可以报销看牙医的费用吗？

答案依次是：

不会太多。

当然有。

不能。

创业初期，每个人都是减薪在为我们工作的。不是因为我们小气，而是因为我们不知道目前的资金能维系多久，还因为我们需要大量资金为未来打好坚实的基础。

我从银行取了 40 卷银币，于是在那段时期，我的办公桌上始终放着一罐银币。每周开例会的时候，我都会拿出一枚，作为"奖金"发给那一周为公司做出最大贡献的员工。"不要把钱都花在一个地方。"我会说。

尽管如此，如果我要让大家为了我们未来的成功而暂时做出牺牲，那我希望他们在成功（希望如此！）到来时也都能分得一杯羹。虽然我们当时的工资水平远低于其他公司的开价，但创始团队的每个成员都以股票期权的形式获得了公司的大量股份。虽然起步阶段赚得不多，但我们都把赌注押在了自己身上，我们相信最后一定能获得巨大的回报。

建立库存

我们的目标是打造全世界最完备的 DVD 库存。这可以成为我们的宣传亮点，也能让我们在与实体店对手的竞争中脱颖而出，毕竟它们还沉浸在只有少数客户拥有 DVD 播放机的世界里。对它们来说，储备 DVD 几乎毫无意义，更不用说把所有发行过的 DVD 都备一张了。

我们的目标不止于此，我们还计划为每部热门的电影多储备几张 DVD。这样，当多个用户想看同一部电影的时候，我们就不会让他们一直等待了。

但我们如何决定每部电影要订购多少张 DVD 呢？当然，最终我们研发出了复杂的算法来精确匹配供给和预期需求，但当时的我们只能全凭猜测，更准确地说，是全凭米奇·洛的猜测，他利用自己数十年来对消费者的了解，设计了理想的借阅库存。事实证明，他很少出错。对于一部电影，他一看就知道会不会火。他还有个"特异功能"，就是可以在很远的地方闻出火鸡的味道。

他还可以帮助我们联系经销商。1997 年，DVD 的经销商形形色色，分布在几十个州，都是些小公司，有时候要打好几天电话才有人接。一笔订单可能需要好几周才能送达，而且多数情况下，发的货不是缺这就是少那。为了集齐现存的所有 DVD，我们经常花费数周的时间只为了寻找一部很难找到的电影的 DVD。尽管当时只有几百部电影有 DVD 格式，但我们还是花了好几个月才有了数量相对可观的库存。

接下来呢？我们得找个地方存放 DVD。

这归吉姆·库克负责。还记得那间银行保险库吗？他把它改造成了一间仓库，在几个月的时间内，他尝试用不同的方法来存储、定位和运送 DVD。我们希望最终能达到每天数千张 DVD 的运货量。

是用货架还是按字母顺序排列贮藏箱呢？吉姆在最初几个月里的任务十分艰巨。那段时间，当我走回保险库时，映入我眼帘的仿佛是一个电影囤积狂的地下室。但渐渐地，它开始变得有模有样，如同一家正常的音像店——电影按照字母顺序和电影类型有序排列，热门的新片被单独归为一类。

设计快递包装

在上线之前，我们需要解决的最大的问题之一就是快递包装。

我在最初测试时给里德邮寄用的是张简易的贺卡信封,但未来我们要往全美各地邮寄成千上万张DVD,不可能只把它们裸装进薄薄的信封里。我们需要设计一种快递包装,在DVD通过美国州际邮政系统运输的未知旅程中为其保驾护航。这种包装必须足够坚固,这样用户在把DVD寄回来的时候,包装就能被重复使用。操作还要尽量简单、直观、易用。另外,包装必须足够轻巧,以符合一级邮件的标准,不然一旦变成四级邮件,邮寄的成本就会上升,投递速度也会减慢,我们的业务就无法持续了。

为此,我们开展了广泛的试验,用过的材料包括硬纸板、卡纸、牛皮纸、杜邦纸、塑料等。我们尝试了各种尺寸的正方形和长方形材料,试过插入夹片,也试过泡沫垫。在被我、克里斯蒂娜或吉姆否决之后,成千上万个设计方案就这样被弃置在裁剪室的地板上。有一段时间,每当我走进办公室时,我都有点儿分不清楚后面那张桌子上堆得满满的东西到底是网飞快递包装的材料,还是我的儿子读学前班时做剪贴画剩下的碎片。

打造完美的快递包装是关键,因为这是我们与用户的第一次直接接触。无论是快递延迟,送达时DVD受损、有磕碰、被刮花,还是用户不知道如何用我们的快递包装把DVD寄回来,我们都注定要失败。这是一个非常重要的项目,也是我在早期阶段投入最多精力的项目。我常常熬夜修改模型,吃饭的时候会在餐巾纸上画草图,有时晚上做梦也会梦见包装设计。

建立一个网站

这可能是最难想象的。云计算的出现和网站构建工具（比如Squarespace）的普及，使得任何拥有一台接入网络的苹果电脑的人可以轻松地购买域名、上传照片和文本，从而很快拼凑出一个网站。但在1997年，我们刚刚迈入电子商务时代，网站的概念也才出现了几年而已。要想利用互联网做销售，就必须全靠自己从零起步。

你不仅要购买服务器空间，还要购买……服务器本身。你需要做的不仅仅是为网店购买一个模板，你还必须自己编写代码。

这意味着要耗费数千个小时进行设计、编程、测试和微调。网站要设计成什么样子？怎样方便用户浏览？搜索电影时的界面是什么样子的？电影在网站上如何排列？关于每部电影，我们需要展示哪些信息？

一旦用户选好了电影，他们会看到什么样的界面？用户如何输入信息？万一他们填错了州名缩写或者信用卡信息，该如何处理？

毫不夸张地说，类似问题不胜枚举。为了回答这些问题，我们必须协调两个截然不同的阵营：设计师（主要是我和克里斯蒂娜）和工程师（负责计划的执行落地）。然而不可避免的是，工程师只按照字面意思来理解，他们会完完全全按照你的指示去做。所以克里斯蒂娜很快就意识到，她在设计的时候必须尽可能地做到滴水不漏。她开始手工绘制网站，一丝不苟地将我们关于每个页面的设计画到纸上，在页边空白处附上几十条说明，解释每一项如何与下一项联系。然后她会把图纸交给埃里克,由他的团队接手落实。接着,我们会检视做出来的成果,提出进一步的建议,他们再做修改。

就这样来来回回,反反复复。

这件事耗费了我们好几个月的时间。

大概了解了吧?我们的任务十分繁重。

但其中也蕴藏着真正的乐趣,这种乐趣蕴含在规划中,在问题中,在我们必须解决的难题中。有那么多事情摆在我的面前,有那么多东西等着我去筹备和构建,我根本没有太多时间去担心未来。当我在办公室忙忙碌碌的时候,这些焦虑全都消失不见了。我忘记了新房子里那些尚未完工的卧室,忘记了儿子洛根读私立学校的学费,也忘记了亚历山大·巴尔坎斯基曾皱着眉头告诉我:"这是狗屁。"

我感觉自己就像我父亲当年沉迷于制作火车模型一样。我的满足感源于把所有事情安排妥帖,调查清楚所有问题,然后努力一一解决。我也仿佛是在地下室里专注地做着什么,心里明白,在不久之后的某一天,我会邀请其他人都进来看看。

7

企业文化不是说出来的

（1997年冬：上线前半年）

NETFLIX

企业文化就是我们做事的方式。我们上班不用打卡，没有强制的工作时间，想来的时候就来，想走的时候就走。评判你的唯一标准就是结果。只要你在解决问题、完成任务，我就不在乎你究竟身处何地，工作有多努力，或者你每天在办公室里待多久。

企业文化是做出来的

我经常被问到的一个话题就是网飞的企业文化。我们是如何建立企业文化的？我们是怎样向新员工介绍我们公司的？我们是如何找到我们喜欢的方式来合作，与他人互动、商谈的？

诚然，如今的网飞文化已经众所周知。我们发给所有新员工的演示文稿也被大量下载。

但事实上，我们的企业文化不是通过会议或者圆桌讨论制定的，也不是精心规划的产物。因为团队成员都在初创公司、大型企业，以及介于两者之间的很多公司有过丰富的工作经验，所以我们的文化实际上是在大家共同的价值观基础之上自然而然地衍生的。对我们所有人来说，网飞为我们提供了一个梦寐以求的工作机会，让我们真正有机会按照自己的方式做事。

企业文化不是说出来的，是做出来的。

我几乎把那间办公室里的每个人都招进来了。我了解他们每个人做事的风格。我知道，克里斯蒂娜喜欢井然有序，如果有很多混乱情况需要处理，那她可以做得很好。我知道，如果能让特自由尝试她最大胆的想法，她的创造力将得以尽情施展。我知道，吉姆·库克几乎能解决摆在他面前的所有难题，但前提是你必须给他足够的工作空间。

我知道，只要有大量的工作任务和足够的自由空间，初创团队，包括我自己在内的每个人都能如鱼得水。这就是我们的文化：精心挑选十几个才华横溢、富有创造力的人，给他们一些有趣的问题，再为他们提供解决问题的自由空间。

网飞最终把这一理念定义为"自由与责任"，但那已经是多年以后的事情了。在当时，企业文化就是我们做事的方式。我们上班不用打卡，没有强制的工作时间，想来的时候就来，想走的时候就走。评判你的唯一标准就是结果。只要你在解决问题、完成任务，我就不在乎你究竟身处何地，工作有多努力，或者你每天在办公室里待多久。

我的理念受到我多年与NOLS一起野外探险的经历的影响。我从14岁起就开始参加山区的背包旅行。它让我保持理智、清醒。我喜欢山里空气的味道，喜欢户外的静谧，喜欢那种极简生活带来的内心平和。

但我之所以喜欢背包旅行，最重要的原因是我喜欢同行的伙伴。在森林里徒步时，你是与世隔绝的。因此，你们一群人就有机会形成自己新的文化，有着自己独特的"制度"、"法律"和传统。当你以天为被、以地为床，吃着自己准备的简单食物，身上散发着一周没洗澡的体味（因为通常确实没机会洗澡）时，你能真正地了解别人。我与几个最要好的朋友就是在荒野中结识的。我也曾和家人一起划船、登山或者去偏远的地方冲浪,在这个过程中增进了彼此之间的感情。

背包旅行的历程也能给初创企业的发展以启示。初创公司规模小,组织架构通常精简,它在自己的空间内已经脱离了主流的思维模式。团队成员彼此志趣相投,为了共同的目标携手同行。

不过,他们也经常在森林里迷失方向。

在网飞上线前的那几个月里,我明白了,在初创公司工作就好比去没有路的边远地区徒步。假设你正处于旅行途中,距离下一个营地还有8英里,途中需要翻过一道陡峭的山脊。假设你有一支专门的团队——有几个人负责扛皮筏,有几个人带着所有食物和设备,还有几个轻装上阵的飞毛腿可以充当侦察员。

第一条可能的路线是直接往上越过山脊到达营地;第二条路没那么费力,但耗时更长,要经过水路;第三条路是沿着之字形缓坡向上攀登,更缓慢、更稳妥,也易于把控。你会为团队选择哪一条路呢?

答案是,一条也不选。

既然不存在唯一的选择,那为什么还要强迫所有人都走同一条路呢?

轻装上阵的侦察员应该走第一条陡峭路线,迅速到达目的地,探明最佳的扎营地点,确保附近水源充足、地面平坦,适宜安营扎寨,还能抵御恶劣天气;扛皮筏的队员应该利用沿线的水路,漂浮到营地,到达时间可能稍晚一点儿,但能保存体力;团队的脚力应该走较慢但最省力的路线。

作为领导者，你的工作就是让他们明白这一点。你之所以选择这群人参加如此艰苦的越野旅行，大概率就是因为你相信他们的判断力，因为他们明白自己要做的工作。所以作为一个领导者，确保每个人都能到达营地的最好方法，是告诉他们去哪里，而不是告诉他们怎么去那里。给他们明确的坐标，让他们自己想办法。

雇用创新者

创业也是如此。真正的创新并非源于自上而下的公告抑或是对任务的狭窄定义。真正的创新来自雇用专注于大局的创新者，他们可以在面对问题时自己思考并加以解决，不需要你一直牵着他们的手。我们称之为"松散结合但紧密一致"。

从一开始，我就决定把网飞的每一个员工当成负责任的成年人来对待。在博兰国际公司，我曾目睹反其道而行之所造成的后果。

当时，该公司正处于 20 世纪 80 年代的鼎盛时期，堕落奢靡。办公园区占地十几英亩，风景优美。大堂有一个锦鲤池，园区有一片红杉林，还有人行小径、一座剧院、一间菜式齐全的餐厅。园区还有带壁球的球场、力量练习室和健身房，以及一个奥运会赛事规格的游泳池。当然，这家员工福利至上的公司还有热水泳池。

但即便是这一切也不足以确保每个人都称心如意。搬进新园区后不久的一天，我和公司的人力资源经理帕蒂·麦科德一起吃午饭回来，刚好碰见一群工程师正泡在公司的泳池里，我们便停下来打招呼，无意中听到他们在发牢骚埋怨公司。一点儿没错：一边泡在公司的热水泳池里，一边抱怨他们的处境糟糕。这幅画面有什么问题吗？

那个瞬间非常滑稽，但当我和帕蒂走回办公室时，我们禁不住好奇：如果我们已经为员工提供了精致的餐饮、健身中心和奥运会标准的泳池，而他们仍在抱怨，那到底什么才能真正提升员工的满意度呢？或者更重要的是，怎样才能让其他人帮助你实现你的梦想，而且心甘情愿地做这件事呢？我们的发现出乎意料地简单。

大家希望像成年人一样被对待。他们需要一个他们相信的使命，一个待解决的问题，以及解决问题的自由空间。他们希望与能力出众、值得钦佩的其他成年人共事。

多年后，帕蒂最终在网飞掀起了一场人力资源领域的革命，她的很多理念其实都可以追溯到我们在博兰国际公司的那次顿悟：大家想要的不是热水泳池——不完全是。他们想要的不是免费的零食、乒乓球桌或者可以随时取用的康普茶。

他们真正想要的是自由和责任，是松散地结合在一起，但在大方向上保持紧密团结的工作氛围。

四个优势

通过追踪同一问题的不同形式和变体，你应该就能清楚地了解我们在上线前的运作方式了。这个特殊的问题让我们接触了另一家年轻的公司,一家有着自己独特文化的公司——拥有一种与我们截然不同的文化的公司。

当我们开始采购DVD时,市面上只有大约300部电影可供选择。到1998年4月我们正式上线时,数量增至800部。在某种程度上,现存DVD的数量有限对我们来说是件好事,这意味着对于每部电影,我们都可以采购几张DVD,对外宣称我们备有所有发行过的DVD也完全是实事求是。

但相对较小的DVD影库同时也是一个不利因素。可获得的许多影片都不太可能成为轰动一时的大片。当然,有些电影公司制作的DVD确实符合1997年时观众的胃口,但绝大多数电影显然没那么优质,这完全是在碰运气。我们备有关于火车、美国国家航空航天局(NASA)以及第二次世界大战的低成本纪录片,有几十部自然风景电影,以及配有短视频的"杂志"。印度宝莱坞的电影很受欢迎。同样受欢迎的还有卡拉OK视频、管弦乐队和行进乐队的音乐会录像。

基本可以说,选择是无处不在的。没人知道DVD是否会大获成功,也没人知道倘若它真的火了,它又会以何种方式进行运作。DVD会是主要用于电影的格式吗?这项技术适合听音乐吗?大家愿意用DVD的五声道在家庭影院观看南加州大学行进乐队两小时的现场表演吗?

所以,制造商和电影公司都处于试验阶段。影库里有一些新发行的电影、一些经典作品、一些被遗忘的老歌,还有一些似乎是为了炫耀家庭影院设备而设计的DVD。如果你看到了这个影库，那你很可能会认为DVD的观众大多是书呆子、体育爱好者和动漫迷。

DVD的经销也同样有点儿另类。VHS录像带依然盛行，所以很多经销商甚至根本没有采购过DVD。我不怪它们。怎么会有人无端采购一堆没有市场的产品呢？结果就是，DVD成了非主流经销商的地盘。这些经销商负责人都很古怪，老是不回电话。为了保证每种DVD至少采购两份，我们会花好多天寻找一部电影，结果却把一个星期的时间都浪费在打电话找人上。

在整个过程中，米奇·洛发挥了至关重要的作用。他懂得如何与经销商打交道，哪怕是那些难以捉摸的小众经销商。他知道怎么做可以让人家回电话。他极富魅力，又坚持不懈，也很乐意利用自己在担任VSDA主席的多年里别人欠他的人情。

他拥有的最有价值的技能之一就是准确知道每部电影该买多少张DVD。当时还没有算法，没有计算公式，就靠米奇一个人的判断。他知道什么时候该买3张，什么时候该买30张。每部电影买两张DVD是我们的最低标准，不过凡是米奇认为需求旺盛的电影，我们都买了不止两张——远远超过了音像店里VHS录像带版本的数量。

我们认为库存恰恰是我们相对于音像店的优势所在。实体音像店的空间有限，所以它们的工作之一就是学习如何应对不可避免的短缺问题。米奇和其他业内人士（最著名的就是百视达）将其称作"可控的不满"。当一位顾客走进店里想租一部《虎胆龙威2》，但是所有光盘都租出去了时，你会怎么做？你会试着给他推荐一些他可能同样喜欢的电影。你尽量让他满意，这样他就能成为你的回头客。但即便如此，这还是会给顾客留下不好的印象。

既然我们不受地理位置的限制，那么我们就可以完全避免这种"可控的不满"。我们能给用户带来最接近"即时满足"的体验，因为库存里永远备有他们想看的电影。虽然对于每部电影，音像店会买五六份，但我们会买五六十份。当《洛城机密》发行时，我们买了500张DVD。虽然成本很高，但我们有以下4个优势。

首先，我们的银行账户里有200万美元。就凭这一点，位于博林街和美茵街路口东北角的"往昔视频柜"怎么竞争得过我们呢？

其次，这些额外DVD的成本并不是昂贵的库存，而是廉价的广告，就像很早以前万事达卡的广告一样。一张DVD：20美元。拥有市面上所有电影的DVD并且永远备有存货的名声：无价。

再次，我们指望DVD市场能继续增长。今天看起来是需求的10倍的DVD数量，等到市场扩至10倍大的时候，就变得刚好够用了。

最后，如果我们真的搞砸了，我们还可以卖掉多余的DVD。

当吉姆试图想办法把所有DVD都塞进保险库里时，我和克里斯蒂娜却在纠结另一个问题：我们的用户如何才能找到一张DVD？他们可以用什么关键词搜索？我们如何在网站上对电影进行分类？用户会根据什么信息来做出选择？

当你租DVD时，你必须先获得有关DVD的信息。想想

DVD 的背面：有一段剧情简介，有演员、导演和制片人的名单，还有精心挑选的（往往具有误导性的）影评人推荐语。在音像店里，这些东西早在电影上架之前就已经准备好了。当然，像百视达或 Video Droid 这样的门店里，会有可检索的数据库，内含演员、导演、类型等关于电影的信息。但顾客需要的大多数信息就在他们眼前——一个潜在租客所要做的就只是走进店里，看看《碟中谍》封面上汤姆·克鲁斯的照片，再把 VHS 录像带翻过来看看背面的电影介绍。

我们的道路则更为艰难。在我们的店里，没有可供翻转过来看背面信息的盒子。我们为用户提供的不仅仅是按电影类型和字母顺序排列的电影宝库，我们还需要过滤功能——按照导演、演员和电影类型进行筛选。我们希望用户能够精准地找到他们的兴趣所在。他们喜欢安迪·麦克道尔出演的电影吗？他们真的喜欢内斯特·阿尔门德罗斯（拍摄了电影《天堂之日》里美丽的日落）的摄影风格吗？他们是想看恐怖电影，还是想看有关吸血鬼的恐怖电影，抑或是一部具有喜剧元素的吸血鬼恐怖电影呢？

我们希望自己能让用户精准地找到他们想看的电影。这需要大量的数据——包括客观数据，如导演、演员、制片人、上映日期，以及主观数据，如电影类型和情绪类型。我们还需要获取有关奖项和好评（或者好评寥寥）的数据。如果一个用户想看历届获得最佳影片奖的所有电影，我们希望她的要求能够得到满足。

我们如何着手建立这样一个数据库呢？显而易见的答案是，雇几个人来梳理 DVD 列表，提取我们想要的所有类别的数据。

当时只有不到 1 000 部电影,所以这是可以办到的。

但我们只有 12 个员工。我们还有很多事情要做,所以时间是我们宝贵的资源。但钱呢?我们有很多钱。因此我开始寻找其他办法。我的想法是,如果我们能买到数据,不必亲自打造数据库,那么我们就应该花钱去买。

事实证明,我犯了个大错。

花钱买数据库

根据迈克尔·欧文(Michael Erlewine)在维基百科上的介绍,他是"美国音乐家、占星家、摄影师、电视主持人……以及互联网企业家",他于 1991 年创办了"全音乐指南"(All Music Guide,现在更名为"全音乐")。但在 1998 年的时候,我只知道他的最后一个身份。我在寻找可能的数据源时,偶然发现了"全音乐指南"的姐妹站点"全电影指南"(All Movie Guide)。

我当时既不知道迈克尔搭过鲍勃·迪伦[1]的便车,也不知道他和伊基·波普[2]组过一支蓝调乐队。我不知道他(当时)是 5 本占星术书的作者。我只知道,他手里有我想要的东西:数据。

1　鲍勃·迪伦,美国摇滚、民谣艺术家,于 2016 年获得诺贝尔文学奖。——译者注
2　伊基·波普,"朋克音乐的教父"。——译者注

我也有他想要的东西：DVD。

"全电影指南"的目标是为每一部电影编制一份详细的目录。欧文让他的几十个员工 24 小时全天候追踪、观看电影，并为电影做注释。访问网站的用户可以找到有关听说过的所有电影的最隐秘的信息，以及成千上万条他们闻所未闻的有关电影的信息。

问题就在于，他没有 DVD。作为一个根深蒂固的完美主义者，欧文想要的不仅仅是每部电影的详细信息，他还想要每部电影的每一种格式的信息。对于 DVD，他想知道有哪些特别的功能，包括有哪些语言，屏幕比例是多少，以及是否有 5.1 环绕立体声。

他需要的所有信息就在 DVD 的盒子上，但经销商不卖给私人消费者。所以在建立库存方面，欧文面临的问题甚至比我们面临的更加严峻。零售商店几乎不卖 DVD，如果你想买到所有种类的 DVD，那你不仅需要耗费数千个小时，出差跨越数百英里，还得靠运气。

我们开始协商做一笔交易。我们会给他钱和 DVD 来交换他的数据。

我喜欢谈判，而且很擅长谈判。这在很大程度上是因为我擅长设身处地地理解他人的需求。我理解谈判中的另一方想要什么，他们需要什么，以及他们到底多渴望得到。我可以快速地确定对方的需求，于是我就能更有效地制定战略，以便达成互利共赢的解决方案。

然而，我与欧文的电话谈判进展得并不顺利。我知道他想要什么，他也知道我想要什么，但我很难理解他为什么不愿意和我相互妥协以达成一个折中的解决方案。达成协议对我们双方都有好处，我们的电话沟通也很友好，但他却一直故意拖延时间。他似乎并不愿意达成这个协议，而我不明白为什么。

所以我决定坐飞机过去与他面谈。那年冬天的一个星期二，我登上了飞往密歇根州大急流城的飞机。着陆后，我租了一辆富士斯巴鲁汽车，向北开往大急流城。我预期的目的地应该是一片办公园区，一家公司的总部，甚至在大楼后面可以看到惊涛骇浪。但事实上，迈克尔给我的地址是位于住宅区的一栋大房子，周围每条车道上都停着小货车。穿着法兰绒衣服的人正在他们的院子里铲雪。我把车停在一条环形车道上，面前是一栋3层楼高的殖民地时期风格的建筑，它经过改造后，与附近的几栋房子连在了一起。几栋相邻的房子通过有顶的走廊贯通。我看到人们匆匆忙忙地从一栋楼跑到另一栋楼，手里拿着纸板箱，其中一个人还拿着一台盘式投影仪。整片区域看起来就像一个公社或者异教团体聚居地。

相比我们在北加州平淡无奇的办公园区，我感觉自己来到了一个截然不同的世界。

迈克尔带我参观了办公场所。当时他的身材瘦削结实，可以肯定他的饮食富含酸奶、羽衣甘蓝和坚果谷物。他穿了一件敞领衬衫，露出一条项链。他说话直截了当、轻声细语，每次提出一个想法后，他的身体就会微微前倾，仔细听我的回答。我预料到他随时可能会慢慢摇着头，喃喃自语道："没错，我也这么想。金牛座，上升星座是白羊座。"但如果事情没有按照他想要的方向发展，他就会很快沉默。通俗地说，他就像是受到了一种外力的引导，仿佛有一种更强大的力量在掌控着一切。谈判达成妥协不是他能做到的事情，因为他实际上只是个传声筒。他必须先和老板商量后再做决定。

相较于外观像一个公社的"全电影指南"总部，那么其内部看起来像一个患有强迫症的唱片收藏家的脑袋。每一寸墙面都被直抵天花板的架子覆盖，架子上摆满了密纹唱片（LP）、激光唱片和磁带。这些房间显然是临时拼凑成办公空间的。我们参观的第一个房间里有3张桌子，每张桌子都被单独摆在一个角落里。在离门最近的那张桌子旁，一位女士正对着一盏小灯看着密纹唱片上的专辑注释，她面前放着一本外语词典。"挪威民谣。"她说。

在隔壁房间里，一个男人正在翻阅一大摞20世纪30年代的《综艺日报》。

"你在找什么？"我问。

"拍摄通告，"他回答，"我想把拍摄日期关联起来。"

迈克尔颇为自豪地说："他正在搜寻那些从未上映的电影的数据。"

参观持续了将近一个小时。我参观了三四幢大楼，里面都是痴迷于细节的抄写员。其中一幢楼是由车库改造的，里面发出的噪声特别大。"那是木工车间。"迈克尔一边说着，一边打开了门。映入眼帘的是锯子、托板、成堆的木材，还有几十个6英尺[1]高的书架，它们看起来一模一样。

他们买了太多的书籍、唱片和电影，干脆连书架都自己制造。

那天我们还是没能达成协议，之后的几周也没能成功。最蠢的细节我们都避而不谈。一旦我满足他的一个要求，他就会立马提出一个新要求。从某种意义上说，我确实知道怎么做才能吸引欧文。尽管他的网站铺天盖地地宣称自己是全世界领先的音乐和电影信息库，但我亲自到访密歇根的那次经历却让我有了宝贵的收获：欧文是一个囤积狂。他真正的动机不是信息，而是收集。他很精明地找到了将自己的强迫症变现的方法。他更需要的是我的DVD，而不是我的钱。

但即使有DVD在手，我也怀疑迈克尔拒绝妥协另有原因：他对自己手里的数据疑神疑鬼。我的提议是，我们使用他的电影数据，包括发行日期、演员阵容等，作为我们网站条目的基础。我们会附加所有与DVD相关的信息，再一起发给他。但是欧文坚持由他们来加上DVD的数据，再发给我们。

让他来负责更多的工作，我对此当然没意见。导致谈判破裂的原因是，他坚决要求所有数据最终归他所有，即便正是因为我们参与了，他才能获得这些数据。这是我万万不能接受的，因为我们整个网站的基础设施都将构建在这些数据之上。若是决策权握在他的手里，在占星术引发的一怒之下，哪天他突然不喜欢我

---

[1] 1英尺约为0.3米。——编者注

们或者我们订立的条款，又或者他不喜欢此刻白羊座的上升方式，那么他就可以随随便便地带上水晶球回家，让我们落得一无所有的下场。我们是会彻底完蛋的。我不需要做任何茶叶占卜就能做出这样的预测。处于早期阶段的初创公司是一个脆弱的生态系统，在这个系统中，相互角逐的压力，诸如投资者的预期、市场的现实状况及老生常谈的合理性，都在从四面八方朝内挤压。我不需要再多一种外部力量来左右我们的进展。

我看出了欧文的焦虑。这和许多人在互联网繁荣时期所感受到的焦虑是一样的。他的全音乐和全电影服务，都是从印刷出版物起步的，它们此时都已经转变为模拟技术。这种向数字化的过渡让他感到不安。他坐拥自己的囤积物，不希望它们被任何人夺走。

最终，我愤怒了。按欧文的计划，我们要付钱给他，才能有机会了解实际上是我们自己拥有的DVD。但我也知道他已经将我们逼到了完全被动的处境。赶时间的人是我们，而他恰恰掌握着我们最想要的信息。仅仅几个月之后，网站就要上线了，我们需要他手里的数据来建立支撑整个网站的数据库，若没有这份数据，我们甚至没法起步。

我停滞不前，犹豫不决。从1月到2月，克里斯蒂娜和埃里克每天都缠着我，试图说服我，我们需要这份数据来构建数据库的模型。当时我们忙着编写自己的简介，把电影添加到"合集"中，在网站编辑方面，每天都要做出很多决策，但我们的所有内容都需要附加到根记录上去。就算我们早在上线日期之前就已经完成了内容编写，我们都明白，要将我们的内容与欧文的数据真正连接起来需要花费几天（如果不是几周的话）的时间。我们不可能在网站上线的前一天一下子把所有东西都塞进去。

还有一个问题。即便我们最终能达成协议，他给我们发送的数据量也将是巨大的，尤其是在 1998 年，数据传输根本无法通过互联网完成。我们将以一种模拟计算机的方式接收数据：一卷一卷的磁带。不用考虑电子邮件了：这些数据必须装在一个盒子里寄给我们。这也是我们需要全力争取时间的另一个原因：一旦我们有了磁带在手，我们就必须开始"翻译"磁带内容，教会网站"读取"数据。

欧文草拟的合同令人完全无法接受。我满心憎恶，却还是被迫签了名。

他赢了。

但从我签下合同的那一刻起，我就开始想办法要摆脱它。

每周的二人世界

我不得不对他竖起大拇指：迈克尔·欧文找到了将他的囤积症变现的方法。那家公司完全是按照他的原则经营的，公司的风格跟他的作风很像。诚然，在他们的"办公室"里穿梭就像参观一个强迫症唱片收藏家的颅骨一样，但这个地方却自有一种气质，它有自己的标签。

我理想中公司的模样、感觉和运作方式，同他的公司简直毫无相似之处，但那对他来说确实是有效的。

我对于自己运作公司一直是比较慎重的。我认为当员工快乐的时候，当他们在工作之外依然有属于自己的生活的时候，他们的工作效率会更高。是我想把公司建在圣克鲁斯的，还记得吗？也是我想要缩短通勤时间，希望早上上班前能有机会去冲浪的。

毫无疑问，一旦我们开始致力于将网飞的想法落地实施，工作时间就会变得很长。我们都知道这一点，因为我们都在硅谷待很久了，亲身体验过每周工作时间达到 50 个、60 个，甚至 70 个小时的感觉。不同之处在于，这一次是我们自己主动的选择。我们不再为别人的梦想工作，我们在为自己而战。

所以，我有时会在办公室的沙发上睡觉，也曾经看到我们的程序员在男厕所里简单地冲个澡。我不会否认，1997 年秋，我的食谱里只有街对面那家意大利餐馆的茄子帕尔玛奶酪外卖（只要 6.95 美元）。

但每当我觉得自己需要休息一个上午，骑山地车清醒一下头脑时，我都会说走就走。当特想一边做美甲一边斟酌公关噱头时，她立马就去预约美甲师的时间了。

现在他们将这些称为"自我护理"。但在当时，我们只是把它叫作常识。如果我们想要从根本上颠覆整个行业，我们就必须保持头脑清醒，以随机应变。

即使是在网飞上线前的一线工作，我也坚守着和洛琳长期以来的传统。每个星期二，无论如何我都会在下午 5 点准时离开办公室，与妻子过二人世界。我们会雇一个临时保姆照看孩子，两个人去海滩散步，然后去我们最喜欢的餐厅"苦乐参半的小酒馆"，吃烤三文鱼，喝几杯葡萄酒，有时还会去圣克鲁斯市中心的电影院看场电影。

我需要和洛琳相处的时间——就我们两个，没有孩子，没有家务。我需要充电，需要和我最好的朋友一起待上几个小时，把其他事情全都抛诸脑后。

约会之夜的传统是我在博兰国际公司工作的时候定下的。在那里工作的时候，大家通常到晚上七八点才下班，而且每天如此。起初，我并不介意加班——规矩就是这样的，谁也没法改变。但几个月后，我开始害怕自己会精疲力竭，也担心自己没有把与妻子的关系放在首位。尤其是在我们有了孩子之后，我们在一起的大部分时间都被家庭琐事占据了：孩子学校的体育项目，家庭聚餐，让孩子准备好去上学或者睡觉。我想确保我们俩始终心意相通。

一旦将每个星期二晚定为约会之夜，我就会极力确保计划的实施。下午5点是我的最后期限。秒针一指到12，我就起身出发了。最后一刻出现危机？那太糟糕了。碰到只能在4点半召开的紧急会议？最好让会议尽量简短。需要在4：55和我谈谈？那我只能在去取车的路上跟你谈。

起初，我的这一硬性规定引发了一些冲突。但最终，在大家都了解我的习惯之后，在我面对无数次挑战仍保持坚定的态度之后，我的同事都知道不要在这段时间安排任何冲突事项。他们都尊重它，也接受它了。

1997 年秋，在我们创建公司的时期，我可能轻易就会放弃约会之夜的传统。有那么多事情要做，有那么多问题要解决。我参与解决的事项有成百上千个。我的工作日常是早上 7 点左右到办公室，午饭就在办公室吃，整个下午都在工作，直到傍晚 6 点左右。然后我会开车到家，及时赶回去和孩子们一起吃晚饭。我会帮洛琳一起哄他们上床睡觉。接着，在通常情况下，我会再回到办公室待上几个小时，大概 10~11 点才真正下班。

我回到家后，会放松一下，还可以睡上几个小时。我估计那时候我平均每晚睡 5 个小时——通常会更少。

有一天我回家吃晚饭时，儿子洛根在门口迎接我，他没有拥抱我，而是说他有一个问题要问我。

"好啊，洛根。是什么问题呢？"

他打量了我一会儿，目不转睛地盯着我从肩上取下来的背包。

"奶粉在里面吗？"

我歪着头，问他："你这话是什么意思？"

"妈妈说你要挣奶粉（钱）回家。"他告诉我。

我愣了一秒，终于恍然大悟。我忍不住捧腹大笑，笑了大概 5 分钟才停下来。

洛琳后来告诉我，那段时间，每当孩子们问起爸爸去哪儿了，她要么回答我在挣奶粉钱，要么说我在公司攀爬晋升的阶梯。直到洛根告诉他在学校的一些朋友，他爸爸以爬梯子为生时，她才不再这么说了。

"毕竟你不是粉刷匠。"

尽管如此，我内心还是有点儿认同洛根的说法的。在网站上线前的早期，我们就像在攀爬一架长长的、没有尽头的梯子。在每一层梯级上，都有一个问题需要处理。每解决一个问题，我们就离目标更近了一步。我们在不断地向上攀爬，一想到我们未来能达到的高度，我就心潮澎湃。

但是，不管我爬得多高，不管我看到自己面前还有多少级阶梯，我都会在每个星期二的下午 5 点准时离开办公室。有很多成功的企业家已经开始了第二次或者第三次创业，同时也有了第二任或第三任配偶。我不想成为他们中的一员。每周留一个晚上给我的妻子，能让我们都不再焦虑烦忧，也能让我们彼此的步调一致。

测试版叫"狗粮"

到 1997 年 11 月，我们已经有了一间办公室，有了一个半运转、正在测试中的网站，有了几十个快递包装的模型，有了初步的库存。我们甚至已经定下了网站上线的日期：1998 年 3 月 10 日。

我们还缺一个名字。

对于早期的初创企业来说，这种现象很普遍。从构思到融资，再到正式上线，大多数公司都经历过更名。名字非常重要，有时人们要花很长时间才能找到最合适的名字。亚马逊公司一开始叫作"卡达布拉"。推特的曾用名是"状态"。

你必须等待机缘巧合——在研发服务的过程中，那个合适的名字会不期而至。有时这需要几个月的时间。你通常会先取一个测试版的名称，一个用来测试网站、设置电子邮件账户和填写银行文件的暂定名。这个名字也不可能是"马克·伦道夫尚未命名的项目"。

我们测试版的名字叫"狗粮"（Kibble）。

史蒂夫·卡恩曾建议我，当我们需要选择测试版名称时，我应该取一个糟糕到绝不可能真正用来做名字的词。"不知不觉，6个月过去了，"他说，"你脑子里已经是一团糨糊，那时你就会想，'管它呢，不如就用这个测试版的名字算了'。你分辨好坏的能力几乎消耗殆尽了。但如果你选择了一个糟糕到显然不能真的拿来用的名字，比如'我们想坑你.com''把你的钱都给我们.net'，你就会被迫想个新名字出来。"

因此，搬进新办公室的几个月之后，我们的名字就成了"狗粮"。我们的银行对账单上写着"狗粮"；我们测试的网站域名是kibble.com；我的电子邮箱地址是 marc@kibble.com。

"狗粮"这个名字是我的主意，灵感源于一句古老的广告营销格言："如果狗都不吃这款狗粮，那么广告做得再好也没用。"这句话的意思是，不管你的牛皮吹得多好，也不管你的营销能力多强、销量多高，如果产品糟糕，这些都没有意义。不管你给哪个品牌的狗粮打了多么精彩的广告，如果你的狗都不爱吃，那这就都不重要。

我之所以选择狗粮作为暂用名称，是因为我觉得这个名字可以提醒我们更多地关注产品本身。归根结底，我们必须打造出用户喜欢的东西。我们要和大公司竞争，如果我们的服务不能满足用户的需求，如果我们卖的"狗粮"不好吃，长远来看，我们是不可能取得成功的。

何况先占着这个域名也无妨。事实上，我们现在还用着它。

我们从来没打算把"狗粮"作为正式名字。但史蒂夫说得一点儿没错——随着时间的流逝，上线的日期不断逼近，我们慢慢开始觉得，"狗粮"这个名字也相当不错。

"团队会议，"一个星期五的下午，我终于说，"我们必须把名字定下来。"

整个公司——15人——都涌进了我的办公室。搬进这栋大楼后不久，我和克里斯蒂娜就在白板上列了两栏。其中一栏写满了与互联网相关的词，另一栏则是与电影相关的词。我们认为，最适合公司的名字应该由两个单词组成：一个与电影有关，一个与互联网有关。最好的名字是将这两个词无缝衔接在一起，音节和字母越少越好。

要选出一个名字是极其困难的。因为这个名字必须朗朗上口，能脱口而出，而且容易记住。最好只有一两个音节，在理想情况下，重音应该落在第一个音节上。最流行的网站名字都是如此：Goo-gle（谷歌）、Face-book（脸书）。这些名字开口就很响亮。

如果音节太多、字母太多，大家就有可能拼错网站的名字。但如果字母太少，大家可能就不太容易记住。

还有一个问题是想出的名字能不能直接拿来用。倘若你终于想到一个完美的名字，但是其他人已经抢先占据了这个域名或者注册了商标，那也无济于事。

在开会的前几周里，我已经邀请大家把他们的想法写在白板上。我也已经确认了可用性、商标等方面的问题。现在到了做决定的时刻了。随着午后时间的推移，夕阳西斜，地板上的光影越拉越长，我们仍在不断地商讨，把第一列和第二列的音节匹配在一起。以下是我们最后的备选名单：

- 拍摄一（TakeOne）
- 拍摄二（TakeTwo）
- 场景一（SceneOne）
- 场景二（SceneTwo）
- 飞.com（Flix.com）
- 快进（Fastforward）
- 即刻放映（NowShowing）
- 直通影片（Directpix）
- 摄像影片（Videopix）
- E飞（E-Flix.com）
- 网飞（NetFlix）
- 电影中心（CinemaCenter）
- 网页飞（WebFlix）
- 直达影院（CinemaDirect）

- 网影（NetPix）

有些名字还真的不赖，比如直通影片、即刻放映、E飞。

我们差点儿就成了"电影中心"。

每个人都有自己中意的名字。鲍里斯和维塔非常喜欢我的黑色拉布拉多犬露娜（Luna），露娜经常去我的办公室溜达。他们支持用一个比较隐晦的名字 Luna.com，虽然它跟我们提供的服务毫无关联，但胜在只有4个字母。吉姆喜欢即刻放映。克里斯蒂娜喜欢"重播"（Replay.com）。

我喜欢"出租"（Rent.com）。在所有名字中，我认为它与出租电影的想法有着最直接的联系，但我甚至都没有把它写到白板上。这不仅仅是因为这个名字没有提到互联网，更是因为已经有人拥有了这个域名，我要买下来的话得花4万美元，这在当时可是一笔巨款。

我们所有人，真的是所有人，最初都不敢考虑"网飞"。这个名字确实只有两个音节，而且同时满足了电影和互联网这两个起名标准。但办公室里的很多人都担心"flix"这个词的内涵。

"这个词让我联想到了色情片，"吉姆说，"和色情影片（skin flicks）的发音相近。"

"它还有个 x[1]。"克里斯蒂娜补充道。

---

[1] X级电影，又称限制级电影，含有性或暴力内容，未满18岁者禁止观看。——译者注

"我们必须得选一个出来。"特说。她抓狂到几乎要把头发扯掉了。距离上线只有几个月了,她还得设计一个标志。"赶紧决定吧。"

我们照做了。没有表决,没有隆重的无记名投票。我们把备选的名字列表打印出来,盯着它看。每个人都带回家考虑一个晚上。第二天,我们一致同意:我们的名字是"网飞"。

这并不是最完美的名字,听起来可能还有点儿色情意味,但它已经是我们能想到的最好的名字了。

8

正式上线

（决战时刻：1998年4月14日）

NETFLIX

在里德开出那张支票后的6个月里，我们做了很多事情——装配了库存，搭建了一个网站，成立了一家有企业文化的公司。我们不知疲倦地工作着，为的是把建立DVD电子商务网站的梦想变成现实。

蓄势待发

说到色情电影,就在网飞上线的前一周,史蒂夫·卡恩邀请我、里德和洛琳共进晚餐。

等等,不是你想的那样。

史蒂夫打电话给我说:"在现在这个节骨眼上,你大概已经筋疲力尽了。我刚刚终于买到了顶尖宝物,早就想试试了。我们一起吃顿好的,喝上几杯。你有什么担忧可以尽管告诉我,我保管让你安心。"

"什么宝物?"

"巨大的重低音音箱,"史蒂夫说,"我把它们放在地板下面,安在托梁上,整个房间都会震。"

那是星期二的晚上,所以我们请的保姆可以替我们照看孩子。虽然约会之夜的意义就在于可以暂时摆脱工作,得以远离网飞的董事会成员,比如里德和史蒂夫,但在那个时候,距离上线仅仅一周,要做到这一点对我来说几乎是不可能的——我无法完全把网飞置之脑后。虽然我人不在办公室,但我的心思未曾离开,始终盘算着如何应付上线之前我们需要解决的所有小问题。

史蒂夫对这一点再清楚不过了。他认识我已经很久了，他知道我是没法真正休息的，所以他决定尽他所能帮点儿忙——至少给洛琳放一个晚上的假。

"你带一张DVD就行，别的都不必了。"

这很容易。那天下班之前，我顺路去了一趟保险库，连看都没看一眼，就从当天早上刚到的一堆新发行的DVD中抓起了最上面的那个盒子。

我真的需要休息一下，洛琳也一样。"摩根快要把我逼疯了，"在开往洛斯阿尔托斯市的路上，她说，"她整个下午都在试图偷我包里的口红，还想吃掉它。"

在我听来，这也太可爱了吧，但我能理解洛琳的意思。

史蒂夫住在洛斯阿尔托斯市的东边。他家所在的那条街上，又大又新的房子鳞次栉比。他自己的房子倒没有那么大，但很漂亮，真的很漂亮，是《建筑文摘》里呈现的那种漂亮。房子充分展现了（当然是品位很好的那种）他拥有的财富，这得益于他长期成功的商业生涯。

"我觉得你根本不需要锁车门，"我把车停好时，洛琳讽刺道，"在这样的小区真的不必。"

史蒂夫在门口迎接我们，给我们斟上几杯葡萄酒，赤霞珠红葡萄酒（给我的）和霞多丽白葡萄酒（给洛琳的）。他带我们参观了装饰精美的房间。在我的记忆中，有两个场景格外令人印象深刻：书房里的一整面墙都是鸟眼纹理的枫木橱柜；客厅里摆满了现代主义风格的家具，简直就像从恐怖片《甲壳虫汁》里直接搬出来的。这还是我第一次在同一个房间里看到不止一把伊姆斯椅。

"所有的家具都是凯伦买的，"史蒂夫等他的妻子走开后悄悄说，"我根本不知道这些都是什么鬼。"

在参观的过程中，我闻到了食物的香味。但是史蒂夫和凯伦一直和我们在一起——谁在负责照看炉子？直到我们到吧台去吃小点心时，我才看到一个身穿白色外套的宴会承办人消失在通往厨房的旋转门里。这对我来说是第一次：我之前还从来没参加过有专业厨师的家宴。

等里德携夫人到场后，史蒂夫举起了空酒杯。"去车库喝鸡尾酒！"他笑着说。不到 30 秒，一个面带微笑的服务生就端着一盘杜松子酒和奎宁水出现了。史蒂夫带我们去车库，炫耀他新买的保时捷。我对车不是特别感兴趣，但我知道什么时候该啧啧赞叹。不只是保时捷，车库里有一间应有尽有的家庭健身房：闪闪发光的崭新健身器材，包括一台跑步机和一辆动感单车，所有器材都放置在网球俱乐部质感的橡胶垫上。史蒂夫虽然比我大 10 岁，但他的身材可能比我更好。在博兰国际公司工作的时候，史蒂夫在 40 岁生日时制订的计划是每天在午餐时间跑步，连续坚持 40 天。他还带着我一起跑，我在他的旁边一路气喘吁吁。

我手里拿着酒杯，不禁扪心自问，这一切——汽车、家具博物馆、厨房里的宴会承办人——是否也能成为我的未来？我想起了我那辆破旧的沃尔沃和后座上的毛绒狗玩具；屋顶漏雨的房子，当时我都拿不出钱来修理；网飞办公室里脏兮兮的绿地毯，随着网站上线的日子越来越近，地毯已经开始散发出一种奇怪的臭味。

似乎不太可能，或者至少得等到非常遥远的未来。

还有大约半小时厨师们才能备好晚餐。所以，当洛琳和凯伦又倒了几杯霞多丽酒，讨论起我们家厨房的装修时，我和史蒂夫、里德来到了后院的露天平台上。

"带泳裤了吗？"史蒂夫问道。

我穿着借来的夏威夷泳裤，泡在一个咸水游泳池里，与网飞最早的两位投资者开起了临时董事会会议。

"如果我们有更多的时间，我还有很多事情可以做，"我说，"比如，我们想制作一个叫作心愿单的东西，你可以把想看的电影保存在这里。米奇有个主意，就是让一位数字助理给你推荐你可能会喜欢的电影。"

"有道理，"史蒂夫把酒杯放在了泳池边，说，"每次我去好莱坞音像店，我都会问那个戴鼻环的小孩租什么电影好。另一个家伙总是给我推荐一些法国新浪潮的破玩意儿。"

里德没怎么说话，但我看得出他在思考。至于他在思考什么，谁知道呢。1998年春，他已经厌倦了他在斯坦福大学的那帮同学，开始把大部分精力都用在了另一项事业——"技术网络"上。技术网络是一个游说团体，它的宗旨就是里德最关注两件事：推动科技世界发展和教育改革。这个团体旨在推动加强对科技公司的保护，使其免受股东诉讼，放宽对外国科技工作者的签证要求，加强数学和科学教育。里德是特许学校的忠实信徒，他利用这个组织为特许学校做宣传，向越来越多的政客募捐。

坦率地说，他有充分的理由担心。但当他将头埋入水中，游到泳池的另一头时，我还是松了一口气。我不希望他把注意力集中在网飞的任何问题上。由于迈克尔·欧文的缘故，我们已经错过了原定的上线日期（已经从3月10日推迟到了4月14日），我不希望里德认为我们会再一次错过上线时间。

里德开始一圈又一圈地游起泳来，他6英尺高的身躯像海豹一样在水中滑行。我跟史蒂夫讲了我们根据目前的截止日期，实际上能够构建的心愿单的版本。就像我们的许多权宜之计一样，它只是为了应急，不是长久的解决办法。这个方法是克里斯蒂娜想出来的：用户通过按一个按钮来标记感兴趣的电影，这样，下次再看到它时，它旁边就会出现一个图标。图标是什么样子的呢？是一根缠绕着红线的手指。

"工程师们都讨厌这个设计，"我告诉史蒂夫，"他们叫它'血腥手指'。"

我们都笑了。在那一刻，前几周的压力似乎瞬间消失了。当然，我们还是有截止日期的，因为还有人指望我们：投资者的要求需要满足，员工的薪水需要支付，客户需要触达。但当这一切都大功告成时，我们就成了一个为用户提供DVD的网站。我们没有像里德那样在做着改变世界的事情。我们要做的是改进"血腥手指"的设计。但就目前而言，一切尚可。

擦干身体后，我们就开始吃晚餐了。我吃了带酱汁的贻贝，以及一条史蒂夫向我保证不是真的濒临灭绝的鱼，喝着一种我不会念名字的酒。晚宴之后,我们来到客厅旁边的家庭影院。我好久没来过了,这里已经发生了很大的变化。家庭影院里有巨大的皮椅,扶手很宽(还有杯托),每把椅子都是单独摆放的,每一把都要比我家里的任何东西好——而他居然有12把!他在过道里安装了灯,看起来就像一家真正的电影院。屏幕宽度很可能有8英尺,占据了一整面墙;投影仪从天花板上垂下来。史蒂夫把扬声器指给我们看:房间前面的架子上放着高的几台;房间后面有两台大的;房间中间有一台中央扬声器,他说这台只是用来播放对话的。接着,史蒂夫指着第二排中间偏左的一个座位,说:"知道这个座位吗?这可是豪华宝座。"他接着解释道:"一切都调整成平衡的状态,包括音量和音色,就是为了在这个座位上听到最完美的音效。"

凯伦在放映室外启动了爆米花机。在装满苏打水的冰箱旁边有一个糖果盒,我走过去看了看盒子里面。

是椰丝黑巧克力,我最爱吃的。

等我们都进来后,史蒂夫问:"马克,你带电影了吗?"

"当然。"我在背包里摸索了半天,终于找了出来,"我对这部电影也不了解,只知道是今天刚到的,是这周刚上映的。"

史蒂夫看到了封面。"哦,对了,《不羁夜》[1]!我听说这部

---

[1] 《不羁夜》讲述了17岁的艾迪·亚当斯被一位色情片导演栽培后,改艺名为德克·迪格勒,成为色情片大明星的故事。——译者注

电影很不错。"

"值得一试。"此刻我感觉很惬意：轻松自在，有酒和海鲜，还有朋友给我的宽慰。我坐在前排的一张躺椅上，紧挨着洛琳。史蒂夫坐在那张豪华宝座上，旁边坐着凯伦。里德坐在他们后面。

灯光熄灭，幕布升起，然后我们就看着德克·迪格勒在8英尺宽的屏幕上，以DVD质感、水晶般清晰的分辨率，把"一切"都呈现了出来。

起初我非常惊恐，接着我又狂笑不止，最后感动得落了泪。

"希望你的内容团队比你更了解你的库存。"洛琳说。

我不得不同意这句话。

做最坏的打算

和史蒂夫·卡恩一起度过的那个夜晚教会了我不打无准备之仗。但关于做准备这件事，我的大多数教训其实是在户外，尤其是在山区吸取的。

那绝对不是一个可以掉以轻心的地方。

要过河。一个失足就能让你坠入几小时前刚由冰雪融成的河水里。如果你没被冻死，紧接着，河水就会把你冲向下游，直到把你永远压在水下的岩石或者被砍倒的树木之下。要是这也没发生，你的腿还可能会被卡在岩石缝中，河水会把你的身体冲得向后弯，水流不停地上下冲击，直到你再也没有力气将头露出水面。

有雪原。要跨越雪原，你就必须使出全身力气迈步，踩出一条坚实的路。但极有可能出现的情形是，你刚迈出一步，身体重心向前转移，你踩出的路就毫无征兆地崩塌了，于是你会以越来越快的速度滑下雪坡。但愿你可以借助冰斧及时刹住，不然你就会以高速冲进位于雪层与泥土间岩石遍布的深沟里。

有悬崖。要攀登悬崖，你就必须与岩石达成一个协议：你承诺，每挪动一次，都尽量减少停留的时间；悬崖则保证，你赌上性命抓住的微小的岩石边缘，能够支撑你的体重。直到它再也支撑不住，一切就会突如其来、出乎意料，你就会一路俯冲而下，坠落的过程中毫无遮挡，直到你撞上悬崖底部锯齿般的石柱。

有危险的动物，诸如野牛、美洲狮和灰熊；有毒的浆果、蘑菇和其他植物；你会面临感染、割伤、淤青、脑震荡和脱臼的风险。有雪崩、滑坡、泥石流和冰瀑，还有冰雹、暴风雪、倾盆大雨和突如其来的霜冻。

大自然有无数种方式告诉你，你不受欢迎，孤苦无依，医疗救助也远在天边，爱莫能助。

但在大自然的所有手段当中，最可怕的风险大概非闪电莫属。山区的天气瞬息万变，也许前一秒还天朗气清、万里无云，下一秒就乌云压城城欲摧。有什么能比毫无预兆地从云层中瞬间倾泻而下的能量更令人震撼的呢？片刻之间，闪电就能将一棵参天的花旗松变成一根熊熊燃烧的生日蜡烛。当你站在高处时，最让你无法宽心的就是你知道闪电瞄准的是周围的最高点——不管是树木、岩石堆、帆船桅杆、冰斧，还是一颗脑袋。闪电一视同仁，不会由于你的宗教信仰、教育背景或者性取向而有所区分，也不会因为你有多少钱，或者你仰卧推举的重量而区别对待。它只知道你身处户外，对一切浑然不觉，它也知道怎样以最快、最简单的方法（至少在那个特定的时刻如此）将100亿瓦的势能从湍流云释放到地面。如果这股能量必须穿过你的头颅，向下贯通你的器官，再从你的脚掌穿出……那么，只能怪你自己运气太差。

为了保持清醒理智，你在山区徒步时不能总想着这些事情。但最优秀的登山运动员并不完全是理智的。我也算不上攀岩界的什么传奇人物，但每当我站得很高时，我总是会问自己："会出什么问题？"如果我必须穿过一条小溪，那我就得先沿着溪流往下游走上几百米，看看万一我失足被水流冲走，是否可能会有什么东西接住我。我会搜寻岸上有没有可以抓住的树枝，观察水流的漩涡在哪里逐渐消失，这样我就知道该往哪里游。每当我开始蹚水，或者踏上横跨小溪的木头时，我都会松开背包上的腰带。虽然这样包就会比较难背，但万一我要游泳，甩脱它则要方便得多。

这就是创业的感觉。你要花很长时间考虑所有可能的情况并做好相应准备。有时候，你会制订一个备用计划，但大多数时候，你只是在仔细思考该如何应对——在河流中搜寻岩石，在悬崖上寻找不慎跌落时可以抓住的东西。大多数时候，最糟糕的事情并没有发生。但当最坏的情况真的出现时……场面一度鸡飞狗跳，你该怎么办呢？这时候，你就得做那个拿着桶和拖把、穿着雨衣收拾残局的人。这就是成功者与被狗屎糊了一身的人的区别所在。

有时候，正如我们在网飞上线日所经历的那样，这两者并没有什么不同。你其实同时扮演着这两个角色。

网飞上线日

在网飞上线的当天早晨，我起得很早，大约5点就醒了。洛琳还在喃喃地说着梦话。我悄悄穿上拖鞋，走出卧室后随手把门关上了。再过两个小时，孩子们差不多就该起床了，在那之前，我还有一段独处的时光。在黎明前的黑暗中，我摸索走进尚未完工的厨房，小心地避开散落的锤子和花岗岩样品。房子里现在就剩厨房还没有改建了，进度基本为零。这里的装修完全是1971年的风格：荧光灯、牛油果绿色的橱柜，木地板上铺的油毡已经剥落。

咖啡壶里还有昨天剩下的一点儿咖啡，用微波炉加热后，我站在厨房喝完了，感觉自己慢慢清醒了。我又煮了一壶新的，把磨碎的咖啡舀进过滤器，给咖啡机的水箱加满水。本想煮给洛琳喝，但在她起床前我可能已经喝掉半壶了。我太需要咖啡因了。

在里德开出那张支票后的6个月里，我们做了很多事情——装配了库存，搭建了一个网站，成立了一家有企业文化的公司。我们不知疲倦地工作着，为的是把建立DVD电子商务网站的梦想变成现实。

但直到现在，我仍然感觉这个梦想是不完整的。这个网站是为我们而存在的，不是为其他任何人而存在的。我们预料到的问题和我们绞尽脑汁预测出的问题，在未来仍要面对。我们甚至都没法确定，我们是否找出了真正的问题，能不能取得成功也是个未知数。

创业的生命周期有很多个阶段，但在上线的那一天，结构性转变会发生。在上线之前，你处于计划和预测的梦幻地带：你的努力只是暂时的，你在预测哪些方面可能会出错，哪些可能是对的。这是一种非常有创意、让人热血沸腾的工作。它本质上是乐观的。

但在网站上线的那一天，变化就出现了。此时从根本上说，你的工作不再是预测，而是被动应对。你预测的那些问题呢？你对最重要的问题其实一无所知。你计划的解决方案呢？只是九牛一毛。有成千上万个问题是你连想都没想到过的，现在你却必须着手处理。

那天早上，看着太阳从山上升起，我在脑海中对不同的团队进行定位，想象着这一天会给吉姆·库克的团队、埃里克的程序员、特和营销团队分别带来什么。我浏览了一下当天的计划：上午 9 点上线，一上午的媒体电话，还有从下单到发货的整个流程。

换句话说，我在做的就是从 1997 年夏以来一直在做的事情：制定战略。在上线之前，你需要制订一个漂亮的作战计划，协调你的部队未来的行动。

一旦上线，你就会陷入缺乏态势感知的"战争迷雾"之中。

我在早上 7 点左右到了办公室，照常召开每日例会。我和克里斯蒂娜、特、吉姆，以及埃里克钻进会议室，检查当天的日程安排。

"我们从9点开始会接到记者的电话。"特告诉我。

几个月来，特一直在安排记者和新闻媒体，看谁有兴趣写一篇关于我们这家初创公司的报道，这样在我们上线的当天，大家就可以读到相关的报道。整个上午，我都在和这些记者通电话，我说的话都是照稿子念的，我花了好几个小时准备，就是为了让这篇演讲听起来能尽量自然一点儿。

以下是演讲的节选：

> 今天上午，随着全美第一家线上DVD租赁店的开张，每一位DVD爱好者，无论他住在哪里，无论他住得离音像店多远，现在他都可以购买或租赁市面上有的任何一部DVD电影。

"第一个记者是谁？"我问。

"是《圣克鲁斯哨兵报》的史蒂夫·佩雷斯。"特答道。

最先接受家乡报纸的采访并不是巧合。我的策略一直是先从容易的开始。对于第一通电话，最舒服的事情莫过于听到电话的另一头友好的声音。

这一次，我的策略确实得到了回报。与报道我们的另外两家媒体《旧金山纪事报》和雅虎网站不同，《圣克鲁斯哨兵报》以醒目的标题刊载了大幅新闻报道，还附有一张照片。我的文件柜里有一份已经褪色的整版剪报,那是我们上线当天发行的报纸,上面有一张我在20世纪90年代末拍摄的照片,我的腰带上别着一部寻呼机,人站在一台盖特威(Gateway)电脑旁边,周围散落着一大堆电线和电缆。新闻导语如下:

> 还在学习怎么设置录像机?不如把它丢了吧。
> 就像爷爷的宝丽来相机一样,录像带早就过时了。

"太好了。"我在脑子里飞快地过了一遍我的台词。我知道,无论发生什么情况,我都必须通过电话机的话筒传达出愉快和平静的心情。炸弹可能爆炸,服务器可能着火,网站可能崩溃,但无论如何,我都必须闭上眼睛接着往下说。

> 网飞极大地便利了 DVD 租赁。无须驾车前往,无须搜寻停车位,也无须排队等待,甚至连归还也更加便捷。我们从不打烊,提供一周 7 天、每天 24 小时的全天候服务。

我们最后一次回顾了一遍吉姆团队的流程。

"订单来了以后,"吉姆说,"一获得信用卡授权,订单就会被送到保险库的打印机那里。我的团队成员会找到对应的光盘,放进封套里,扫描一次,把它从库存里去掉。接着就轮到丹。由丹把促销单插进去,封好货品,贴上标签,再次扫描以显示货品处于运输状态。然后他就把它放进箱子里等待邮寄。"

吉姆依旧露着他标志性的傻笑，但我看得出他其实很紧张。他花了数周时间精简流程，检查流程是否存在缺陷，效率是否低下。但如果没有来自网站的真实订单的压力，他能做的也就只有这么多了。有一个很大的问题是，我们不知道上线当天会收到多少订单。5~10笔？还是二三十笔？甚至100笔？

科里一直活跃于各种网络社群和留言板，向技术宅和影迷们宣传网飞公司，上线当日，他还会继续做这项工作。但这能带来多少订单呢？我没有屏息期待一个很大的数字。

埃里克和他的团队成员鲍里斯、维塔、苏雷什、霍都面无表情，令人难以捉摸。他们是否紧张，我说不上来。当然，这一天的大部分压力都落在了他们的肩上。他们预想过网站可能会出现的各种问题，也为这些问题制订了各种解决方案。但是他们知道肯定会出些没有预料到的岔子，所以对他们来说，匆忙地喝几瓶汽水、吃几块比萨，就要开始这一天的战斗了。埃里克大声地提醒了他的团队。他说的话我基本都听不懂，所以我也就借此机会，仔细地打量了他们一番。鲍里斯和维塔还是老样子——镇定自若、沉着冷静。霍看起来似乎为今天的上线精心打扮过：穿着干净的黑色T恤以及看起来比较干净的黑色牛仔裤，头发似乎也打理过了。

克里斯蒂娜很紧张。她为这一天的到来已经计划了好几个月，记了几百页的笔记，详细地描述了网站的运作——用户如何使用界面，如果他们弄错了该怎么办。她的团队花费了数百个小时，将我们拥有的电影的内容与迈克尔·欧文那边收集的数据整合，为 925 部电影构建了内容丰富、富有趣味的条目。透过会议室的窗户，我看到她的团队仍在手动扫描最后几盒 DVD 的封面图片以上传到网站上。对他们来说，这只不过是又一天的日常工作。克里斯蒂娜对网站统筹安排的了解远远胜过其他人，对她来说，这是压力重重的一天。

"你知道吗，"她对我说，"这已经是我们合作的第五次上线了。"

这是真的。我们一起在 Visioneer 公司推出了一系列 PaperPort 扫描仪。我们各自单独还有几十次上线经历。但那都是过去的事了。毕竟，在软件和包装商品领域，当真正的上线日到来时，你早就已经开弓没有回头箭了。几个星期前，产品就已经做好了——已经从工厂里运出来，装进箱子里，被卡车载着运往全美各地了。上线日只不过是一个新闻发布日。

"我觉得这次的情况会有所不同。"我们走向办公区域中央的那排电脑时，我说。

"我同意。"

我们一无所知。

开头进展顺利。8 点 45 分，办公室里的每个人都聚集在埃里克的电脑前。网站 9 点上线，我们已经做了好几轮筹备工作。打印机里有纸吗？所有 DVD 都装进封套且摆在保险库里了吗？是否已经事无巨细、一丝不苟了呢？

我们的网站实际上有两个版本。其中一个存放于非在线的服务器上。埃里克用这个副本来测试新的页面和功能。任何新内容都会首先发布到所谓的"临时服务器"上。接着,我们会对它进行一段时间的改进,确保功能符合我们的期望,更重要的是,要确保新添加的内容与网站的其他部分相辅相成。一旦我们确认不会出现灾难性的事故,我们就会将新版本推送到支持网站的"生产服务器"上。

直到那天早上,这两个网站之间其实还没有任何实质上的区别。虽然其中一个应该是最终的版本,它会接入互联网,但公众依然看不到它。尽管我们练习过推送上线,还假装有真正的客户在使用,但这并不会产生任何实际的后果。这一切即将改变。

埃里克第 100 次漫无目的地滚动浏览着临时站点,假装自己是一个用户。"看起来不错,不错。"他点击了链接,填写订单。鲍里斯和维塔也表现得十分紧张。一如我们所有人,他们也知道,网站肯定会出问题,当不可避免地发生故障时,他们必须时刻准备好进行修复。他们已经预料到了会出差错。如果用户把付款页面的州名缩写误填成了 NF,而不是 NC、ND、NE、NM、NV 或者 NY[1],那会发生什么情况?如果信用卡号码不是以 4(Visa 卡)或 5(万事达卡)开头的,或者根本无法验证通过,那又会发生

---

[1] NC 到 NY 分别是北卡罗来纳州、北达科他州、内布拉斯加州、新墨西哥州、内华达州和纽约州,美国没有缩写为 NF 的州。——编者注

什么？我们会优雅离场，还是会溃不成军、一败涂地？

我知道，我们初创公司还露着最后一个马脚，那就是确认邮件。我们还没有为用户创建自动确认邮件的功能，没法在客户下单后通过电子邮件自动确认付款和发货信息，所以我们必须手动为每位客户单独发送确认邮件。显然，这并不理想，但我觉得这应该也是可行的。

"还有 5 分钟。"克里斯蒂娜在 8∶55 的时候提醒道。她正喝着一大杯咖啡，嘴里嚼着司康饼，所以我知道她很紧张——像她这样的健身狂，正常情况下对黄油糕点总是避之唯恐不及的。

"技术宅们怎么样了？"我问科里。他整个上午都泡在论坛里，把网飞上线的消息传达给一些重要用户。

他耸了耸肩。"很难讲。估计他们会来，但能有多少人，谁知道呢。"

吉姆双手叉腰。我能想象他的脑海里浮现出物流配送的画面，一遍又一遍地回放如何填单、打包、储存，直到下午 3 点。到 3 点，货品必须送达斯科茨谷市的邮局，以确保当天能发货。

8∶57，特拍了拍我的肩膀，说："记住，你下午 5 点要接受一个电话采访。你可以看着我们掉链子，但到时间了你就得守在电话旁边。"

我点了点头，余光看见门开了又关。是里德，就在上线前一刻，他溜了进来。我没有料到他会来，但我见到他还是很高兴的——还好我们一切按计划进行。他走进来时向我微微点了点头，他没有说话，只是走到挤在电脑前的员工身后，有点儿尴尬地站在那里。

8∶59，办公室里鸦雀无声，我甚至可以听到手表秒针转动的嘀嗒声。9点整，埃里克弯下身子，按了几个键，网站就上线了。我们都屏住了呼吸。埃里克在电脑上安装了一个铃铛，就像商店放在柜台上提醒员工顾客需要帮助时的那种。他把铃铛装配好，这样每次接到订单时，铃声就会响起。为了测试一下，我填写了当天的第一份订单：我，马克·伦道夫，订购了一张《赌城风云》，寄到我在斯科茨谷市郊的家。我按了回车键下单，不一会儿铃声就响了。几乎就在同时，等待队列中又多了3个人。随着铃声响起，信用卡得到了授权，存货减少了，装箱单也印好了。我拍了拍埃里克的电脑祈求好运，然后就走回办公室接记者的电话。

几分钟后，铃声大作，如同机关枪一般。即便关着门，即便我在与《圣克鲁斯哨兵报》的史蒂夫·佩雷斯继续交谈，我也能听到隔壁房间里叮当作响。

铃声持续了足足15分钟。

15分钟内，用户选好了电影，输入他们的个人信息，把信用卡号码告诉我们，然后按下红色的确认按钮。15分钟内，铃声响起，办公室后面的两台激光打印机打印订单，吉姆的团队再把订单带到保险库。15分钟内，每张订单都与对应的电影匹配，DVD被装进快递包装，贴上地址。15分钟内，完成的订单积聚了一小摞，堆在门边的箱子里。

> 几个月前，我们发现了一个机会：我们可以在一个价值10亿美元的市场上打造一个重要的商业品牌，推动目前增速最快的消费电子产品的进一步发展。今天上午，网飞开设了全世界第一家互联网DVD租赁商店：NetFlix.com。网飞的DVD电影齐全，全部可供租赁。

我透过办公室的窗户看着这一切，激动得忘乎所以。我让特待在我旁边，让她把媒体问的所有问题都写在办公室的白板上——我们用来决定公司名字的那块白板。我想把记者的提问作为出发点，讲述一个更长、更深入的故事——尽管每通电话的开头都是事先准备好的，但我希望自己的回答是即兴发挥的，那样的回答能真正抓住我们目标的核心。我会将美国历史、流行文化，甚至户外的故事都融合进去，但我需要一只锚、一个抓手——于是就有了白板上写下的问题。特站在旁边，手里拿着马克笔，看起来像硅谷版的凡娜·怀特[1]。

> 尽管DVD市场有了惊人的发展，但美国大多数音像店都不卖DVD，仅有的几家DVD商店也只提供非常有限的选择，通常每部电影也只有一张DVD。然而，你能在网飞这里找到市面上发行的几乎所有DVD。虽然我们不提供限制级电

---

1 凡娜·怀特，美国电视主持人、电影女演员。——译者注

影,但截至今天上午,我们有 925 部电影供出租,这是全世界最大的库存。对于最热门的电影,我们在仓库里备了好几百份,以确保我们的用户可以随时租到他们想看的电影。

那天,我滔滔不绝地谈论着我们的业务,热血沸腾,难以抑制自己的情绪。我能透过窗户看到它真真切切地就在我面前——我一直努力实现的梦,那个五彩斑斓的梦。

在网飞的网站上,找到合适的电影既方便又快捷,DVD 在两三天内就能寄到。用户可以保存 7 天,想看几遍就看几遍。看完后,只要把 DVD 放回我们提供的信封里,再丢进离你最近的邮筒就可以了。我们甚至已经预付了回寄邮资。

然而,渐渐地,我开始意识到有点儿不对劲。埃里克皱着眉头盯着电脑。鲍里斯和维塔正在疯狂地打字。苏雷什跪在地上,双手抓着服务器下面的什么东西。霍把电线从墙上拔下来,又重新插回去,顺着盘旋至天花板的电线一路检查。

最终,克里斯蒂娜缓缓地走进办公室,咬着她仅剩的几块指甲中的一块。我刚同《旧金山纪事报》的记者乔恩·斯沃茨聊完。

对于我们,对于我们的用户,最重要的是,对于整个 DVD 行业来说,这都意味着令人极其兴奋的前景。

我把听筒放回听筒架上。那一刻，我才注意到不对劲的地方——铃声没有响。

"怎么回事？"

克里斯蒂娜翻了个白眼，说："服务器死机了。"

这个问题对于如今的创业公司来说早就不再是问题了。现在，几乎所有互联网公司都已经将业务云端化，员工们不再像埃里克和霍那样费时、费力、费钱地安装。只需开一张支票，他们便可购买访问他人电脑的权限，这些电脑存储在配备冷气、备用电源和大量存储空间的仓库中。但在1998年，云服务尚未问世。如果你想运营一个电子商务网站，或者任何高流量的网站，前提都是你必须拥有支持网页、存储数据和追踪用户信息的手段。这就意味着你自己的办公室里要有好多台专门用来支持网站运转的电脑。

我们在上线当天总共有两台这样的电脑。科里在网景通信公司工作了两年，他曾劝我多买几台电脑备用。"总能用得上的，即便上线当天用不着，不久之后也能派上用场，为什么不提前多买几台呢？难道你不希望达到预期的乐观场景出现吗？"

我当然想。但我觉得自己当时还是有一点儿迷信的，担心一不小心一语成谶，给整件事带来厄运。克里斯蒂娜的说法最为贴切：成立公司就像举办一场聚会，你不确定其他人是否会来参加。如果没有人来，你就不会想额外多备几桶啤酒。

当然，科里是对的。仅有两台服务器就像试图仅仅依靠一头骡子穿越美国西部地区。这是行不通的。

当我走出办公室时，埃里克和鲍里斯正准备去山的那边坎贝尔市的弗莱伊电子产品商店，打算买 8 台有 64 兆内存的台式机。

"这应该够用了。"埃里克说，脸上的表情却是将信将疑的。

"我们可以同步做点儿什么呢？"克里斯蒂娜问道，"我们可能会失去几十个用户。"

"真是一场噩梦，"特说，"这些记者都会访问我们的网站的，结果却发现什么都没有！"

里德开口了，这是他整个上午第一次说话。"你们就不能挂个'本店打烊，明日再来'的招牌吗？"

我们已经习惯称网飞为"商店"了。里德的话听起来有道理，因为我们提供的服务就好比米奇·洛开的一家 Video Droid 公司的电子商务版本。但与店面不同的是，网站没法在门口贴上"外出吃午饭"的牌子——互联网是没有打烊与非营业时间的。

"我们创建过错误页面吗？"我问。

克里斯蒂娜脸色一沉，低声道："没有。"

"好吧，那现在开始做。"我说。在接下来的 45 分钟里，当埃里克和鲍里斯在采购新的服务器时，我们建了一个诙谐的页面"休息一下，马上回来"，好让用户放心，他们输入的网址没错，页面马上就会恢复。

当天那个页面的浏览量很大。

一个小时后，霍连上了 8 台新的服务器，这使我们的新订单容量增加了 4 倍。一切都运转良好——网站正常运行，订单不断涌入——这个过程持续了大约 45 分钟。接着，服务器……又一次……死机了。

于是埃里克和鲍里斯再次出发去弗莱伊电子产品商店。我没有和他们一起去，但即便是现在，我也可以想象出那幅画面——他们两个人开着财务主管格雷格·朱利安那辆锈迹斑斑的货车赶到店里，推着一辆购物车直奔电脑区，然后在收银台讨论刷谁的信用卡。还是上次的那位收银员，他对这类事情已经司空见惯了，因为创业公司经常发生这种事。毕竟我们是在硅谷。

网站一整天都在崩溃

网站一整天都处于崩溃状态。我们还没有办法衡量网站的访问量，所以我们也不知道到底因此错过了多少潜在用户。

这是一场灾难。但与此同时，情况也没有那么糟——我们的网站有访客，我们也接到了订单。

"大家真的来了！"我惊奇不已，"他们真的登录这个网站，并且下了订单！"

当我们搬进办公室时，我买了一瓶1995年的里奇庄园赤霞珠葡萄酒，这是一种产自加州的葡萄酒，比我和洛琳常买的那种葡萄酒贵100美元左右（即120美元）。我告诉每个人，一旦网站接到100份订单，我们就开瓶庆祝。我们还进行了一项民意调查，看看其他人认为我们什么时候能达到这个目标。负责处理库存和订单录入的苏雷什预测的时间最短，他的猜测是不到一天。

我猜的是一两个月。

猜猜谁说对了？

"猜得好，苏雷什。"下午 2 点以后，当第 100 份订单进来的时候，我说道。我抛给他一枚银币，他眼睛都没从屏幕上移开就接住了。

当然，这是我们都希望看到的。但在那一刻，目睹这一场面仍然令人震惊。当我看着订单不断涌入，听着打印机把订单打印出来的时候，我感觉如释重负。我们的盛大开业迎来的不是一片死寂。

它是受欢迎的。更准确地说，是太受欢迎了。

我们的箱子用完了。我们的胶带用完了。我们的打印纸用完了。我们的墨用完了。

一天之内，在打印机第 40 次卡纸之后，我走到科里的办公桌前，问他能不能把速度放慢一点儿。服务器坏了，打印机卡住了，克里斯蒂娜的整个内容团队都在为收到的订单分别发送确认邮件。事实证明，自动发送确认邮件应该排在我们待办事项列表中更靠前的位置。

"你觉得你能拖住技术宅们，给我们多争取一点儿时间吗？"我问。

科里笑了。"我试试看。"

他顿了顿。

"但他们是真的很感兴趣。"

截止期限前的冲刺

随着时间的推移，有一个截止时间点开始逐渐逼近，这令人忧心忡忡：下午3点。在这个时刻，斯科茨谷市邮局会把所有邮件都装上卡车，运往圣何塞市。如果我们想让DVD被一起运走，我们就必须在3点前把所有货品处理好、打包好，贴上邮寄地址，再送到邮局，否则，我们向用户承诺的当日发货就会变成次日发货。

次日发货对吉姆来说是无法接受的。但随着时间的推移，订单滚滚而来，随着服务器崩溃、打印机卡纸，克里斯蒂娜的团队在给每一个订购DVD的客户写确认邮件的过程中，手甚至都起了水泡，吉姆变得越来越紧张。

"如果堵车，我们可以把所有货物直接送到圣克鲁斯去，"吉姆说，"那里的邮局最后一次接货是在4点。"

几周以来，吉姆一直在研究接货时间、邮局营业时间和路线。他知道，我们送达的DVD会按目的地被预先分拣好，会先被送往圣何塞，再被送至订单上的目的地——圣迭戈市、西雅图市、圣安东尼奥市。但首先，我们得把货物送出去。

"如果我在2∶52出发，"吉姆说，"我就能提前一分钟赶到斯科茨谷市邮局。如果那时我们还没有准备好，那我可以去圣克鲁斯邮局，但是到那里要花20分钟，谁知道那时候还能不能找到停车位。所以保险起见，我最晚3点半就必须出发了。"

我知道吉姆只是在自言自语。在上线前的几个星期里，他开车去了邮局6次，试图找到能最快到达的路线。一到那里，吉姆就去观察停车场和卸货区，甚至还在小货车的后备厢放了一辆手推车，要是货品太重，他就可以用手推车来推箱子——看得出他对我们网站的运营状况真的是非常乐观。他已经找到了无障碍通道的位置,以防万一。

"你按照自己的想法来就行,"我说,"但如果第一批货可以用上家乡的邮局,那就太好了,不是吗?"

吉姆点点头。我们走进保险库,吉姆团队的两名成员正忙着翻看悬挂着的DVD,寻找最新订单里订购的电影。我从靠门的桌子上拿起一张订货单,也加入了他们的工作,在按字母顺序排列的墙上寻找《盗火线》的DVD,结果我来回找了好几次才终于看见它,还至少两次撞到吉姆团队的人。

"马克,你真是没救了。"吉姆从我手里一把夺过DVD,熟练地塞进快递包装里,贴上了地址标签,再娴熟地封上信封,"你快出去吧。在邮局关门之前,我们还有45张订单要处理。"

保险库墙上的时钟显示着2:24。

超过预期6倍的订量

直到2:52吉姆出发去邮局时,我们所有人的压力才有所缓解。接着,整个办公室的人都放松了下来。这一天的最后截止期限已经过去了。现在,我们该想办法提高第二天的效率了。

我们预期会有15~20人使用网站订购DVD,结果我们收到了137张订单,而且原本可能不止这些,因为我们不知道在网站出故障的时候有多少人曾试图访问网站。

这是一个极富前景的开端,但也仅此而已:只是一个开始。

还有上百——不，是上千个改变在等待着我们。

我们开了那瓶红酒吗？我们没有开瓶器，所以我只好用圆珠笔把软木塞往瓶子里面推，然后把酒倒进健怡可乐的大空瓶里。因为没有酒杯，我们只能用红色的一次性纸杯来代替。但不管怎样，我们还是开了那瓶酒，大家在会议室里稍稍庆祝了一下，共同举杯。我到处寻找里德，但四下里都没见他的踪影——不知道他下午什么时候溜出去了。

"为良好的开端干杯，"我说，"为往后的工作干杯。"

工作还有很多。我们需要自动化确认邮件。我们目前的在线订单表格也存在很多问题。事实证明，写错的州代码对它来说不成问题，但它不太擅长验证邮政编码，对国际订单更是无能为力。（天晓得竟然会有人从国外下单！）我们仍然需要一种算法，以确保高需求的电影总是有库存。我们还要想办法引导用户订阅低需求的电影，但前提是要让他们感觉自己是真的想租这些电影来看。

有那么多谜题需要解决，我们都知道要花几个月的时间才能解决这些问题。所以庆祝之后，我们把各自的纸杯揉成一团扔进了垃圾桶，继续埋头工作。

大约6点，有人点了比萨。我在大约10点的时候下班回家。工程师们可能一整晚都待在办公室里，努力确保第二天的访问量不会让网站崩溃。当然，网站在夜间也不会关闭——你不可能关掉霓虹灯，第二天早上再开张工作。我们所有人都意识到，网飞正在步入一个全新的阶段。

那天晚上，我再一次走进那间尚未完工的厨房里，坐在桌子旁。孩子们睡着了，洛琳也睡着了。我仍然坐立不安，还沉浸在白天的兴奋当中。在这样的状态下，试图入眠是没有意义的。于是我拿出笔记本，写下我们需要做的所有事情。

- 站点冗余——当服务器宕机时，我们如何优雅地从崩溃中恢复正常？
- 改善装箱单——撕拉式的标签纸在打印机里很容易脱落。
- 需要增加库存吗？多少才算够？多少算太多？
- 需要衡量指标！让苏雷什汇报一下今天订单的来源和电影名字。还有什么？

我一边思考可能有效的解决办法，一边漫不经心地把我们留在桌子上的几块木板排好。这些木板是有120年历史的红木，是我们拆了一部分地板后保留下来的，洛琳一直想把它们做成架子。我举起一块木板，掂量了一下它的分量，仔细观察它上面的纹路。我试着想象把它置于我身后墙上的样子，墙上此刻涂满了用于最后装修的油漆样品。我几乎能想象到把它做成架子的样子。

虽然我们已经住了进来，但厨房仍在装修。就像网飞一样，我想——我们已经建好了，但尚未竣工。说实话，可能永远也不会有竣工的那一天。每一天，我们都要努力维持它的运转——水流畅通，橱柜里装满物品，炉子干净整洁，及时支付燃气账单。

但它现在就在那里。它已经在这个世界上诞生了。

几年前,在一次登山旅行中,我徒步穿越一片雪原。某一刻,就在山顶下方,我突然感到周围有一种奇怪的静电在嗡嗡作响。我的头发竖了起来,头盔周围散发着紫外线的光芒。这是圣艾尔摩之火——一种即将放电的带正电荷的电磁场。它是雷击之前的闪电。

这就是那年春天网飞的感受——一片蓝色的阴霾笼罩着我们所有人。但从 4 月 14 日开始,网飞就不再仅仅是势能了,它成了一股电流,正负相撞。顷刻间,电闪雷鸣。

现在我们必须想办法控制好它。

9

上线后的日常一天

（1998年夏：上线后8周）

NETFLIX

当我第一次去找索尼谈优惠券交易时，那里的负责人完全漠视我。但当他们看到我们在和东芝公司合作的时候，他们又不愿甘于人后。在商界和体育界，这种情况屡见不鲜——一个自命不凡的新手尝试大胆创新，当收效不错时，行业领袖就会纷纷跟它合作。

早上 5：00　监测数据

"轮到你了。"

说完这番话，洛琳翻了个身，把枕头捂在头上。

网飞已经上线两个月了。我躺在黑暗之中，眯着眼睛看着时钟收音机，等待着袭击的到来。袭击已经开始了：从大厅的某个地方传来轻微的沙沙声，接着是一连串轻柔的扑通声。亨特已经在迎接清晨的到来，把他的毛绒玩具扔过婴儿床的栏杆。很快，他就会把脚挤进栏杆的缝隙里，抓住栏杆，荡上荡下，跳到由老虎和大象毛绒玩具堆成的"床"上。

在这种情况下，谁还需要闹钟呢？

我在微弱的灯光下穿好衣服。当我走进过厅时，亨特在那里迎接我，手里是他最爱的斑马玩具，他拎着它一只脏兮兮的已经没了毛的耳朵，在手上晃来晃去。

"怎么了，小家伙？"我问他，他睡意蒙眬地跟着我下了楼。进了厨房，他把胳膊举过头顶，让我把他抱到他的椅子上。我照例把麦片、香蕉和牛奶混在一只碗里，放在他面前。他把手伸进碗里，开始吃东西，这时咖啡机发出三声嘟嘟声，最后几滴咖啡滴进了壶里。

完美的时机。

我坐在亨特对面，打开笔记本电脑。早上的监测数据已经在我的收件箱里了。

上线以来的几周里，我们已经学会了充分利用我们通过"商店"收集的数据。我们的网站从不遗漏任何东西。每天晚上一过午夜，网飞的服务器——此时已经有24台了——就开始系统处理前一天的业务，以便为第二天做好准备。它们会平衡账户、调整库存、核对付款，从服务器中读取前一天的每一笔交易，将其全部添加到日志中，创建一个数据仓库。与过度拥挤的保险库不同，数据仓库并不是实体仓库，而是可以安装在一个硬盘驱动器上。

每一个用户、每一笔订单、一张DVD的每一次运输——数据仓库知道我们的每个用户住在哪里，他们是如何以及何时加入的，他们从我们这里租过多少次DVD，他们平均每次租借多久。它能准确地知道某个人何时访问过我们的网站，他来自哪里，登录网站后又做了什么。它知道用户查过哪些电影，选择把哪些电影放入购物车。它知道他们是否完成了付款——如果没有，它也知道他们在哪一步放弃了。它知道谁是第一次来我们这里的，谁又是我们的常客。

一张硬盘几乎无所不知。

有这么多数据要考虑，这很容易让人不知所措。这就是监测数据发挥作用的地方。

监测数据是数据的摘要：简短、清晰，易于理解。在租赁和销售方面排名前 10 位的电影；我们在过去 24 小时内赢得了多少新用户；我们接到了多少笔订单，其中有多少笔是租赁的，有多少笔是销售的；等等。诸如此类的数据。

我一边浏览数据，一边盯着亨特慢慢吃干净的碗。今天早上的监测数据让人喜忧参半。好消息位于左边一栏：销售额相比 5 月，也即我们开业以来第一个完整的月份，增长了 50%。6 月的月收入刚刚超过 9.4 万美元。如果连续 12 个月保持这样的增长速度，我们就将达到对初创企业而言堪称神奇的一个数字：年收入 100 万美元。我做了笔记，提醒自己在周末的公司会议上指出这一点。

坏消息在旁边一列：租金收入。

当我看到它仍然停留在 4 位数时，我简直不寒而栗。

更别说千位数字是 1 了。

我们的 DVD 销售额为 93 000 美元，DVD 租金却只有区区 1 000 美元。

"该死。"我自言自语道。亨特抬头看了我一眼，接着就继续吃他的麦片粥。对任何不是香蕉的东西，他都视而不见。

我倒了第二杯咖啡，思考这些数字意味着什么。销售收入与租金收入之间存在巨大差异的原因之一在于价格。顾客花 25 美元买一张 DVD，但租 DVD 只要 4 美元。DVD 的售价是 DVD 租金的 6 倍多。诚然，一张 DVD 只能卖出去一次，但它却能租出去成百上千次。

但问题是，没人愿意从我们这里租 DVD。即便能说服某个用户租一张 DVD，他也几乎不会再回来租第二张。

我摆好面包、花生酱和棉花糖，为洛根和摩根做三明治。他们喜欢我做的午餐，因为我不像洛琳，我允许他们吃垃圾食品。我只需要时不时地用健康的食物来平衡一下他们的饮食。我切着胡萝卜，思绪已经飘到了十万八千里外，脑海中浮现出我们当前这一轮促销活动的每一幅画面，想象着我如何能够调整文字、图样，或者是促销价格本身，从而改变现状，鼓励用户多租 DVD。

在一片忙碌和嘈杂声中，我几乎没有注意到洛琳是什么时候溜进厨房的。洛根和摩根已经穿好衣服、收拾完毕，在她的指挥下，走在她前面，坐到了餐桌旁各自的椅子上。洛琳一边分发麦片和酸奶，一边把我做好的午餐装进便当盒子里，给亨特穿好裤子和汗衫，收拾好足球护腿板、学前班的手工项目、毛衣及泳衣。紧接着，似乎就在几秒之内，她就推着三个孩子出了厨房，让他们坐进那辆栗色的雪佛兰萨博班里，系好安全带，再匆匆和我吻别。

谈到效率，谈到项目管理，洛琳才是天才。

早上 7∶30　跟踪流量

我走进办公室时，克里斯蒂娜正在白板上涂鸦。6 个月前，我们在这块白板上投票讨论可能使用的公司名称。上线当天,白板上写满了记者的提问。现在,这块白板看起来似乎是 DVD 杂志的营销部门喝醉了,想要改头换面。

- 《DVD 观察家》?
- 《数字比特》
- 《DVD 直通车》
- 《怪人怪事》
- 《DVD 资源》
- 《精简电影杂志》
- 《DVD 内幕》

"这写的都是什么?"我问道,一边眯着眼睛试图辨认每个条目后面的名字和数字,"《数字比特》真的有 700 个读者吗?"

"千真万确,"克里斯蒂娜回答道,同时用手擦着其中一条。我们很久以前就把白板擦弄丢了。"但它们绝对是规模最大的。其中一些……规模很小。《DVD 内幕》有大约 100 个读者。"

"我给你看样东西。"克里斯蒂娜说着,放下笔,转身走到她的办公桌前。她打开电脑,打了一会儿字,然后把屏幕移到我面前。"看看所有的对话!"

满屏幕都是网络论坛对话。她用马克笔指着页面中间的一篇帖子。发帖人是汉密尔顿·乔治,我并不认识这个人。

> 只是好奇所以想问问。有人试过那家新开的 DVD 邮购公司吗?名字好像叫网飞?看起来他们有成百上千张 DVD。价格也公道。

"这是科里的一个小号,"克里斯蒂娜向我解释道,"他是这个组织中最活跃的成员之一。"

科里的"秘密行动"策略并没有随着上线而终止。他有 17 个不同的角色,每个角色都是专门为不同的网站量身定制的。既然现在网飞的业务进展顺利,那么他就可以帮忙跟踪网站的流量,看看订单究竟出自哪些人之手。

在上线前,他是我们的推手。现在,他是我们的间谍。

克里斯蒂娜翻阅着汉密尔顿的评论历史,阅读评论下面的回复。

"大家都很喜欢他,或者说……"她犹豫了一下,继续说,"反正他们很喜欢汉密尔顿就是了。"

我问过科里,他是怎么想出这些角色的名字的。

"就是名人的名字,我只是把姓和名颠倒了一下。"

汉密尔顿·乔治 = 乔治·汉密尔顿[1]。

来见见我们的间谍吧:就是电影《前世冤家今世欢》里那个有着古铜肤色的大明星。

---

[1] 乔治·汉密尔顿,美国影星,喜剧爱情电影《前世冤家今世欢》的主演。——译者注

上午 9：00　结交高层

我整个上午都待在办公室里，翻看与东芝公司修订后的优惠券协议条款，然后打电话给圣克鲁斯地区的所有干洗店，因为我忘了我的"新媒体套装"到底是放在哪家店里了。

让我解释一下。要理解"新媒体套装"，你就需要先了解一点儿背景，也就是我们作为一家新公司所面临的最大问题之一。本质上，它是鸡与蛋之先后问题的翻版。

如果几乎没人家里有 DVD 播放机，那我们如何向大家推销 DVD 租赁服务呢？

在直接营销中，如果你想触及一个特定的群体，那么你可以联系一位清单经纪人，从他那里租一张清单。你可以说："给我 200 万个家里有 DVD 的人的地址。"接着，你就可以给清单上的人一一写信。但对于一项全新的技术来说，目前连这样的清单都还没有。因为几乎没人买过 DVD 播放机。

生产 DVD 播放机的大型消费电子产品公司和我们是一条绳上的蚂蚱，但它们正朝着相反的方向发展：在几乎没有 DVD 的情况下，它们很难说服大家购买价值 1 200 美元的 DVD 播放机。

早在那年 1 月，我就感觉到机会来了。我们需要一种方法来接触拥有 DVD 播放机的人，而制造商需要为新客户提供一种获得 DVD 的方法。如果我们能想出一个把我们的利益联系起来的促销活动，那会怎么样呢？

1 月，我飞往拉斯韦加斯参加了消费类电子产品展览会

（CES），那是当时全世界最大的贸易展。虽然VSDA于我而言像一场梦幻之旅，但在拉斯韦加斯的CES大会面前，VSDA简直就是小巫见大巫了。每家主要的消费类电子产品公司都会参展。它们把整家酒店都租下来给员工住。那里的展位有足球场那么大，里面摆满了高科技的装置：想象3D技术、机器人，还有PS游戏机，再想象一下3D机器人PS游戏机。它们在发布前的几个月就来参展了。

除了米奇，我在这片陌生土地上的同伴还有克里斯蒂娜的丈夫科比·基什，他在消费类电子产品行业工作。科比自愿充当所谓的丛林向导，做一些介绍，教我如何面对等级制度复杂的跨国企业。"这是一个完全不同的世界，老兄。"在麦卡伦国际机场下飞机之前，科比警告我，"系好安全带。"

这是一个真正的东西方交会的时刻，不仅仅是因为大多数公司的总部都在亚洲，或者因为它们在美国的办公室都位于东海岸新泽西州郊区的办公园区，这更是一种文化上的差异。索尼和东芝公司的员工上班都穿西装。他们把车停在斯考克斯、韦恩市或帕克里奇的无名办公园区前，和成千上万个人一起涌入单调乏味、毫无生气的办公大楼。他们服从严格的等级制度，每个员工都有明确的职责和任务，遵循庞大而复杂的行政管理系统逐级汇报。他们每天朝九晚五，如果工作到很晚，还可以拿到加班费。每个月有一次"休闲星期五"，员工可以穿着卡其裤和Polo衫来上班，但一个月也就只有那么一次。

换句话说，消费类电子产品公司的风气与创业公司的氛围简直是天壤之别。

不过这倒也可以理解。它们销售的产品的生产周期长到超乎想象。从研发到包装，从市场营销到运输，一款新的电视机、录像机或CD播放机前后需要耗费数年时间才得以推出。实际上，公司需要做出成千上万个小决定，而且这些决定都必须协调一致。在一家拥有数万个员工和数百种产品的跨国公司内，协调这些决策需要时间，还需要很多产品经理。我们只有一个克里斯蒂娜，但在索尼公司肯定有上千个这样的人。

消费类电子产品公司面临的一大挑战就是如何将DVD背后的技术标准化。诸如存储空间、产品尺寸和面向用户的功能等细节，仍然因公司而不同。为了简化流程，也为了防止格式大战，三大公司的代表组成了一个不稳定的联盟，同意使用一套适用于这项新技术的规格。他们称之为"DVD视频集团"。

在1998年的CES上，DVD视频集团首次公开亮相，我就是为此来参加这次大会的。当时的情况看起来并不十分顺利。与会场其他区域的华丽展示形成鲜明对比的是，DVD视频集团的展位只有一小块，和我家的厨房差不多大，用一根天鹅绒绳子围了起来。里面有几十个人在晃悠，其中就有来自三大主要制造商东芝、索尼和松下公司的代表。整场活动有一种雅尔塔会议的感觉——三个不习惯相互合作而心神不宁的盟友，拿着小碟子装的奶酪兜圈子。

我打算见3个人：来自索尼的迈克·菲德勒、来自东芝的史蒂夫·尼克森，以及来自松下的拉斯蒂·奥斯特斯托克。这三家公司占据了 DVD 播放机市场大约 90% 的份额。我知道，如果我想做成任何交易，我就必须争取和他们中的一个人合作的机会。

说起来容易做起来难。毕竟，我经营的是一家仅有 17 人的初创公司，当时网站还没有上线。而尼克森、菲德勒和奥斯特斯托克工作的公司则大到甚至有自己内部的通讯录。我不过是只蚍蜉，而它们是大象，是我希望骑在它们的尾巴上搭个便车。

不过，我还是很有信心的。我穿着上文提到的"新媒体套装"。我买下这套衣服是为了参加硅谷以外的重要商务会议——在这些场合，我不能只穿牛仔裤和运动鞋。我觉得很重要的一点是永远不要被人看到自己打领带的样子，但同时也要让自己看起来能混进各种圈子。为此，我买了一条浅绿色卡其布裤子，一件荧光外套，还有一件绘有精妙几何图案的衬衫，销售员告诉我那种图案叫作"波纹"。

简直难看至极。当洛琳第一次看到我试穿时，她笑个不停。"你看起来好像变色龙。"

这么形容我倒也不无道理。我需要适应各种各样的环境——媒体圈、消费电子产品领域、科技领域。穿着"新媒体套装"让我有机会得以融入比我自己的公司规模更大、实力更强的公司和实体。

那天下午，汗水好几次浸湿了我的"新媒体套装"。我向所有厂家代表做的路演都是一样的：如果我能一举消除他们销售 DVD 播放机的最大障碍，那会怎么样呢？如果他们能向每一位顾客保证，只要购买一台 DVD 播放机，他就可以立即获取市面上所有的 DVD，那又会怎么样呢？

接下来才是真正的核心内容：如果他们出售的每一台播放器都附带一张优惠券，为用户提供在网飞免费租赁 3 次的机会，那会怎么样？

鸡。

鸡蛋。

一下子全有了！

这可以给我们的网站带来流量，而他们也可以扩大 DVD 的用户基数。听起来挺不错的，不是吗？

但三个人都礼貌地拒绝了我。

"听起来有点儿意思，"迈克·菲德勒说。他是加州人，性格随和，穿着得体，发型也比 CES 大会上大多数西装革履的人好看，一举一动之中流露着自信。为什么不自信呢？迈克是在为行业领袖索尼公司工作。他告诉我，这属于强行推销，不过他会考虑一下的。

负责松下公司 DVD 运营的拉斯蒂·奥斯特斯托克个子不高，穿着一件蓝色牛津衬衫，看上去比他 35 岁的实际年龄大。他就是那种从 12 岁起外貌就趋近自己父亲的人。他未置可否。

"嗯，"也许只是因为 5 分钟以前他看到我在和菲德勒交谈，"我们安排之后通个电话吧。"

史蒂夫·尼克森看上去最感兴趣。他在读大学的时候曾是长曲棍球运动员，他的着装风格是我从小熟悉的东海岸整洁讲究的风格——保守但显然很昂贵的西装、锃亮的皮鞋，还戴着一枚德雷塞尔大学的毕业戒指。他的言谈举止间充满了活力。我认定他是一个勇于冒险的人。

"我们谈谈吧。"他说。

那天下午离开 CES 大会时，我的口袋里塞满了名片，背包里装着 10 张 DVD，头上直冒热气。当米奇说在晚饭前想和几个朋友打声招呼的时候，我也没有多想——直到我们走到外面，朝着拉斯韦加斯会议中心的另一个角落走去，走进了一个平行宇宙世界。

"嗨，米奇！"一个穿着吊带露背上衣的年轻美女咯咯地笑着跟他打招呼。

"米奇！好久不见！"旁边另一个美女说着就把她那不可思议的曲线压上米奇的胸膛拥抱他。

米奇笑容满面。"这是海伦，"米奇向我介绍，"这位是朱丽叶。"

直到那时，我才终于反应过来，环顾四周。到处都是体格健美、黝黑的男子，他们和金发女郎手挽手走着。这些女郎的发色是漂染过的，她们一个个浓妆艳抹，衣着暴露。登记台上方挂着一块巨大的招牌，上面用魅惑的草书字体以口红的颜色写着：AVN。

AVN 的全称是《成人影带新闻》，这是色情产业的行业出版物。我们此刻走进的是一年一度的成人娱乐博览会，它和 CES 大会在同一周召开。

事实证明，米奇早就不是第一次参加这个博览会了。他多年来一直经营着一家成功的视频连锁店，这意味着他对色情行业是了如指掌的。他认识市场上所有的主要参与者，他来到这里就像在 VSDA 年会上一样轻松自在。在接下来的 4 个小时里，当我紧张不安、结结巴巴地说出自己的名字，经历了大量的目光接触，同时一边思考怎么跟洛琳解释整件事的时候，米奇则在与电影公司负责人、主要的经销商、导演及荧幕演员热情地打招呼，就像见到老朋友一样。这里的高管看起来与 CES 大会上的同行并无二致。要不是那些穿着清凉的女人蜂拥向米奇，我差点儿就以为我们还在和索尼公司西装革履的员工交谈呢。

"你可真是谁都认识啊。"几个小时后，我在回酒店的路上说道。我的 DVD 背包里又多了几部电影。

米奇只是咧嘴一笑。"结交高层的朋友总是值得的。"

从 1 月到 2 月，再到 3 月，我没有收到任何来自菲德勒或者奥斯特斯托克的消息。说实话，我丝毫不感到惊讶，毕竟这对他们来说要求太高了。像索尼和松下这样的公司的产品开发时间表通常跨越了数年。要想把贴纸或者优惠券放进它们的商品包装盒里，就需要与几十个不同的项目负责人进行为期数月的谈判。按照正常的流程，要想有机会把我们的优惠券放进索尼的 DVD 盒子里，你就需要提前一年开始申请。要想在产品发布的中途参与，正如我所希望的那样，你就必须虎口拔牙、龙头锯角。这对它们来说风险实在太大。消费类电子产品公司通常不会鼓励冒险行为。

我至今仍然不知道史蒂夫·尼克森为什么会打电话给我，我觉得是因为他虽然身处一个厌恶风险的领域，但他还是看到了一个高风险、高收益的机会。是的，经历冗长的逐级汇报流程将是一场噩梦。如果事与愿违，他甚至可能丢掉饭碗。但如果与一家名叫网飞的新公司合作的促销活动能帮助公司与DVD客户建立联系，那么这可能会为一项新兴的技术打下基础。

此外，尼克森在东芝工作，这家公司是千年老二。在消费类电子产品领域，索尼是无可争议的王者，它根本不需要冒险。但对于东芝这样一家始终在争夺市场份额的公司来说，一次冒险或者创新也许可以帮助其脱颖而出。

不管他的理由是什么，我会永远感激史蒂夫·尼克森的这次冒险。在我看来，他是网飞传奇中最重要的角色之一。没有他的帮助，网飞是绝对不可能成功的。

4月，我带着"新媒体套装"飞到了新泽西州，几天之后，我和尼克森达成了一项协议。东芝允许我们在东芝出售的每一台DVD播放机里都附上一张小小的宣传单，通过我们的网站提供免费租看3张DVD的机会。客户只需访问Netflix.com，输入DVD播放机的序列号，就可以免费租看3张DVD。

这是双赢的局面。我们可以直接接触DVD播放机的拥有者，就在他们最需要我们的时刻。而东芝也解决了它面临的最大难题：说服不情愿的买家，他们能够找到可以在新机器上播放的东西。促销广告就贴在盒子的外面：购买即赠——免费租看3张DVD！

但这绝不仅仅是互利共赢。这次经历给我们以启迪。创业是一次孤独的旅程，你在做一件没人愿意相信的事情，你一次又一次地被告知：那永远不会成功。是你在对抗全世界。但事实是，光靠自己是行不通的。你需要寻求帮助，说服别人接受你的想法，让他们也心怀如你一般的热情。给他们戴上神奇的眼镜，让他们也能看到你对未来的憧憬。

史蒂夫·尼克森瞥了一眼便相信了。他很快便得到了回报。几天之内，我们就看到了流量迅速增长，我们也知道这些流量是从哪里来的。科里一直在用绰号达蒙·马修斯打探东芝留言板上的讨论，看起来我们的推广引起了其客户群的共鸣。

那么，为什么他们在用完 3 次免费的租碟机会之后就再也不回来了呢？

上午 11∶15　寻求合作与招聘

在对我们与东芝的协议做了一些小改动之后，我给《DVD 直通车》杂志社的迈克尔·杜贝尔科打了个电话。我花了很久试图说服他，我们可以互帮互助。

"这根本说不通，马克，我们自己也卖 DVD。我们为什么要跟自己的竞争对手合作？"

"我们只需要你们帮忙推动租赁业务，这是两码事。"

"怎么推动？"

这次谈话基本算是无疾而终。通常情况下都没什么结果。销售 DVD 的网站并不想和一个可能会蚕食它的市场份额的网站做生意。

我告诉他我能理解，但我知道合作是可能的。在我挂掉迈克尔电话的那一刻，我想起了史蒂夫·西克尔斯，他是最大的 DVD 网站之一"每日 DVD"的管理员。我之前约他在纽约的 Nobu 日料店吃生的黄尾鱼，其间说服他和我们达成了一笔交易。但凡在他的网站上提到的电影，都附有一条跳转至网飞的链接。我也想起了《数字比特》的比尔·亨特，在参加于亚特兰大举办的游戏行业贸易展时，他在过道上同意在他的社论中宣传我们的服务，条件是我们也得时不时地在网上帮他做宣传推广。

也许关键就在于面谈。

我靠在椅子上，绞尽脑汁思考去哪些地方可以穿上我的"新媒体套装"（我刚刚在圣克鲁斯的"使命干洗店"找到了它），这时埃里克探出头来，问："你准备好了吗？伊桑和德夫在前面。他们都准备好了，但是两人都挺紧张的。"

"紧张？为什么？我有那么吓人吗？"

埃里克耸了耸肩，摊开手，说："我倒是不觉得你吓人，但他们什么都怕。他们不知道跟首席执行官共进午餐是什么感觉。"

在我和里德寄出佩茜·克莱恩的那张 CD 将近一年之后，公司的发展已经超出了创始团队能承受的范围。在招聘方面，我不再仅仅依靠自己过去积攒的人脉了，这就意味着团队中会出现新面孔。为了确保我们仍然是一支团结密切的队伍，我定下了每月带所有新员工出去吃一顿午餐的规矩。目的有好几个。至少，这是一个了解每个人的机会。虽然每一次面试我几乎都参与了，但是在面试的时候你几乎只能记住对方的紧张和雄心壮志，而一顿午餐则能让我看到更多的东西。

不过更重要的是，午餐是巩固企业文化的良机，我可以借此向新员工解释在网飞工作有哪些方面最为重要，我们对员工的期望，以及他们能从我们这里得到怎样的收获。

然而，在今天的午餐中，文化有了一层新的内涵，因为我要和两位刚入职的工程师一起吃饭。

两个月过去了，我们才发现招聘工程师比我们想象中更困难。在硅谷，对工程师的争夺总是无比激烈，数百家公司都在争夺顶尖人才。我在招聘大战中积累了一些经验，逐渐认识到一个关键事实：对大多数工程师来说，最重要的不是金钱。这对网飞来说是件好事，因为我们的资金实力肯定不如老牌公司雄厚。

大多数工程师可以自由选择他们愿意工作的地方，他们做决定的理由可以归结为两个问题：

（1）我是否敬佩我未来的上司？
（2）我负责解决的问题有趣吗？

我们有第一个问题的答案：埃里克·迈耶是公认的天才，值得尊敬。如果你问我，那么第二个问题的答案也绝对是肯定的。

在上线之前，我还指望另一个招聘优势：地理位置。每天大约有 19 000 人从圣克鲁斯"翻山越岭"前往硅谷从事技术工作，其中大概有 18 997 人讨厌通勤。我无法想象剩下的 3 个人到底是怎么想的。

我原以为会有很多当地的工程师受够了漫长的通勤时间，他们会抓住这个离家更近的工作机会。我对此非常有信心，所以我在斯科茨谷市的电影院发了一支"虚位以待"的电影放映前的招聘广告。

但我犯了一个严重的错误。我原以为我们会需要很多前端工程师，即为电子商务设计网页的人。但事实证明，我们真正需要的是帮助处理后端问题的工程师，即那些与订单处理、库存管理、分析和财务交易有关的流程的人。

如果你需要做这类工作的工程师，那么在斯科茨谷市登再多的电影映前广告也无济于事，因为大多数优秀的后端工程师都住在旧金山附近。尽管埃里克名声在外（我也有很强的说服力），但要想说服一个人驱车75英里上班，那几乎就是痴人说梦了。

不过埃里克想出了一个解决方案。别想着75英里以外的工程师了，试试7 500英里以外的工程师如何？原来，硅谷有一大批新来的印度工程师正在找工作，他们都渴望加入一家刚刚起步的初创公司。在苏雷什的帮助下，埃里克来到了硅谷的文化中心和板球场，招募了像戴夫和伊桑这样的一批才华横溢的移民程序员。当我冲出去和他们打招呼的时候，我已经在想我能说些什么，好让他们在迎接新生活的时候感到更加惬意舒适，我怎样才能帮助他们更轻松地适应美国，以及我如何才能确保他们的工作是有意义、有收获的。

当然，我还要思考在街对面的意大利萨诺托餐厅点什么菜。

下午 12：45　家庭财务危机

当我吃完午饭回来时，我发现洛琳打过电话。我其实不太想和她说话，因为我很清楚她打电话来的原因：对我们财务状况的担忧。摩根秋季就要开始上幼儿园了，我们打算让她和洛根一起上圣克鲁斯那家私立学校。私立学校的幼儿园比她之前上的学前班贵得多。

"我们怎么负担得起呢？"当我终于联系上洛琳时，电话一接通她就开始说。从电话的背景音里，我能分辨出孩子们的说话声，还有海鸥的叫声。

"你现在在海边吗？"

"我和洛根，还有他的一群同学在一起。我知道摩根很想去读盖特威私立学校，但我觉得我们犯了一个大错。"

她停顿了一下，我听到海浪发出的巨响，接着是一个孩子兴奋的尖叫声。

"我们应该把房子卖了。"

这句话我已经听到好多遍了，频繁程度不亚于在蒙大拿州当邮递员的梦想生活对我的召唤——倘若一切都随着网飞的失败而终结。这句话最近出现的频率越来越高，算是我们平日生活里最接近吵架的状态了。

"一切都会好的。"我安慰她。透过玻璃，我可以看到戴夫和伊桑正在撕开装有全新电脑的盒子。埃里克看着他们，脸上带着微笑。

"我只是想让你现实一点儿,很多东西都不是必要的。也许我们应该考虑再多舍弃一些。"

"我们这边已经取得了很大的进展,"我告诉她,"从今天开始,我们正式成了一家价值 100 万美元的公司。"

我既没有告诉她,我们是一家估值可达百万美元的公司,也没有提到,我对这笔投资的来源有多担忧。我只是说我们可以在吃饭的时候多谈谈——和往常一样,我会努力的。

下午 2:00　与行业领袖合作

"你打完电话了没?"

不等我回答,特就嗖的一下进了我的办公室。她一直都是这样,虽然在开口问之前就已经知道答案了。

"我们正在敲定有关索尼促销活动的新闻公告,"她停顿了一下,夸张地噘着嘴,"新闻稿根本不可能通过它的审核。"

当我第一次去找索尼谈优惠券交易时,那里的负责人完全漠视我。但当他们看到我们在和东芝公司合作的时候,他们又不愿甘于人后。在商界和体育界,这种情况屡见不鲜——一个自命不凡的新手尝试大胆创新,当收效不错时,行业领袖就会纷纷跟它合作。为什么?因为它们可以合作。

此外,索尼自己的促销活动——将一张免费的詹姆斯·泰勒演唱会的影碟与每台 DVD 播放机进行捆绑销售——并没有真正起到推动作用。詹姆斯·泰勒是索尼签约的歌手,所以这对索尼来说几乎没什么成本。但是索尼应该明白，这已经是 1998 年了，距离歌曲《火与雨》的推出已经过去整整 20 年了。当年的小可爱詹姆斯对此时的极客们并没有多大的吸引力。

特把一捆文件摊在我的会议桌上。

"看看这一团乱，"她使劲摇着头，说，我甚至闻到了一股发胶味，"我根本想象不出那家公司是怎么把事情做完的，好像没人有权力做决定。我现在觉得，我们干脆别理它了，直接单方面发布，管它批不批呢。"

"这可不行，"我从桌子后面走了出来，弯下腰看桌上的文件，"我花了好几周的时间，就是为了让索尼的人信任我们这家初创公司。如果我们现在一通乱来，一切都会搞砸的。"

但她对索尼吹毛求疵的抱怨，倒是一点儿都没冤枉索尼。新闻公告的初稿上到处都是修改和画掉的笔迹。"对方现在觉得哪里有问题？"

"全部都有问题！"特举起双手，抓着公告，用她的红笔戳着，"我们提出的每一点——DVD 市场的增长，即将上映的电影数量，甚至我们有多兴奋，诸如此类——都需要经过大约 6 层审批，这还不包括法务审核。"

"我去给迈克打个电话。"我说。但我对此并不抱乐观态度。迈克·菲德勒以"微笑杀手"而著称：他面带灿烂的笑容，开出的条件却苛刻、价格昂贵且难以实现。3 周前他就是这样对我的。他跟我说，他听闻东芝对此感兴趣，觉得我们也可以合作。但他不想要 3 张免费租用的 DVD，他想要 10 张。这还不够，除了免费租赁，他还想要 5 张完全免费赠送的 DVD。

这个提议的成本对我们来说实在太高了。从我们的库存里拿出 5 张免费的 DVD，实际上就要花 100 美元。所以，按他的协议条款，我们基本上相当于付给索尼 100 美元，以此换取一个拥有 DVD 播放机的人访问我们的网站。这还不算免费租用 5 张 DVD 的成本。最糟糕的是，我曾向东芝保证独家经营权。

但能与市场的领头羊索尼达成合作，这个机会实在难得，不容错过。付出这些都是值得的。迈克要什么我都会答应。

现在逼迫他可能会惹恼他。但相比之下，打电话给迈克讨论新闻稿的措辞，总要比夹着尾巴打电话给史蒂夫·尼克森，承认我在背着东芝和它性感的姐姐"偷情"容易得多。那才是我现在最害怕打的电话。

"给我 20 分钟，"我对特说，"看看我是不是也能当'微笑杀手'。"

下午 4：00　租赁 or 销售

危机得以避免。没有发生任何不快，只有迈克许下的承诺。

"我们会努力加快速度，更积极主动一点儿，"他对我说，"我们在这方面很谨慎，因为我们觉得这次合作真的可以成功。"

这句话听来简直如沐春风。

现在我唯一要做的就是想办法让大家在不免费的情况下继续租用光盘。已经花了一整天，我才终于闲下来，有了一点儿时间调出早上收到的数据开始研究。

结果我却发现,公司的境况比我想象的还要糟糕。我们不只是停滞不前,简直是每况愈下。

别误会我的意思——上线两个月来,我们能接到这么多订单,真的已经很不错了。每月 10 万美元的 DVD 销售收入不仅能支付一部分账单,还能向我们的供应商和合作伙伴证明我们是真实存在的。这让埃里克和他的团队有机会在真实用户的负荷下测试站点,而非仅仅基于预测。这让我们的运营团队能实实在在地感受到每天目睹包裹被送出去时的那种兴奋。这给了整家公司希望。

但这只是大量摄入糖分后产生的一时亢奋罢了。

目前,我们是行业里唯一的选择。但不久之后,亚马逊就会进军 DVD 销售市场。紧随亚马逊之后的将会是博德斯连锁书店,接着是沃尔玛。之后,全美几乎所有商店,无论是网店还是实体店,都会纷纷加入这场竞争。

一方面,DVD 销售的核心其实就是一项商品业务。我看看这些数据就知道,一旦每个人都在以几乎完全相同的方式销售着完全相同的产品,我们的利润空间被压缩到零就只是早晚的问题了。这也许不会发生在下周或者下个月,甚至下一年也是安全的,但这终究是不可避免的。当这一切真的发生的时候,我们就完蛋了。

另一方面,DVD 租赁具备真正的潜力。人们很难找到可以租 DVD 的实体店,更不用说在网上租赁了——这种情况可能还会持续一段时间才能改变。我们经历了跌跌撞撞的探索才发现,在线 DVD 租赁面临的是运营上的挑战,这意味着潜在的竞争对手将很难发现这一点。我们至少有一年的先发优势。此外,DVD租赁的利润率也更高,因为你可以将同一张 DVD 租出去几十次。

监测数据显示我们卖出了很多张 DVD,但我们就是无法说服任何人通过网飞租借 DVD。同时做租赁和销售的业务是非常困难的,处理库存也会变得十分复杂:从法律合规的角度来说,有些电影我们既可以租也可以卖,但有些电影我们只能出租,或者只能卖。我们的仓储和运输流程必须充分考虑到一些电影会被送出去再寄回来,而另一些电影则是寄出去就再也不会回来了。

同时提供 DVD 销售和租赁服务还会让我们的用户感到一头雾水,他们打开 Netflix.com 网页后,弄不清楚我们到底是做什么的。我们必须在网站首页上解释用户可以购买或者租大部分电影,而网站设计的一条基本规则就是,如果你必须向用户做出解释,那你就已经输了。结账的过程也因此变得十分烦琐。

我靠在椅子上,心里想着:现在每件事都变得不必要地困难了,所以我们必须专注。

但是应该专注于哪方面呢?

我们是否应该专注于 DVD 的销售?销售收入占我们总收入的 99%,但随着竞争对手蜂拥而入,这笔收入就会缓慢且无可避免地蒸发。或者,我们是否应该把有限的资源投到 DVD 租赁上去?倘若我们真能做好,那么 DVD 租赁将会是利润丰厚的业务,但此时此刻这项业务还没有一丝起色。

没有简单易得的答案。

下午 5：15　家庭时光

当我把车开进车道时，我就听到厨房里孩子们的窃窃私语了。还没等我跨上门廊的台阶，洛根就跑出了门，一下子扑进我的怀里。

"你带奶粉回家了吗？" 6 岁的他咧着嘴笑道。他听得懂这个笑话。

当我把洛根抱进屋时，摩根从她喜欢布置的小玩具厨房里抬起头来，她似乎在炒鸡蛋。洛琳正在真正的厨房里加热冷冻的千层面。"你爬梯子了吗？"和往常一样，摩根又问道，从我的微笑中，她明白这句话很好笑，但又不确定笑点到底在哪里。

洛琳从烤箱前面转过身，把一缕头发从脸上吹走。她吻了吻我的脸颊，朝我眨了眨眼。不管她今天中午对金钱和未来感到多么焦虑，现在的她似乎已经平静下来了——对金钱的焦虑和私立学校的学费都可以等一等。我把洛根放下来，把亨特从他的高脚椅子上抱起来，当他紧紧地靠在我的衣领上时，我感觉有苹果酱掉到了我的脖子上。

在这一刻，网飞的一切似乎远在九霄云外。

晚上 8：00　晚间工作

办公室里唯一的光亮从通往"仓库"的敞开的门里射出来——即使现在已经上线两个月了，我们也依然把所有 DVD 都存放在保险库里。吉姆听到前门开了便走了出来，一只手拿着一块比萨，另一只手端着一个沾满了油脂的纸盘。

"我们碰到麻烦了。"他摆动着手臂，示意我抓住夹在他胳膊下的文件夹。吉姆放下比萨，在牛仔裤上擦了擦手，又把文件夹拿了回去。他拿出一页纸，指着一列数字，说："咱们以前见过这种情况，但现在是每况愈下。"

我们所有的预算都基于一枚32美分的邮票。在1998年，寄一封重量不超过1盎司[1]的信件就需要这么多钱。这也是我们设计快递包装时的目标。但吉姆的最新分析显示，上个月只有一小部分租赁光碟的重量在1盎司以内。更糟的是，我们的邮件中有一半以上都是2盎司，甚至更重。

"还有更糟糕的情况，"吉姆从文件夹里抽出另一张纸，解释道，"看看我们的包装成本。"

我看着这些数字。我们已经大大超出预算了。我们最初的测试——塞在一张贺卡信封里的佩茜·克莱恩CD——一直是我们预算背后的主导力量。但我们现在很清楚，当我们从概念转向规模化经营时，这明显是过度简化了。

虽然我很沮丧，但我并不完全感到惊讶。一旦你的梦想变为现实，一切就会变得更加复杂。在你真正开始尝试之前，你根本不知道事情会如何发展。去写一份计划吧，但不要太迷信计划。

[1] 1盎司约为28克。——译者注

唯一能找到答案的方法就是付诸实践。

我们很幸运的一点是，当初那张 CD 被完好无损地送到了里德家里。但当你需要把成千上万张 DVD 运往全美各地时，你就不能再单纯指望运气了。为了保护 DVD，防止光盘被刮花、沾上指纹或者遭受其他常见的破坏，光盘需要被放置于某种封套中。我们最终决定采用的塑料封套坚固、透明，而且可以重复使用。但它成本高昂、十分笨重。如果再贴上一张 3 英寸 × 3 英寸[1]的标签纸，用来注明电影信息和唯一序列号，包装就变得更重（且更昂贵）了。

邮寄信封已经从一张简易的粉红色贺卡信封演变成了一个"四不像"，它由完全不相干的零件和碎片拼凑而成。我们已经把纸换成了厚卡纸，并且添加了第三层纸，兼具回邮信封的用途。目前这个版本的封套都堆在吉姆身后的保险库里，封套上贴了两张胶条，大小（和重量）都有所增加，以便在需要的情况下装多张 DVD。

吉姆局促不安地朝我咧嘴一笑："还有一件事情需要担心。"他拿起比萨，又回到了保险库里。

我抓起一份快递包装，穿过办公室，坐在埃里克·迈耶桌子旁边的一把铝制草坪椅上，他把这些椅子用作"会客椅"。我的头顶上方是从天花板的缝隙中垂下来的电缆。"一定有更好的方

---

[1] 英寸为2.54厘米。——编者注

法来做这件事的。"我心里想着，一边漫无目的地把快递包装从一只手换到另一只手上，打开信封盖又合上。

信封盖——也许可以把它做成别的形状。我迅速搜寻埃里克的书桌，打开抽屉找剪刀或者小刀，或者任何我能用来剪纸的东西，但没找到。

我有个主意。

我走到外面的停车场，打开沃尔沃的后车厢，抓起塞在后座后面的沙滩包。我和洛琳把它叫作"餐厅包"。为了在公共场所和3个还未满7岁的儿童吃一顿安稳的饭，我们在包里装满了各种各样能吸引他们注意力的东西：蜡笔、涂色书、剪刀、胶带、橡皮泥、手工玩具、彩色纸板和卡纸。许多卡纸。

我把包夹在腋下，一头扎进办公室，又迅速钻进仓库，准备再找几份快递包装。我把"餐厅包"里的东西全都倒在会议桌上，找到卡纸，掏出剪刀，开始工作。

晚上10：00　创业公司版真爱

吉姆仍然俯身于办公桌前，剥下DVD盒里的玻璃纸，取出DVD，把它们塞进封套里，贴上标签，再把它们紧密整齐地一排排挂在钉板上。他脚边放着一堆废弃的DVD盒子。晚上收工时，他会把它们丢到外面的垃圾箱——这里没有地方放，留着它们也没有用。

当我把我的卡纸模型放到吉姆的书桌上时，他抬起头来。"快来看看这个四不像,"我对他说,"或者你也可以叫它火鸡包鸭包鸡,如果你还饿的话。"

这个新模型还很粗糙:胡乱撕下后粘在新位置上的信封盖,新的折痕,粗略剪下的纸窗,蜡笔做的标记,但这些对吉姆来说已经足够了。他可以通过这些做出真正的模型,再称重和计算邮资。

我下午喝了一杯浓缩咖啡,和洛琳吃过晚餐后,我又喝了一杯咖啡,但现在,我的眼皮在打架,我的大脑已经成了一团糨糊。该回家了。我傍晚回到办公室的时候,根本没有打算处理快递包装的问题。但事情就是这样——总是有那么多事情要做,制订计划和列出待办事项清单纯粹是在浪费时间。

在回家前,我看见吉姆正走向办公室的后面。苏雷什在那里,他正在打印装箱单,我之前都没有注意到他在那儿。站在他旁边的是一位女士,她穿着纱丽,戴着耳机,正在用一台便携式播放器观看DVD。我以前见过她,她是苏雷什的妻子。网飞上线前的一个月,苏雷什突然说他要飞回印度结婚,这把埃里克吓了一跳。从那以后,每当他的妻子德维斯里知道他需要加班,她就会陪他在办公室里待着,有时就睡在他办公桌附近的一张沙发上。

这是真爱了,创业公司版的。看到这一幕,我禁不住微笑起来。

我就比较幸运了,我看望家人的路途要短得多。我开车回去,沿着盘山公路上了山,又沿着长长的车道向下开,直到我家的房子映入眼帘。洛琳给我留了门廊的灯,它照亮了房子后面新种下的橘子树。我打算在这附近建一个车库，但这要等到遥远的未来才能实现了。

我偷偷溜进去，在门口脱下鞋子。房间里鸦雀无声——孩子们都睡着了，厨房已经收拾干净了，那只没什么用的看门狗露娜蜷缩在楼梯下面。我跨过它，上楼时跨过第四级台阶，因为第四级台阶总是吱吱作响。然而，当我爬上床时，洛琳还是轻轻地动了一下，睁开了眼睛，问："怎么样了？"

"有进展。"我说着，用胳膊搂住了她。我迷迷糊糊地睡着了。但突然之间我有了一种预感：不到 6 个小时，亨特就会站在他的婴儿床里，把动物玩具扔出护栏，扔到地板上。我轻轻地推了推洛琳。

"明天轮到你了。"我提醒她。

10

专注：收购风波的启示

（1998年夏：上线两个月后）

NETFLIX

机构风险合伙公司资助我们，是因为尽管这一切看起来那么不切实际，但里德是一个可以创造奇迹的人，而他入伙了。这就是伟大的企业家最终所做的：不可能的事。杰夫·贝佐斯、史蒂夫·乔布斯、里德·哈斯廷斯——他们都是天才，他们做的都是没人认为有可能的事情。如果你做成了一次，你再做成一次的概率就会成倍地增长。

差点儿被亚马逊收购

"天哪,里德,你到底要把我们带到哪里?"

我们走的这条街看起来就像仿照贫民窟建造的电影布景。人行道上的垃圾七零八落,窗户上的玻璃支离破碎。大多数商户都关门了,少数还在营业的几家,店名也让人摸不着头脑:"自由贷款典当行""金发假发店"。再往下走,经过几扇门,一个朴素的大门口上有一张红色的雨篷,上面写着"成人娱乐中心"。

"乔伊说的是第二大道 1516 号,"里德眯着眼看了看早上打印出来的地图,回答道,"应该就在拐角处。"

我瞥了一眼挤在一幢大楼门口的一群衣衫褴褛的年轻人。窗户上的牌子写着:公共卫生部——针具交换项目。我说:"不知道为什么,我觉得我想象中的大楼应该更……嗯……现代化一点儿?"

"就在那儿。"里德指着街对面一栋破旧的 4 层砖楼。大楼的窗户上布满了灰尘和划痕。前门上一块已经褪了色的牌子上写着

"哥伦比亚"。也许这栋大楼里入驻过一家改变世界的公司，但很明显，如果真是这样的话，那也已经是很多年以前的事了。"看见没？1516号！"

我们穿过街道，里德走到了大楼的门口。此刻他似乎也不太确定，更不确定这是否真的是我们要找的那个地方，尽管地图就是这么指引的。我走到建筑物前面一扇高高的玻璃窗前，朝里面探了探身子。如果我把两手窝成杯状，围在眼睛周围，我就能看到里面昏暗的大厅。在一张褪色的木桌后面的墙上，悬挂着一块写着"亚马逊"的大招牌。

几天前，里德接到了亚马逊首席财务官乔伊·柯维的电话，她想知道我们是否有兴趣来西雅图见见她以及亚马逊的创始人兼首席执行官杰夫·贝佐斯。她没有说她为什么想和我们见面，她也不必说。这是显而易见的。

虽然当时的亚马逊也才刚成立几年，而且严格来说，它仍然只是一个卖书的网站，但贝佐斯在1998年年初就已经决定，他的网站将不仅仅是一家书店，它将会被打造成一个包罗万象的商店。我们也知道，音乐和视频将是他接下来的两个目标。尽管杰夫不太可能有兴趣（或者愚蠢到）开展DVD租赁业务，但很显然，他不久之后就会开始销售DVD。而这一旦开始，我们就会倒闭——很快倒闭。

我们还从风险投资领域的熟人那里听说，贝佐斯计划利用公司在1997年首次公开募股期间筹集的5 400万美元中的很大一部分，收购一些规模较小的公司。这很正常——大多数公司在寻求进入新业务领域的机会的时候，都会进行一项"自制或外购分析"。在分析的过程中，公司会衡量从头开始打造一项新业务的成本、时机和难度，再评估直接买下一家已经在从事这项业务的公司是否成本更低且更快、更好。

考虑到这一点，我们很快就明白了为什么杰夫和乔伊想要同我们见面。网飞正面临被收购的局面。

坦白地说，我此时此刻的心情虽然激动，但也有些苦乐参半。1998年夏，我们终于让发动机启动，才刚刚开始加快速度。我还没准备好就这么熄火制动，把钥匙交出去。

但当亚马逊打电话给你时，你还是会接起电话。即使那是在1998年，彼时的亚马逊远没有像现在这般强大。

我们弯弯绕绕穿过的那栋楼，看上去不像一家大公司的办公地点。通往二楼的楼梯已经变形，吱吱作响。接待处凌乱不堪，积满灰尘。角落里堆满了亚马逊的箱子。靠墙放置的椅子也和周围不搭。桌上有一部电话，一块玻璃下面压着一本电话簿。里德俯下身，眯起眼睛看着那块玻璃，然后拨了一个号码。

几秒后，乔伊冲进了大厅，冲着我和里德咧嘴一笑，就像我们是久未谋面的朋友一样。她漂亮、有活力，有一头及肩的深金色头发，脖子上戴着一串大珍珠项链。乔伊比我们俩都年轻，但她已是一位受人尊敬的成功女企业家了。她精力充沛，就在12个月前刚刚把亚马逊公司推上市，让心存疑虑的投资银行家们相信，一家毫无盈利且近期也不打算盈利的公司价值200亿美元。

乔伊很聪明，据说她的智商有173。她15岁就从高中辍学了，通过卖杂货包赚取生活费，接着又拿到了普通同等学历证书，然后在两年半的时间里从加州州立大学弗雷斯诺分校毕业。在做过很短一段时间的会计之后，她又获得了哈佛大学的商科和法律双硕士学位。

当贝佐斯把乔伊招到亚马逊时，她曾在不经意间提到，大学毕业后，她在注册会计师考试中取得了全美第二的成绩，而这场考试的考生有近7万人，个个都心怀抱负。贝佐斯戏谑地说："真的吗，乔伊？才第二？"乔伊则反驳道："我是裸考的。"

乔伊把我们带回亚马逊的办公室，里面布满了密密麻麻的格子间，我很难相信眼前所见就是那家重塑了电子商务的伟大公司。脚下的地毯沾满污渍；格子间的隔板又脏又破。几只狗在走廊晃荡。每个格子间里都坐了好几个人，有些桌子堆在楼梯下面，有些则放在走廊的边缘。几乎所有平面都被各种东西堆满了：书籍、敞开的亚马逊盒子、纸张、打印的资料、咖啡杯、盘子、比萨盒。相比之下，网飞办公室里的绿色地毯和沙滩椅简直就是高级行政套房。

未见贝佐斯其人，我们就已先闻其声："嘿哈哈哈哈。"贝佐斯有着……独特的笑声。如果你看过他的任何演讲视频，那么你只是听过他声音的一个版本，但那绝不是最真实的、最不羁的版本。从20世纪90年代末起，他肯定已经聘请了私教，我想他可能也找过人"改良"了自己的笑声。现在他的笑声是礼貌中带了一点儿咯咯笑。但之前，他的笑声简直就是爆炸式的，无比响亮，一边大笑一边打嗝,就像卡通人物巴尼·罗伯在动画片《摩登原始人》里的笑声一样。

他正待在自己的办公室里,我们走进来时,他刚刚挂了电话。他的桌子,还有和他同一间办公室的另外两个人的桌子,都是用一扇门装在4×4的木腿上做成,再由三角形金属件支撑的。我这才突然意识到,我在那间办公室里见过的每一张桌子都是一样的:所有的桌子都是由门做成的,全都架在改造的4×4的木腿上面。

贝佐斯身材矮小,他穿着一条熨得笔挺的卡其布裤子和一件崭新挺括的蓝色牛津衬衫。他谢顶明显,已经快变成秃头了。硕大的脑门,略尖的鼻子,对他的身材来说过大的衬衫,过短的脖子……这一切拼凑在一起,让他看起来就像一只刚从壳里探出头来的乌龟。在他身后,天花板上一根裸露的管子上挂着四五件和他穿的一模一样的蓝色牛津衬衫,它们在风扇的吹拂下随风飘动。

互相介绍完之后,我们来到大楼的一个角落,那里腾出了足够的空间来放一张更大的桌子,桌子周围摆着8把椅子。这张桌子也是由回收利用的旧门改造而成的。我可以清楚地看到,过去用来固定门把手的孔洞,已经用圆形木栓整齐地修补好了。

"杰夫,"我笑着问他,"这些门是怎么回事?"

"这可是一条经过深思熟虑的信息,"他解释道,"公司里的每个人都有这样的门。这其实是在传达,我们会把钱花在影响客户的事情上,而不是对客户毫无影响的事情上。"

我告诉他,网飞也是这样。我们甚至连椅子都不提供。

他笑了。"就像这栋楼,简直一团乱,我们几乎都没有转身的空间，但它很便宜。我已经尽力坚持了很长时间，但即便是我也不得不承认，我们现在需要更大的空间。我们刚刚签了租约，新办公楼在原来的西雅图太平洋医疗中心。地方很大，但我们谈了个好价钱，因为没别的人想要。"

听到这些，我一点儿也不惊讶。贝佐斯是出了名地节俭，甚至已经到了小气的地步。他以提出"双比萨会议"的理论而著称，这个理论的大意是，如果需要两份以上的比萨才能让一群致力于解决某个问题的人填饱肚子，那么你雇用的人就太多了。他的员工加班加点地为他工作，工资却不高。

但贝佐斯激发了人们的忠诚。他是如同史蒂夫·乔布斯或者里德那般的天才，他的古怪之处只会给他增添传奇色彩。对于杰夫来说，他大名鼎鼎的聪明智慧和他众所周知的书呆子气混合在一起，形成了一股具有感染力的热情，这股热情推着他去迎接每一个挑战。他从不回顾过去，或者用他自己的话来说，他"用遗憾最小化的框架来评估机遇"。他给里德看自己的手表，吹嘘那块手表通过接收科罗拉多州柯林斯堡市的美国国家原子钟的无线电信号，每天自动更新 36 次。作为系列影片"星际迷航"的粉丝，贝佐斯的孩提时代是在与小伙伴一同表演影片里的场景中度过的。他的朋友们会扮演柯克或者斯波克，而杰夫则一直是"企业号"星舰上的电脑。

在他说话的时候，我注意到杰夫跟我不同的一点是他不做手势。他是用头来表达强调的：提问时就抬起下巴；突然把下巴放低就表示强调；以 45 度角扭着头，就表示他很好奇。时年 34 岁的他，一举一动仍然保留着咋咋呼呼的那股热情和孩童般的快乐，但这都掩盖不了他坚定的眼神背后持续分析的思维和满怀的雄心壮志。

当我开始向杰夫介绍网飞的情况，详细述说我们为网站起步所做的努力时，他则连珠炮似的向我发问。我是怎么知道我拥有所有的DVD的？我是如何预测预期收益率的？我期望的销售租金比是多少？但我很清楚，最让他感到兴奋的是有关上线日的故事，尤其是那个铃声的故事。

"简直太棒了！"他大声嚷道，激动得几乎动了动双手，"我们有完全一样的东西！一接到订单就会响起的铃声。所有人听到声音就会冲向电脑屏幕，看看用户是不是他们认识的人，我还得一直拦着不让他们看。"

我们还相互透露了各自测试版的名字：他嘲笑我们的名字"狗粮"，告诉我亚马逊最初的名字叫"卡达布拉"[1]，他认为这个名字能让人联想到网上购物所产生的魔力。"问题就在于，卡达布拉这个词听起来太像尸体[2]了。"贝佐斯大笑道。

尽管1998年的亚马逊规模较小，但它也已经拥有了600多个员工，营业收入超过1.5亿美元。亚马逊已经成了一家真正的公司，也有了真正的压力，但当我和杰夫聊起我们的上线日时，

1　"卡达布拉"源自西方著名魔法咒语"阿布拉卡达布拉"。——译者注
2　"卡达布拉"的英文是Cadabra，尸体的英文是cadaver。——编者注

我从他的表情和声音中可以感受到，他其实十分怀念最初那段更单纯、更令人兴奋的时光。

在我旁边，里德显然已经不胜其烦，更别提什么"遗憾最小化框架"了——里德从来就不是那种怀旧的人，所以他对创业初期的挣扎、激动疯狂的上线日这类故事提不起兴趣。他平静的眼神开始变得冷漠，不耐烦地上下抖动着腿。我知道，他想赶紧把会谈引入正题：网飞目前在做什么，它能如何与亚马逊在做的事情衔接，怎样的"安排"可以让双方共赢。

我刚给杰夫和乔伊介绍完我的职业经历，正准备向他们简要介绍一下克里斯蒂娜、特及团队的其他重要成员时，里德终于受够了。

"我们不需要讲这些，"他很恼火地说，"这与网飞和亚马逊有什么关系，与我们可能有的合作方式有什么关系？"

所有人都沉默了。空气突然变得安静下来。

"里德，"过了几秒后，我说，"很显然，亚马逊正在考虑利用网飞来启动视频业务。我们的员工将会成为收购的重要组成部分，所以杰夫他们想要了解我们的身份，这是完全合理的。"

当乔伊跳出来打圆场时，我着实松了一口气。"里德，"她建议道，"你可以谈谈你对单位经济效益的看法吗？我想多了解一下。"

这正是里德想要听到的话，我们终于切入了正题，他显然也松了口气，开始向乔伊介绍。

一个小时后，在会议结束、贝佐斯回到他的办公室之后，乔伊留下来收尾。"你们所取得的成就让我印象深刻,"她发了话,"我认为我们之间有很大的潜力来建立强有力的合作伙伴关系,推动我们进入视频领域。但是……"

容我在这里插句话。我很不喜欢"但是"这个词,因为后面跟着的从来都不是什么好事。这次也毫不例外。

"但是,"乔伊接着说,"如果我们继续沿着这条路走下去,我们最终很可能会落到小 8 位数的区间。"

"8 位数"意味着几千万美元。"小 8 位数"则指的是刚刚到 8 位数,也就是在 1 400 万~1 600 万美元。

这对我来说已经很不错了,因为我当时拥有公司 30% 的股份。1 500 万美元的 30%,对于 12 个月的辛勤工作来说是相当可观的回报——尤其是在你的妻子已经从各方面暗示你,现在可能是时候让孩子们从私立学校退学,卖掉房子,搬到蒙大拿州去住的情况下。

但对里德来说,这还远远不够。他拥有公司另外 70% 的股份,但他也为此投资了 200 万美元。何况他刚刚完成了普雷公司的首次公开募股,他现在就已经是一个"身价 8 位数的人"了,而且是一个身价"大 8 位数"的人。

在返程的飞机上,我们讨论了一下利弊。利处是,我们能得以解决我们面临的最大问题:我们没有盈利。我们没有一种可重复、可扩展、可以确保盈利的商业模式。我们的订单很多,但大部分来自 DVD 销售业务,而且我们的成本很高。采购 DVD 很贵,运费很贵,在促销活动中免费赠送成千上万张 DVD,以期把一次性的用户转变为回头客，这也很昂贵。

当然还有一个更大的问题，那就是如果我们不把公司卖给亚马逊，我们很快就要面临与它竞争的局面。再见了，DVD销售。再见了，网飞。

现在被亚马逊收购则可以解决所有问题，或者至少可以把这些问题交给一家更大、更有钱的公司来解决。

但是……

我们也即将进入新的发展阶段。我们已经有了一个网站，有了一支聪明的团队，也与几家DVD制造商达成了协议。我们已经弄清楚了如何获得目前市面上几乎所有的DVD。毫无疑问，我们是在互联网上租购DVD的最佳来源。

亚马逊成为竞争对手无疑会使事情变得更加复杂也更加困难。但是我们还有一点儿时间，而且现在似乎还没到应该放弃的时刻。

"听着，马克，"里德一边吃着飞机上提供的花生，喝着姜汁汽水，一边说，"这项业务真的很有潜力。我觉得我们在这上面可以比普雷公司的那笔交易赚得更多。"

我点头表示认同。然后，出于某种原因，我选择了在那个时刻告诉里德，我们应该放弃我们业务中唯一有利可图的那个部分。我觉得就是和贝佐斯见面的那个下午，在目睹亚马逊，看到它阴暗邋遢的办公室以及一切之后，我更加坚信，在DVD零售市场上，我们永远无法和亚马逊匹敌。我们最好还是只关注让我们与众不同的业务。

"我们必须想办法取消 DVD 销售业务，"我对他说，"同时做租赁和销售会让我们的用户晕头转向，也会让运营变得复杂。如果我们不把公司卖给亚马逊，那么亚马逊一旦进入这个领域就会将我们摧毁。我觉得我们不如干脆现在就退出，专注于租赁业务。"

里德扬起了眉毛。

"似乎是把我们所有鸡蛋都放在同一只篮子里了。"

"但这是唯一能保证不打破任何一枚鸡蛋的方法。"

我说的是事实。我在网飞学到的一条重要经验就是，仅仅有创造性的想法，或者有合适的人在你身边工作还不够，你还需要保持专注。在一家初创公司，能把一件事情做好就已经够难了，更不用说要把一大堆事情都做好了。尤其是当你想做的那些事情不仅截然不同，而且会互相阻碍的时候。

专注是非常必要的。即使你专注的事情看起来似乎是不可能实现的，你也必须专注，而且要更加专注。

里德还是认同了我的看法。"你说得对，"他把几颗花生又扔回袋子里，"如果我们今年夏天能拿到资金，就能争取一些时间。这是个难题。"

他皱起了眉头，但我看得出来，他很高兴又有新的东西可以让他细细斟酌了。

"目前租金收入占总收入的百分比是多少？"

"大概是3%。"我回答，示意乘务员给我一杯杜松子酒和奎宁水。我太需要喝点儿东西了。

"那太可怕了，但销售业务只是一张创可贴。如果我们把它撕下来……"

"那我们就得把注意力放在伤口上。"我把青柠挤出汁，滴进饮料里。

在接下来的飞行途中，我们一直这样来来回回地讨论着，直到我们着陆后，我才意识到我们还没有正式决定不接受贝佐斯的收购要约。我们只是很自然地回到了我们过去拼车一起行驶在17号公路上时的讨论模式，把各种想法反复提出来，再一一否决。无须决定，我们就已经决定好了：我们还没有准备好出售公司。

在我们着陆前，我们一致同意由里德来婉拒亚马逊，不失礼貌地拒绝。宁树友，不树敌。况且，一旦亚马逊进入DVD销售行业，我们或许仍有办法与它开展合作。

与此同时，我们还要想办法让用户从我们这里租赁光盘。

投公司就是跟对人

当机会来敲门时，你不一定非得开门。但你至少应该透过钥匙孔朝外面看一眼。这就是我们在面对亚马逊时所做的。

那个夏天，随着光阴逝去，这往门外的一瞥开始变得分外诱人。这是因为，并不是我和里德参加的所有会议都像与贝佐斯的会面那样顺利。

上线之后，我们的首要问题就是资金。就在临近上线的时候，我们从我在博兰国际公司的老同事里克·谢尔那里又得到了25万美元的增资，但这笔钱很快就花了，我们用它来采购我们塞进仓库里的数量稳定上升的 DVD。我们还有现金存在银行里，但我们很快就会需要更多的现金。那笔钱肯定不是来自我们自己的利润，目前还远远未到那种程度。但为了筹集 B 轮融资，我们必须让一些人相信，我们的业务不仅是闪亮簇新的，还有盈利潜力。那会是大规模的盈利，而且很快就能实现。

这次我们没有求助亲朋好友。我们开始与专业的投资者接洽，他们是真正的风险投资家。他们需要的不仅仅是一个真诚的眼神来表达我有多饥饿，他们需要用数据来说话。

听起来很简单，对吧？那你就错了。

让我们把时间快进一下。我的沃尔沃停在了硅谷著名的风险投资企业机构风险合伙公司位于沙丘路的办公室门前。20 分钟后，我们将被带进一间豪华的会议室，我们将在那里阐述机构风险合伙公司应该投资我们的理由。我们要求 400 万美元的投资。我紧张不安，就连平时喜怒不形于色的里德，此刻也流露出担忧的神情。很明显，我们俩都觉得我的数字没有达到预期目标。

前三个晚上，我们小会议室的灯一直亮到深夜。我和杜安·门辛格（我们的临时首席财务官，他对我们的数字毫无信心到甚至不愿意来我们这里做全职工作）熬夜想出了多种财务场景，试图让这些数字表明，哪怕仅仅是一笔象征性的投资，也可以让我们借此推动公司实现真正的盈利。

但情况看起来并不理想。

里德坐在副驾驶座上，身体前倾，这是他头一次看到这些数字，也清楚地看到了机构风险合伙公司不久之后就会发现的问题：如果市场格局不出现一些结构性变化，我们的公司将无法生存。

"好吧，"我打开了笔记本电脑，开始排练我的路演，"正如你们所看到的，我们的用户数量在网站上线后的几周内呈爆炸式增长。网站访问量增长了300%，至少有一半的网站访客尝试了我们提供的服务。我们预计，根据我们与东芝和索尼的协议，到今年年底，获取的用户数量将实现200%的增长，而DVD播放机的销量……"

"你说的这些数字都没有意义，马克，"里德打断了我，"你仍然没有从每个新用户那里获得足够的收入来支付促销的费用。这就好比驾驶一辆出租车从一个州开到另一个州，只为了获得区区4美元的车费。"

他说得没错。我们与东芝和索尼的促销活动正在触及新的DVD用户，但这些促销活动的成本过于高昂。我们预先花了很多钱来吸引用户。考虑到双向运输、快递包装、劳动力和DVD本身的开支，我们提供的3张免费出租的DVD的单张成本超过15美元，而与索尼的合作因为涵盖了10张免费出租的DVD，成本要更高。

如果每一次免费试用最终都能换来一位回头客（即付费用户），那么这一切也就不会那么糟糕了，但我们大多数的免费试用用户都只看不买。事实上，仅有5%的人会再回来租DVD。这意味着通过合作协议，我们必须补贴20份免费赠品（每份成本

15 美元）才能换来一个真正的用户。算一算就知道了：获得每个付费用户的成本是 300 美元。我们称之为 CAC，读作"卡克"，它代表的是"获客成本"。当你意识到，自己永远无法赚到足够的钱来为如此高的获客成本找到充分的理由时，你也会愤愤地发出一声"卡克"。

我转过身，更加夸张地渲染吸引力。"我们实现了环比 30% 的增速。"我指着一幅图表说。图中的柱子从 4 月到 7 月在不断地升高，就像一栋建设中的摩天大楼拔地而起。"随着 DVD 这种格式越来越受欢迎，这个数字只会不断地增加。DVD 播放机今年的价格相比去年已经降低了一半。人们正在争相购买这项技术，而当他们准备购买时，网飞将是他们最先看到的供应商之一。今年的圣诞节将是一次盛大的购物狂欢。"

里德说："如果我们为了促销要干脆把整栋房子拱手让人，那么就算圣诞老人亲自驾着马车来斯科茨谷市，又有什么用呢？"

"我知道。"我的眉头紧锁。我一直如此专注于网站的上线，专注于公司的发展，专注于让它生存，以至于我都忘记了我们当初做这一切的初衷：创造一个可以独立存在的真实的事物。

我是只见树木不见森林了。

里德歪着头，好奇地打量我，接着又摇了摇头。他不习惯看到我这副惊慌失措的样子。以前一直是我在帮助他做演讲和路演：我帮助他整合信息，帮助他摆脱棘手的问题；我试着教他通过讲笑话来缓解紧张的气氛，但大多数情况下都没有成功。做这类路演的关键就在于读懂整个房间的人，洞悉他们到底想听什么，然后说一些他们想听到的话，但不能撒谎、混淆视听或歪曲事实。在一次路演中，完美并不总是最终的目标：预测才是。如果你看起来是他们最终要找的那种人，你也不一定需要拥有所有问题的答案。

但坐在停车场的我并不是那个人，里德也很清楚这一点。

"快点儿，"他打开车门，"我们走吧。"

我坐了一会儿，再一次浏览了一遍幻灯片，将最后几口咖啡一饮而尽。

"把你的东西收拾好，马克。"里德说着就把车门关上了。

整个路演过程进行得不是特别理想。虽然人们没有像里德那样质疑我讲的内容，但他们似乎半信半疑。几天后，一位分析师往我的办公室打了一通电话，问了一些问题，但我短时间内给不出令人满意的答案。

最后，他们还是决定资助我们。但比起我做的路演，里德的出席起了更大的作用。里德是一位备受推崇的知名风险投资家。他曾精心安排了几宗重大交易，他还站在他的保时捷旁边让《今日美国》拍了一张封面（尽管他并不情愿）。有钱人都信任他，因为他有着帮他们赚到钱的历史业绩。即使是在1998年，他的头上也已经顶着硅谷成功的光环：当普雷公司上市时，远在与阿特里亚公司合并之前，他就已经让很多投资人赚得盆满钵满了。

更重要的是，他成功地解决过看似无法解决的问题。投资者和风险投资公司甚至在那时就已经知道了这一点。他们此时肯定也心知肚明。这就是他一走进房间，大家就纷纷掏出支票簿的原因。他们知道他所做的决定是不可传授的、无法复制的，甚至都没法解释的。他就是有这样的本事。

这就是伟大的企业家最终所做的：不可能的事。杰夫·贝佐斯、史蒂夫·乔布斯、里德·哈斯廷斯——他们都是天才，他们做的都是没人认为有可能的事情。如果你做成了一次，你再做成一次的概率就会成倍地增长。

机构风险合伙公司资助我们，不是因为我们的预测结果很好，也不是因为我们的路演很完美，更不是因为我用幻灯片和热情打动了他们。机构风险合伙公司资助我们，是因为尽管这一切看起来那么不切实际，但里德是一个可以创造奇迹的人，而他入伙了。

我对此十分感激。尽管里德在那个夏天还在运营游说团体"技术网络"，但他已经开始每天关心我们在斯科茨谷市所做的事情了。现在回想起来，我才发现那就是一切的转折点。

再见，太平岁月

记忆的悖论之一就是它会扭曲时间。如果你在我着手写这本书之前问我，网飞真正的早期阶段有多长——那些有着草坪躺椅、差劲的圣诞派对、激烈的争论，以及霍比餐厅土豆丝的日子——我大概会挠挠头，说有一年半到两年的时间吧。

事实上，初期阶段只持续了大约一年。但这段时间是至关重要的。它存在于一种平静的真空之中，与之前及之后所发生的一切隔离了。在我们差点儿把公司卖给亚马逊之前，我们只是在尝试别人从未做过的一些事情。我们的工作不受竞争的制约。从某种意义上说，那个银行保险库就像结界一般保护着我们。我们有一个臭气熏天、铺着绿色地毯的梦想之地。

古希腊人专门创造了一个描述这样的时光的词：太平岁月。我不会唠唠叨叨地说一堆神话故事，但本质上，太平岁月指的是大海每年有7天是风平浪静的，为了让翠鸟能在海上筑巢产卵。

网飞的太平岁月从1997年夏一直持续到1998年夏。在那个秋天或者之后，我从未意识到这段岁月已经悄然结束了——过渡时期很少会突然结束。如果变革是循序渐进的，你就很难精确地指出何时是终点。讽刺的是，变革其实是你一直渴望的东西。这是任何初创企业的关键所在，也是我们拼命努力才得以实现的。但在它终于实现的时候，变革并没有因此变得更简单。

不过，事后看来，我可以准确地指出一个高点并告诉你，网飞早期的太平岁月在6月达到了顶峰，当时我们公司正在霍克雷斯特葡萄园举行夏季野餐。当时的情景至今仍然历历在目：放着比萨的野餐桌，一片被红杉环绕的空地，我们所有人手里都拿着的酒杯。露娜和其他员工的一群狗在草地上自由奔跑，我们所有人的孩子都用专门为此活动采购的新水枪互相喷射。在里德的帮助下，我们刚刚筹集了600万美元，这让我们能够支撑到那年年底。我们每天都在扩张，不断招聘新的工程师和网页设计师，创建我们的库存，每个月都能拥有数千名新用户。我向员工和孩子们敬酒，在致辞的最后，米奇·洛高兴地颁发给我一块号码刚巧是网飞的名字NETFLIX的车牌。我一只手拿着车牌，另一只手端着一杯黑比诺葡萄酒,眺望着硅谷深处,心里想着:"嗯,一切都很顺利。"

一年,也许更久一点儿,听起来并没有很久。但正是这12个月左右的时间在很大程度上决定了公司的文化、发展方向和精神气质。如果没有这段时期,网飞今天就不会存在于世——即使存在,那也完全是另一番模样。

如果没有之后发生的事情,网飞今天也不会存于世。这就是太平岁月的特点:你需要这段时光,但如果你想让你的蛋孵化,让鸟儿飞走,你也需要一点儿风。

11

公司要如何优雅地成长

(1998年9月：上线5个月后)

NETFLIX

一个轻易就能复制的诡计，不可靠的服务器，时不时会卡在邮局机器里的快递包装，每笔交易都在赔钱的公司，看不到盈利的出路……但这就是创业要面临的：一边是大获成功，一边是一败涂地，而你就在中间地带如履薄冰。你慢慢地学会了面对，把这当成你的日常生活。

与索尼合作：百密一疏

我们遇到了一个问题。

还记得那些令我引以为傲的交易吗？那些与索尼和东芝达成的可以直接将新购买 DVD 播放机的用户引流至网飞的交易。那些让我，马克·伦道夫，一个骨子里流着创业之血的人，像超级英雄一样穿上"新媒体套装"，去说服一群墨守成规的日本消费电子公司快速推进促销活动的交易。事实证明，当一家习惯了漫长的交货周期，依赖于小心谨慎、有条不紊地推出产品的大公司，突然不经详细筹备就做一件事时，肯定会出问题。

还记得吗？对于用户来说，我们的促销活动非常简单。如果你在 1998 年秋买了一台索尼的 DVD 播放机，包装盒外面就会有一张促销贴纸，上面承诺免费租用 10 张 DVD 并赠送 5 张 DVD。你所要做的就是登录 Netflix.com，输入 DVD 播放机的唯一序列号，然后就大功告成了。

如果优惠券能放在盒子里面就好了，但索尼有条不紊的生产计划不允许这样做。另外，用户反正必须购买DVD播放机才能拿到序列号，对吗？

错了。

在促销活动持续了几周之后，吉姆在保险库工作的同事们开始注意到一位常客。此人订购了大量DVD，每周都下单好几百张。

当时我们没有租赁的上限。我们迫切需要用户，因此肯定不会拒绝他们。问题是，这位重度用户并没有支付租金。他只是从索尼的促销活动中轻易获得了免费的DVD。

"要么是因为这个人真的很喜欢DVD播放机，于是买了一大堆，"吉姆在保险库里对我说，他皱着眉头看着一堆快递包装，上面全都写着同一个地址，"要么就是他在疯狂地薅我们的羊毛。"

当天下午，我和米奇开车一起去了一趟弗莱伊电子产品商店。我们想知道用户看到的促销活动到底是什么样子的。索尼的DVD播放机就摆在那里，网飞的黄色贴纸整齐地贴在每个盒子的右上角。一切看起来都很令人满意。米奇拿起其中一个盒子，把它翻转过来，又放回去。他拽一拽促销贴纸，结果很容易就撕下来了。他走到过道中间，看着那些一模一样的DVD播放机。与此同时，我正在浏览我手边一个盒子的底部信息，然后就看到了它。

"该死。"

"怎么了？"米奇问道。

我指着盒子底部的小字：索尼邮寄地址；DVD 播放机的英文、法文和日文技术信息。最后是什么呢？就是播放机的唯一序列号。它就印在盒子的外面。羊毛党所要做的就是到离他最近的百思买商店，走在货架之间的过道上，手里拿着便笺簿和铅笔，接着他就有了几十个序列号。他甚至什么都不用买。

成功会带来问题

一个轻易就能复制的诡计，不可靠的服务器，时不时会卡在邮局机器里的快递包装，每笔交易都在赔钱的公司。我们从一张又一张幻灯片上的图表上看不到盈利的出路。

此时此刻，在你们看来，事情可能很可怕，但这就是创业要面临的：一边是大获成功，一边是一败涂地，而你就在中间地带如履薄冰。你慢慢地学会了面对，把这当成你的日常生活。我想这就是高空飞人瓦伦达[1]的感受，当特技演员在尼亚加拉大瀑布上或者在两栋摩天大楼之间叠罗汉的时候，抑或是骑着自行车跨越峡谷的时候，他们身上唯一的东西就是一根细细的金属绳。对大多数人来说，这听起来就令人毛骨悚然。但如果你做的次数足够多，你就会发现这也只是一种生活方式而已。

此外，在硅谷取得的成功往往有很长的回报周期。我们在上

---

[1] 瓦伦达是无安全网保护走钢丝的马戏特技演员。——译者注

线日当天受到很多媒体的关注，但这些关注归根结底源于我们在上线日前一个月、三个月、六个月乃至一年的辛勤工作。初创企业的生命周期往往很短，以至于当大家终于开始注意到你在做什么时，你的公司恐怕已经奄奄一息了。

其实，大多数事情都是这样的。当你忙着把梦想变为现实的时候，在目标实现以前，掌声和鲜花都不属于你——而真的到了那个时刻，你也早已把注意力转移到解决其他问题上去了。

那年秋天，我们的业务一直在增长，增速也很快。我们每天都有数百名新用户，而 DVD 则是每星期二一卡车一卡车地运送过来。保险库被塞满了，它看起来不像一家盗版的百视达门店，而更像是囤积者的巢穴。我们正在追逐市场——如果想要生存，我们就必须扩大 DVD 的用户群。这意味着增长，更意味着需要更多的空间。

我并不太想离开我们在斯科茨谷市的大本营。我渐渐喜欢上了它那绿色的地毯，空气中混杂着健怡可乐以及对面萨诺托餐厅外卖盒的潮湿臭味。我对网飞投入了太多的时间和精力，想把它打造成一家"圣克鲁斯的公司"。我经历过硅谷初创企业的大起大落，我希望我们这家公司可以与众不同。我想让圣克鲁斯那种悠闲的气质渗入我们的公司文化。圣克鲁斯就像是圣何塞市盛衰周期中的一个喘息之机。我想让公司与帮助我们经济周转的风险投资人之间保持一山之隔，好远离他们窥探的目光。

但在 1998 年，我们比以往任何时候都更依赖这些风险投资人。我们当时最新的一位合作伙伴，机构风险合伙公司的蒂姆·海利，坚持要我们搬到离硅谷更近的地方去。他曾经负责高管的招聘工作，他在这方面很专业。

"你们对自己太苛刻了，"他对我和里德说，"你们已经足够与众不同了——你们的创意与众不同。让这一点成为你们公司唯一古怪的地方吧，就别在拉投资或者招聘员工方面给自己添麻烦了。"

他说得有道理。除了埃里克遇到的招聘难题，我们发现其他顶尖技术人才也很难招到。求职者宁可去一些没那么有趣但地理位置更便利的公司。工程师们不想每天早上花一个半小时开车上班。

我们自己的员工也不喜欢过长的通勤时间。除了我和特（还有里德），创始团队大多数成员都住在别的地方：克里斯蒂娜住在红木海岸；埃里克、鲍里斯和维塔住在硅谷。只有我和其他极少数人觉得在圣克鲁斯工作方便。

公司会在自己的周围建立同心圆——类似重叠环境的雷达范围。圆心在很大程度上决定了该公司的指导思想，而这种指导思想又被人们从轨道的外部边界带往圆心的东西改变。我认为，把办公室从圣克鲁斯搬到硅谷，将从根本上改变我们的身份。我不想这么做。

但我在网飞创业的第一年中学到的一件事就是，成功会带来问题。增长当然很好，但伴随增长而来的将是一系列全新的复杂问题。你的团队有新成员之后，你如何让他们有身份认同感？如何平衡持续扩张与一贯的身份认同？在可能会有所失的情况下，你又如何确保自己能够继续冒险？

公司要如何优雅地成长？

早期的网飞是一个紧密团结的小组织。我认识所有同事——是我雇用了他们。我知道他们擅长什么，以及他们自己都还不知道自己擅长的事情。我了解他们的思维方式和他们的工作方式。最重要的是，我知道他们很聪明——如果需要，他们可以学习新事物。我雇用吉姆时，他没有任何运营方面的经验。鲍里斯甚至不是网页设计师。但我知道他们两人都有内心驱动力和可塑的创造力，愿意全力以赴。这就是创业初期的典型运作方式：你雇用一群才华横溢的员工，让他们成为万事通。对于每件事，每个人都会做一点儿。你雇用的是一支团队，而不是一组职位。

那年秋天，我试图推动这支团队成长，以确保我们在过去12个月里塑造的企业文化在增员后得以延续。在我们建立的这家公司，随心所欲的讨论有时也会变得激烈，这没什么关系。在这里，思想本身比行政管理系统更重要。在这里，谁解决问题并不重要，重要的是问题得以解决。在这里，奉献和创造力要比着装规范或者会议次数重要得多。

我知道这很特别，即使是在那时。

举个例子。特会询问每个新员工最喜欢的电影是什么。然后，在我们全公司每月例会的前一天，她会让那个新人第二天打扮成自己喜欢的那部电影里的角色来上班。那一天，新员工会装扮成蝙蝠侠、库伊拉·德·维尔，或者演员亨弗莱·鲍嘉在《卡萨布兰卡》中饰演的里克·布莱恩，然后被介绍给公司的同事认识。

这很蠢吗？是的。纯粹是在浪费时间吗？可以算是吧。是完全没有意义的吗？不是。

像这样的小型、半即兴的仪式可以让氛围变得轻松愉快。这是在提醒我们，不管工作压力多大，说到底我们做的事情是出租电影给别人看。更何况，没有什么比共同的尴尬更能迫使人们团结起来了。

但随着公司的发展超过了创始人和最初小团队的规模后，我不知道这样的传统能否延续。我们招聘来的印度员工似乎对这种做法感到不知所措。整件事都被打上了"欺辱"和"可能违反员工手册规定"的印记。但这恰好说明了我们当时的规模有多小：我们甚至还没有员工手册。

如果我们继续发展，我们就会需要员工手册了。一旦创始团队开始适当放手，不再凡事亲力亲为，我们就需要把很多事情编成规定，以确保我们的业务继续平稳运转。1998年秋，我花了很多时间和精力应对这些挑战，还有就是寻找新的办公场所。

哦，对了，我还忙着处理一桩大规模的国际色情丑闻。

成功又失败的尝试

这本应该是一种噱头，一件一传十、十传百的事，一种极度吸引眼球从而远远赚回成本的"产品"。

这本应该是比尔·克林顿。

当你试图打造一款产品时，有时候你开展了多少促销活动或者提供了多少优惠并不重要，你需要的仅仅是引起别人的注意。百视达公司在2006年就使用了这一策略，当时该公司推出了"全面接入"平台，将线下和线上的租赁服务衔接，为的就是和网飞竞争。它邀请杰西卡·辛普森[1]出席盛大的揭幕仪式，让她在媒体面前吹捧在线电影租赁有多好，她有多喜欢。

但是在1998年秋，我们没有百视达那么鼓的腰包。我们当然也拿不到杰西卡·辛普森的电话号码。

但我们有米奇·洛。

米奇在斯科茨谷市的办公室里待的时间越来越长。尽管总统传记音频很吸引人，但他还是厌倦了往返于斯科茨谷与马林之间的长途通勤，所以他经常在阿普托斯[2]一家位于高尔夫球场旁的小旅馆里过夜，那里距离我们的办公室只有半小时车程。这当然不是他能住得最近的地方，但他有两个理由选择阿普托斯作为他的临时住所。第一，米奇已经成为星期二晚上我、洛琳和特共同创办的品酒小组的常客。我们的品酒地点通常是索克尔的西奥餐厅。在每星期二晚上帮我们一起喝完至少6瓶葡萄酒后，米奇就有了足够的动力来缩短他的通勤时间。

第二，米奇的老朋友亚瑟·莫罗佐夫斯基住在阿普托斯第三

1　杰西卡·辛普森，美国流行歌手，影视演员。——译者注
2　阿普托斯以及后文的索克尔都是美国加州圣克鲁斯县的人口普查点。——译者注

航道附近的一座小房子里。亚瑟是一个经历丰富的人物，他和米奇一样喜欢熬夜、品酒、谈论电影。

亚瑟19岁时从波兰逃到了美国。他发现了一个进口波兰视频的利基市场，并向各家音像店推销这些视频。没过多久他就意识到，将视频业务转向相反的方向会产生更大的利润，于是他开始拓展视频出口业务。当亚瑟来到阿普托斯的时候，他已是一家DVD后期制作公司"媒体画廊"（Media Galleries）的首席执行官。在这个位置上，亚瑟得以高屋建瓴地把握来自硅谷的所有最新视频技术。他还发现了一家名为Mindset的初创企业，这家企业主要研发视频编码译码器。视频编码译码器是一种将模拟视频压缩转换成数字媒体的软件，这是制作DVD的关键部分。一个星期四的深夜，在一番品酒之后，亚瑟告诉米奇，Mindset公司取得了一个新的突破：其编码和压缩过程达到了飞快的速度，现在它已经基本可以把模拟磁带实时转录到DVD上了。亚瑟说，这一速度的提升将彻底改变DVD的母版制作过程。该公司正在物色一个快速周转的项目，用来"实时测试"它的转录过程，以确保运转速度达到理想的程度。

米奇只花了不到24个小时，外加喝了几瓶酒，就想出了一个完美的候选对象。

在过去8个月的时间里，全美上下时刻关注着对比尔·克林顿总统与莫妮卡·莱温斯基风流韵事的调查。8月中旬，丑闻到了一个紧要关头：这是美国历史上首位被迫在大陪审团面前做证的在任总统。尽管他的做证过程是保密的，但整个开庭过程被录了像。此时，在开庭一个月后，也就是 9 月 18 日星期五，由共和党控制的众议院司法委员会宣布，为了提高公众透明度，委员会将把这段视频向所有主要的广播网络公布。做证录像将在那个周末之后公布，也就是 3 天后：9 月 21 日星期一上午 9 点。

9 月 18 日上午的晚些时候，米奇来到办公室时，几乎已经控制不住自己的兴奋之情了。"就是它了，"他说着，把雅虎新闻一个页面的打印版丢到我的桌上，"看看这个，这是最完美的。克林顿！我们开始制作自己的 DVD 吧。"

他满怀期待地看着我，然后才意识到我根本不知道他在说什么，于是开始给我解释他和亚瑟之间的对话。

"我已经和 KTVU 的一个朋友谈过了，"KTVU 是福克斯广播公司在旧金山湾区的子公司，"他说，他可以直接利用广播给我们制作一份 0.75 英寸的版本。录像时长只有 4 小时。我会在那里等着，然后直接开车送到 Mindset 公司，下午那里的人就能制作好 DVD 的母版，开始压制光盘。我们可以从第二天一早开始发货。"

"好吧，等一下，伍德沃德[1]，让我们停下来好好想想。"

但我不得不承认：米奇的主意很好。这次虽然不是水门事件，但也很好。

---

[1] 罗伯特·伍德沃德，"现代有机合成之父"，儿时素有"神童"之称，1965 年获得诺贝尔化学奖。作者此处用伍德沃德来调侃米奇。——编者注

当米奇跑去做准备工作的时候,我把特和克里斯蒂娜一起叫过来,向她们介绍了详细的情况。

不出所料,特很喜欢这个想法。她拿出一支经常插在头发上当发簪的铅笔,一边说一边在一本黄色的便笺簿上做笔记。"我们可能会借此得到全美媒体的关注,《纽约时报》《华盛顿邮报》,甚至是《华尔街日报》。"

"怎么了,克里斯蒂娜?"我问,只见她咬着指甲,皱着眉头。

"这是个很酷的想法,但我们不能不经过深思熟虑就贸然行动,"她解释道,音量提高了,"光盘要设计成什么样子,我们应该如何进行运输,价格怎么定?我们必须在系统中把一切都设置好!"她沮丧地摇了摇头,接着说:"我们是不可能在星期一之前全部准备好的。"

"但这件事的关键就在于时机,"我反驳道,"我们没有时间完全按照流程发布这张光盘。我们也不需要这么做。光盘的设计可以极简化,我们可以用任何信封来邮寄。这张光盘是拿来卖的,不是租的。它不需要再被寄回来。"

我顿了顿,脑海里萌生了一个想法。

"我们不收任何费用。免费赠送。这是有公德心的网飞提供的一项公共服务。"

"这也太疯狂了,"特摇着头,"过于疯狂,但说不定还真能成功呢。"

"我们有麻烦了。"

两个小时后,克里斯蒂娜显然已经进入了解决问题的模式。这是她快乐的源泉。她满脸的微笑已经透露出她很兴奋能告诉我问题是什么,让她更兴奋的是,她能告诉我她已经用聪明的方法解决了这个问题。

"我一直在和埃里克合作,想方设法在我们的系统中设置获取免费 DVD 的功能。"她解释道,准备给我交代一遍事情的原委。遇到这种情况,我通常会催她直奔主题说重点,但这次,我决定让她享受一下自己的高光时刻。"嗯,我们在开发服务器上都顺利地设置好了,但是当我们试图实际交付订单的时候却行不通了。"

她故意制造悬念,停顿了一下。

"埃里克和鲍里斯试了一会儿,最后发现在这个软件上没法白送东西。我们的系统真的不知道怎么免费赠送物品。所以埃里克和我决定尝试一下,我们把 DVD 定价为 1 美分,这回没问题了。只要我们为商品收费,就没问题。"

她换了个更舒服的坐姿,咧嘴笑着。她还没说完,我知道她还藏着些锦囊妙计。

"然后我就有了一个主意,我们可以向每个人收费 2 美分。然后我们就可以做一些疯狂的宣传,比如'放下我的 2 美分(说出自己的想法)[1]'之类的。"

---

[1] "放下我的 2 美分"是美国俚语,用于发表意见前后,表示自谦,意思是自己的观点只值 2 美分。此处化用俚语,一语双关。——译者注

她把手放在膝盖上，显然是在为自己感到自豪。没有什么其他可说的了。我们新闻稿的宣传语已经有了，星期二早上的第一时间就会发布。

米奇也遇到了问题，但他不像克里斯蒂娜那么兴奋。

起初一切都很顺利。在星期一上午的广播结束后，米奇在KTVU的联系人信守诺言，立即将4个小时的做证过程转录到了磁带上。米奇开车把它从奥克兰市带到了阿普托斯。几个小时后，Mindset公司就已经把磁带装好，开始编码了。

但是当米奇在下午5点给我打电话汇报最新情况时，很显然，计划出岔子了。

"这项技术真的不错。"这是他的第一句话，但当他仔细斟酌接下来该说什么时，我能听出他的热情在减退，"但是，呃……技术显然还没有成熟。出现了各种各样的故障。每次开始编码，它都会先运行一段时间，然后就停了下来。现在正在运行当中，但速度真的很慢。"

他沉默了好长一段时间。"这也可以被认为是实时编码，但只有在编码乌龟的视频时才算得上实时。"

当我们离开办公室的时候，我们已经为星期二早上的新闻发布做好了准备。特起草了一份新闻稿，标题是"网飞让消费者就克林顿的证词拿出2美分（说出自己的想法）"。

加州斯科茨谷市——
全球第一家在线DVD租赁公司网飞宣布，《克林顿总统的大陪审团证词》的 DVD 版本将会即刻以 2 美分的价格（外加运费和手续费）发售，由该公司的互联网商店 www.netflix.com 独家供应。这家领先的在线 DVD 零售商原本以 9.95 美元的购买价或者 4 美元的租金向顾客提供这款 DVD，但该零售商于星期二决定降价出售，以推动有关此类历史性事件的公众教育。

"国会公布这一材料的目的就是为了让尽可能多的人看到，"网飞的总裁兼首席执行官马克·伯奈斯·伦道夫表示，"我们相信，以区区 2 美分的售价提供完整的克林顿证词的 DVD，能让几乎每一个拥有 DVD 播放机的人都能轻松地检视这些材料，并形成他们自己的观点。此外，我们认为，DVD 能够让用户轻松地从一个主题跳转到另一个主题，这使得 DVD 格式特别适合于人们检视这类材料。"

这还不能算是一个伟大的国家吗？

与此同时，克里斯蒂娜已经为网站建好了一个自定义页面。埃里克已经完成了处理订单的设置。吉姆制作了一种专门的运输信封，既便宜又轻便。米奇则在"媒体画廊"公司待命，准备一等母版制作出来就去进行大量复制。复制完成后，他会直接开车送到办公室来。

我们已经整装待发。

当米奇在星期二早上 7 点给我打电话时，他的声音听起来很疲惫。

"你想听好消息还是坏消息?"他问道,不待我回答,他就继续说,"几个小时前,我们终于完成了编码,它在索尼和三菱的机器上都运转良好,但在松下和东芝的机器上放不了。我们在重新测试。"

到了10点,他汇报:"现在松下和东芝可以放了,但又不适用于索尼了。我们在重新测试。"

那天下午早些时候,我查看手机时,发现他打过电话来,我没接到。电话是在2点打进来的,语音信箱里的消息很短:"我们终于完成了。我们有了一个工作版本,他们刚刚做出了母盘。"我从他的声音里听出他已经精疲力竭。"我现在正开车去弗里蒙特市复制。"

当我终于打通他的电话时,已经是下午4:30了。在电话的背景声中,我能听到机器的咔嗒声。"马上就好!"他喊道,听起来很雀跃,"我马上就能拿到第一批的2 000张了。现在我只需要把它们送去打标签,然后我们就准备好了。今天下午晚一点儿你应该就能拿到。"

"米奇!"我大声喊道,"你直接回来吧!我们不贴标签了,直接寄出。"

接着是一阵长时间的沉默,机器还在轰鸣。"好吧,我马上就到。"

新闻稿出来了,新闻网站都已经收到了。我和里德正在开会。5:30,会议室的门开了,米奇走了进来。他的衬衫又脏又皱,胡子已经3天没刮了,头发凌乱。他看起来就像刚睡醒,但事实却恰恰相反：他已经将近72个小时没有合眼了。

他手里拿着一样我以前从未见过的东西，看起来像是一卷用锡箔纸包裹起来的饼干，但尺寸超大：长2英尺，直径5英寸。等我再定睛一看，才发现它实际上是50张DVD，用一根又长又窄的塑料管串在了一起。它像个纺锤，这是我第一次见到"纺锤"。

米奇看起来很邋遢，但当会议室爆发出热烈的掌声时，他还有足够的力气满面堆笑。他成功地把比尔·克林顿带了回来。

我希望这个故事能就此结束，以好消息收尾：我们以不到5 000美元的总成本获得了近5 000名新客户（他们都拥有DVD播放器）；以在《纽约时报》《华尔街日报》《华盛顿邮报》《今日美国》上获得报道收尾；以获得了连杰西卡·辛普森也很难争取到的关注度收尾。

然而，在接下来的那个星期一，我刚走进办公室，科里就一把抓住了我。

"嘿，这周末有一些奇怪的评论已经传疯了。"他转过身，来到电脑前，屏幕上是他常逛的其中一个DVD论坛，他愤怒地滚动着鼠标。

"看到了吗？在这里，还有这里，还有这里。他们说我们给他们寄了色情片！"

我坐下来仔细看，立刻有了一种不祥的预感。

大家谈论的当然是有关克林顿的那部DVD。但当他们说他们收到的DVD是色情的，这并不是在说克林顿的证词有时是限制级的。他们是在说，我们给他们寄了真正的色情作品。

"看看你能不能搞清楚影响范围有多广！"我对科里喊道，然后就跳起来跑回保险库。吉姆和他的同事们才刚刚开始明白这些一夜之间涌入的订单是怎么回事。

"吉姆，"我气喘吁吁地说，竭力调整着自己的呼吸，"先停一停，别再寄克林顿的 DVD 了。"

"出了什么事？"他对我露出了招牌笑容，"昨天下午打包好了大约 40 张光盘，准备今天寄出去的。这些也要暂停吗，还是可以寄出去？"

"全部暂停。"我快速地给他讲了事情的大致经过，接着又去找克里斯蒂娜和特。

"问题找到了，老板，"大约半小时后，吉姆走到我和克里斯蒂娜坐着的地方对我说，"看到这些了吗？"他拿出两张 DVD。在我眼里，它们看起来一模一样。"它们来自两个不同的纺锤，它们应该是一样的，但仔细观察一下，你就会发现这一张"——他递给我其中一张——"有一点点不同。这一张是色情片。看起来我们有两个纺锤的色情片。其中一个已经完全发出去了，另一个还剩十来张光盘。"

"你已经"——我不知道该怎么问——"看过了吗？"

他又露出了招牌笑容。"是的。这么说吧，我们看了足够多的内容，足以证明这就是罪魁祸首。"

那天晚上我回到家时，屋子里已经一片漆黑。谢天谢地，我可不想向洛琳解释我需要做什么。我打开了电视机，把 DVD 播放机接通电源,把那张DVD放进插槽里。当它旋转起来,画面开始出现时,我立马就知道,我所看到的视频里的主角不是比尔·克林顿、莫妮卡·莱温斯基,甚至不是肯·斯塔尔法官,那就是色情片,还有恶心的东西。我不需要再看下去了。(我保证。)

那是一次重大的尝试,也是一次重大的失误。但如果你想把梦想变成现实,你就必须愿意不断尝试。

第二天,我们做了唯一能做的事。和克林顿一样,我们坦白了。我们给近5 000名拿出了2美分的用户每人发了一封信。我们解释了发生的事情,并为造成的混乱和任何可能的冒犯诚恳道歉。如果他们收到的是误发的色情片,我们请求他们把光盘寄回来,费用由我们来承担,之后我们会很高兴地把克林顿的DVD发给他们。

但是你知道吗?有趣的是,没有一个人把DVD寄回来。

12

重大转折：
创始人之间

（1998 年秋）

NETFLIX

公司的未来在我的面前徐徐展开——令人生畏，却也充满希望。尽管那天晚上，我还不能说我已经心平气和地接受自己做的决定，但我知道总有一天我会接受的，而且很快就会接受。我能预想到我和里德是如何通力合作让公司取得成功的。我几乎可以听到我们合作的引擎已经开始嗡嗡作响了。

关于梦想

　　远在"石器时代",当我还是个小孩子的时候,那时还没有电子游戏。社交应用照片墙(Instagram)、脸书、色拉布(Snapchat)统统都不存在。在家看电影是不可能的,除非你愿意用那种古老的盘式带播放设备,然后看看画面里的自己。至少在我们伦道夫的家,连有线电视都没有。唯一能让你颓废堕落的方式就是看主流电视台播放的任何东西。在星期六早上和放学后,这就意味着只有动画片可以看。

　　那时,我什么都看:超级英雄动画;翰纳-芭芭拉工作室(Hanna-Barbera)出品的任何作品,比如《摩登原始人》或者《杰森一家》这样的卡通情景喜剧。但是现在,当我想到动画片时,我记忆中的大部分内容都是那些经典的角色:兔八哥和冤家爱发先生,歪心狼和BB鸟,汤姆和杰瑞,以及崔弟和傻大猫。我现在突然想到,这些动画片都是关于追逐的——一个角色总是在追逐另一个角色,并且常常因此走向毁灭。爱发先生想要逮到"卑鄙兔"兔八哥；歪心狼追着BB鸟跑得上气不接下气；汤姆和傻大猫，本质上都是猫，一生都在追踪杰瑞和崔弟。

有时候，追逐梦想就像这样：追求着近乎不可能实现的事情。在创业公司的世界里，金钱是有风险的，时间是难以想象地紧迫。你对梦想的日夜追求，在外人眼里可能只是疯狂，甚至近乎狂躁。在你的朋友和家人看来，你的身份根本不是"马克·伦道夫——一家刚成立的电子商务公司成功的首席执行官"，而是更像"兔八哥"系列动画里的角色"燥山姆"。你会失眠，会在开车时喃喃自语。当你试图向别人解释你的梦想时，他们不会明白，这绝不仅仅关于筹集资金、客户转化或者日常监控。这是一种超现实主义的追求，一种为你的生命赋予意义的求索。

这些动画片很有趣的一点是，它们永远不会以成功俘获为结局。它们其实是关于逃避、失望、功亏一篑的。你会有这样的感觉，如果歪心狼真的抓住了BB鸟，他都不知道接下来应该做什么。但这不是重点。重点就在于追求不可能之事。

追求不可能之事就意味着出糗、喜剧、戏剧性及紧张冲突，当然还有荒谬。因为尽管爱发先生的陷阱布置得很好，汤姆或者傻大猫的圈套也很精致，但是很多这样的情景都是以从天而降的铁砧和钢琴而突然告终的。

追随你的梦想，花一年的时间去追逐它，然后有一天，你可能会发现自己茫然无措地坐在一堆黑白琴键的残骸中，蓝色的鸟儿在你的脑袋周围啁啾，你却完全不知道自己怎么就落到了这步田地。

此时已是9月中旬，斯科茨谷市的气温有些回暖。即便还是清晨，我把沃尔沃停到停车场时就已经能感觉到人行道上扑面而来的热气了。为了避暑，办公园区的园丁肯定起了个大早开始干活：通往我们办公室的车道两旁的花坛里刚刚栽满了鲜花，有100英尺长。我不确定那些是什么花，也许是郁金香，但我忍不住多看了几眼：鲜花栽得整整齐齐，它们绚烂明丽、争奇斗艳，每一株都那么地新鲜，充满生命力。我把车停在园丁的手推车旁，注意到手推车里堆满了上周种下的花：连根拔起的水仙花已经枯蔫焦黄了，撕碎的根上还沾着泥土。

生命的周期循环。

隔着几个停车位，埃里克正吃力地把4台新电脑放到一把办公椅上，他把这把椅子当作临时用的手推车。有了机构风险合伙公司的资金注入，以及蒂姆·海利在招聘方面的经验，我们一直在大举招贤纳士。每周，办公室都会有几张新面孔。我们目前还只有40个员工，所以我还是可以认识所有人。但我已经开始意识到，很快会有那么一天，我不再能认识所有员工了。

"我来帮你。"我拿起其中一个盒子，努力把它夹在我的公文包和髋骨之间。

"我们真的应该买一辆手推车。"我们爬上坡道，把东西推进办公室的时候，埃里克说。

我们经过时，克里斯蒂娜从电脑前抬起了头，又接着打字。"里德今天上午来过，"她朝我这边歪着头，眼睛却还盯着屏幕，"超级早，大概是早上6点。他说今晚从硅谷回来的路上还会顺便过来一下。他希望你在那之前别走。"

"就说了这些吗?"

克里斯蒂娜点点头。"就这些。"

我没有时间去细想里德到底要做什么,但我能大致猜到。最大的可能是关于我们和索尼公司的交易。撇开羊毛党不谈,我们已经开始看到真正的回报了——大家纷纷开始兑换他们的优惠券。这是迄今为止我们所下的最大的赌注,考虑到我们投下的所有筹码,我们需要得到回报。

他也可能谈我们与亚马逊公司之间的协议。自6月与贝佐斯会面以来,我们就一直在斟酌这份协议。当时我们还没有准备好把公司卖给亚马逊,但里德已经准备好以另一个身份与亚马逊合作了。里德同意我的主张,如果我们要做成一家公司,我们就必须专注于DVD租赁,而不是DVD销售。因此,他设计了一个软退出方案:一旦亚马逊进入DVD市场,我们就把想购买DVD的用户引流到亚马逊的网站去。用户可以在我们这里租赁,也可以通过链接跳转到亚马逊的界面下单购买。作为交换,亚马逊也会给我们引流。

这笔交易远未正式敲定。事实上,在9月的时候,我应该还是除了他唯一知道这件事的人。我和里德在这个问题上已经反复讨论了好几个星期。尽管停止销售DVD是我提出来的,但一想到要放弃我们业务中唯一盈利的部分,我就感到紧张不安。但里德和我都深信不疑,我们必须选择我们要关注的领域,而与亚马逊的合作不仅可以重振我们的租赁业务,还将是我们的一大荣耀,那也是对我们的认可。

那段时期，我们常常思考关于认可的问题。蒂姆·海利是这样看待我们与索尼公司的交易的：如果索尼愿意与我们合作，那就说明我们值得投资。索尼让我们变得可信，即便我们为此付出了难以置信的代价。在里德看来，与亚马逊的合作也有异曲同工之妙。

我非常想知道上周末的情况如何：有多少索尼的新用户拆开了他们刚买的播放器的包装盒，记下了产品序列号，然后前往网飞的网站兑换优惠券。我知道里德也同样好奇。也许他觉得我们在一天工作结束后会有新的数字需要核查。我记了笔记提醒自己，以确保在他回来之前我已经备好了最新的报告。但此时此刻，我还有其他许多事情需要操心，比如早上的监测数据。

里德的坦诚

等里德终于进来的时候，已经快 6 点了。我正在埋头写文案，但我能听到他在办公室里自始至终的动向。我先听到埃里克书桌前的沙滩椅嘎吱嘎吱地响——里德把椅子拉到埃里克身边，好让埃里克能看到他在屏幕上的比画。几分钟后，我听到他询问财务主管格雷格·朱利安公司现金的最新状况。不久之后，他就来到了我的办公室。

"有空吗。"他问，但语调却没有上扬，仿佛这个句子根本不是提问，仿佛他几乎希望答案是否定的。

里德看起来很严肃。他的着装也很严肃，他穿着通常只在重要会议上才穿的正式服装（对他来说已经很正式了）：黑色亚麻裤子和灰色高领毛衣，配一双黑色皮鞋。我指着他的脖子，想开个玩笑——"里德，外面有30多摄氏度啊"——可他却像没听见似的。

"我们需要谈谈。"他手里拿着打开的笔记本电脑——他抓着屏幕的一角，键盘挂在下面。我可以看到屏幕上打开的幻灯片，第一张幻灯片上面用粗体36号字写着"成就"。

里德走进房间，一把抓住我办公桌前的椅子，猛地把它拽到我旁边，面向门外。他跨坐在椅子上，胸部靠在椅背上，然后转动笔记本电脑，好让我也能看到屏幕。当他让埃里克看看他把一段代码写得有多失败时，他也是这么做的。

他这是要干什么，我心想。

"马克，"里德缓缓开口了，"我想了很多关于未来的事，我很担心。"

他停顿了一下，试图看清我的表情。然后他噘起嘴，低头看着屏幕，就像在看一沓提词卡，又接着往下说："我很担心我们。事实上，我是很担心你，担心你的判断力。"

"什么？"我敢肯定，我当时嘴巴一定是张得大大的。

里德把我的注意力转向屏幕，然后按下空格键。"成就"一个接一个地出现在了屏幕上。

- 聘用创始团队。
- 创建统一的文化。
- 网站上线。

这就像在葬礼上放映的幻灯片一样。我感觉到，情况只会更糟。

"你这是在干什么，里德，"我终于忍不住脱口而出，"你担心我们的未来，而你打算用幻灯片给我展示我们的未来？"

我说话的声音变大了，但紧接着，我注意到办公室的门还开着，便又赶紧降低音量。

"这是胡扯，"我指着笔记本电脑小声说，"我不可能坐在这里听你说我为什么这么差劲。"

里德眨眨眼，一动不动地坐着。我看得出他没料到我会有这样的反应。他又噘起嘴唇。我知道他在分析利弊，评估下一步的行动，他的头脑就像我们面前戴尔电脑里的冷却风扇一样在高速运转。电脑屏幕上仍然显示着我的"成就"清单。大概10秒后，他点了点头，然后伸手合上了电脑。

"好，不过，这跟你有多差劲无关。"

"那就好，"我结结巴巴地说，"行吧。"我感觉我的愤怒平息了，取而代之的是一种恐惧感。我站起来，关上了办公室的门。

"马克，"待我坐回座位上，里德又说，"在这里，你做了一些了不起的事情。"

他停顿了一下。

"但我对你独自领导公司的能力已经失去了信心。你的战略意识很不稳定——有时完全正确，有时又错得离谱。我看到了你在判断、招聘和财务直觉方面的很多问题。我担心的是，现在公司的规模还很小，我就已经看到了这类问题。明年和后年的问题将会更加棘手，而失误的后果也会更加严重。随着公司不断发展壮大，情况只会变得更糟。"

在商业中有一种说话的策略，这种策略对传递坏消息很有用。这种策略名叫"狗屎三明治"。你用一连串的赞美开头，赞扬人们工作做得不错。这是你的第一片面包。结束了这段话以后，你就在上面堆上屎：坏消息，不够乐观的业绩报告，你的受众不那么喜欢听到的内容。接着你再用一片面包来收尾：未来的宏伟蓝图，以及一份着手处理所有糟糕情况的计划。

我对"狗屎三明治"太熟悉了。见鬼，这还是我教给里德的。所以，带着困惑外加作为老师的骄傲这种复杂的情绪，我亲眼看着他把这样一块三明治盛在银盘里端到了我的面前。

"你觉得我这个首席执行官当得不称职。"我打断了他的话。

"我觉得你不是一个独立的首席执行官，因为一个独立的首席执行官不会像你这样依赖董事会的指导。"

他把手指并在一起，摸着下巴，仿佛在祈祷我能听懂他想对我说的话。"我想我们都知道，机构风险合伙公司之所以愿意给我们投资，是因为我承诺过，我将作为董事长积极参与公司事务。这就是个问题，不仅仅是筹集资金的事情。我之所以如此积极地参与，其中一个原因就是，我担心如果我不这么做，公司就会发生什么事。我不介意投入的时间，但到目前为止，效果还不够好。没人能从外部创造足够的价值，特别是在公司发展步伐加快的时候。"

在接下来的 5 分钟里，里德详细地阐述了如果我继续独自担任领导，为什么公司就会陷入困境。他对我掌管公司的第一年的成就和失败进行了清晰的评估。这就好比看一台电脑下国际象棋，残酷而迅捷。他的分析既详细又全面——从我雇用的个别员工到财务上的错误，再到企业沟通方面的问题。他说的这一切我都听得模模糊糊的，但有一件事他说得很清楚。

"你没有表现出足够的强硬和坦率来赢得人们的尊重，不过这也有好的一面，迄今我们没有流失任何一名优秀的员工，你的员工都很喜欢你。"

我忍不住笑了。就别提什么绝对的坦诚了，这明明就是残酷的坦诚、无情的坦诚。

"哇，那可谢谢你了，这句话可以当作我的墓志铭：他也许把生意搞砸了，但是公司没有流失任何一名优秀员工，他的员工都很喜欢他。"

里德对这种黑色幽默一点儿反应也没有。他充耳不闻，自顾自地接着往下讲，就像在背稿一样。虽然我不让他再看幻灯片了，但这显然是他事先已经排练好的演讲。他很紧张。

"马克，我们面临着很大的问题，我希望你能以股东的身份认识到，这家小公司现在已经冒烟了，等规模扩大以后，它很可能就会着火。我们最关键的就是执行。我们的行动必须迅速，而且要几近完美。竞争将是直接而激烈的。雅虎从一个研究生院的项目变成了一家有着惊人执行力的价值60亿美元的公司。我们也必须做到。如果你是唯一的负责人，那我不确定我们能不能做到。"

他顿了顿，然后低下头，仿佛是在努力汲取力量去做一件困难的事情。他又抬起了头，直视着我。我记得我当时在想：他在看着我的眼睛。

"所以我认为最好的结果是，我全职加入公司，我们一起来运营。我做首席执行官，你做总裁。"

他又停下来等我回答。见我毫无反应，他继续说了下去："我不觉得我是在小题大做。我认为这是针对不如意的现状的一个解决方案，这是经过深思熟虑的。我认为首席执行官和总裁的安排可以赋予公司它应有的领导团队。我们可以一起创造我们余生都将引以为傲的历史。"

最后，谢天谢地，他总算停了下来，在椅子上微微向后一摇，深深地吸了一口气。

我坐在那里没有说话，只是缓缓地点着头。当一架钢琴从天而降砸在你的头上时，你就会是这副样子。

我敢肯定里德一定在想，为什么我没有像他那样清楚地、合乎逻辑地看待公司的情况。我知道里德没有——也不能——理解我在想些什么。那可谢天谢地了，因为我脑子里冒出来的词语并不礼貌。

我知道他说的很多话都是真的。但我也觉得，我们谈论的是我的公司。这是我的创意，我的梦想。而它现在也已经成了我的公司了。当里德跑去斯坦福大学，投身于"技术网络"团体时，我则把我的全身心都倾注于公司的建设上。人非圣贤，孰能无过？难道不应该允许我自己努力弥补我犯下的过错吗？

他说得也没有错。对于我们的一些失误和我们未来的发展，他说得在理。但对里德那天在办公室所说的话，我的第一反应是，这个安排与他的关系比与我的关系更大。我一直在想：他终于意识到他犯了一个人生大错。他不是厌倦了斯坦福大学，已经退学了吗？他不是对他在"技术网络"的教育改革工作感到失望吗？他缺席了网飞早期创办的过程，因为他想改变世界，革新教育，但他遇到的大多数老师和管理人员只是希望他们的工资、职位能随着资历而有所提高。而现在，当他看到我们当初一起测试的那个疯狂的小点子有了真正的发展潜力，他就突然发现我的领导能力有问题了？是我不适合独自掌管这家公司，还是他想回来，却不想因为成为我的下属而被伤及自尊心？

我感到既愤怒又受伤。但即使是在那一刻，我也明白里德说得有道理。

这种复杂的情感交织在一起，我当时脸上的表情就只有里德知道是什么样子了。但那肯定很不寻常，因为就连他也注意到，他需要说些好听的话——加一片面包，盖在那块"狗屎三明治"上。

"你也别难过，"他终于脱口而出，"我非常尊重你，也很喜欢你。突然这么严厉，我自己也很难受。你身上有太多优点，无论是你成熟稳重的性格，还是你的能力，我都很欣赏。我可以自豪地称你为合伙人。"

里德又停了下来。我能看出来，他的话没说完。他怎么可能还有话要说呢？我感到头晕目眩。

"我需要一点儿时间来消化，里德。听着，你不能一进来就提议接管这家公司，还指望我说：噢，太合乎逻辑了，当然可以！"

我的音量又提高了，所以我没再往下说。

"我不是提议我来接管这家公司，我是提议由我们俩一起来管理——作为一支团队。"

又是一阵沉默，持续了很久的沉默。

"听着，不管结果如何，我都是你的朋友，"里德站了起来，最后说，"但如果你坚决反对，我也不会强迫你。虽然以我的股东身份，我是可以这么做的，但我非常尊重你，不会强迫你。如果你认为这不是最符合公司利益的安排，也不想这样继续下去，那我也可以接受。我们就把公司卖了，还投资者钱，分完剩下的钱，然后就各回各家。"

里德离开我的办公室时，悄悄地关上了身后的门，就像离开一间病房一样。太阳要下山了，我没有站起来去开灯。我就这么坐在黑暗中，直到几乎所有人都下班回家了——除了霍，他在9点多的时候又晃进办公室，一边吹着口哨，一边像打鼓一样嗒嗒地敲着一个沾了油渍的比萨盒子。

放弃首席执行官头衔

绝对的坦诚是很好，除非是对自己坦诚。

我无意自欺欺人。里德在9月中旬那天对我说的话让我很受伤，真的很受伤。不是因为里德不友善——他很友善——而恰恰是因为他的坦诚。那是残忍的、严厉的、如同扯掉绷带一般的坦诚。

这是绝对的坦诚，这和我们一开始驾着沃尔沃开在 17 号公路上练习过的坦诚是一样的。里德既没有私心，也没有其他用心，他的动机就是为了公司的利益。他太尊重我了，因此除了把完完整整、原原本本的真相说与我听，他别无选择。他只是在做我们经常一起做的事情。

我想得越多，里德的那张幻灯片就越打动我。它不够得体吗？没错。试图将一段棘手的、情绪化的对话，小心翼翼地置于一系列带有动画效果的幻灯片的安全范围内（这是我教给他的一种演讲方式），这完全像里德的风格吗？也没错。

但这是侮辱吗？不是。现在他已经不在房间里了。我独自坐在黑暗之中，终于意识到，里德对于诚实地向我提供反馈这件事感到太紧张了，他必须得准备一个提示，一套书面的提示词，好让他有底气，觉得自己有理有据。他想确保自己的方式没有问题，他想确保自己说出了需要说的话。

忠言逆耳，但更困难的是我承认里德是对的。当时的我确实有问题。机构风险合伙公司给我们的投资差点儿就因为我而告吹，因为我们新的合作伙伴知道，倘若没有大胆的举措，没有引人瞩目、自信满满、跟着直觉走的领导才能，这家公司就永远不会成功。他们从来没有大声说出来过，但在那个房间里的其他人看来，很明显，任何大胆的举措，任何引人瞩目、自信满满、跟着直觉走的领导才能，都不会来自我。

我想得越多，就越意识到我的梦想已经逐步演变了。最初我只有一个梦想：成立一家新公司，由我来掌舵。但坐在办公室里，听里德阐明我的不足之处，听他解释为什么公司需要我们两个人一起管理，我意识到，现在其实已经有了两个梦想，我可能需要牺牲其中一个，以确保另一个得以实现。

公司是一个梦想，由我来掌舵则是另一个梦想。如果公司想要成功，我就需要诚实地面对自己的局限。我需要承认我是一个建设者，是一个有足够创造力、足够随心所欲的人。我成功地组建了一支团队，打造了一种企业文化，把一个想法从一张信封的背面发展成为一家公司，一个办公室，一款真实存在于世界上的产品。但我们正在走出最初的阶段，现在我们必须快速发展壮大，而这个阶段需要的是一套完全不同的技能。

作为一名企业家，我对自己的技能非常了解。我说自己超过了 98% 的企业家，我并不认为我是在自吹自擂。即便在那时我也知道，随着公司不断发展，我有能力管理好它。

但即便在那时我也知道，里德超过了 99.9% 的人。他是历史上最伟大的企业家之一。在接下来这个阶段，他可以做得比我更好。他更自信、更专注，同时也更大胆。

我完全明白，在我们最迫切的需求（也就是钱）这一方面，里德更擅长。他几乎是单枪匹马创办了一家公司，并以首席执行官的身份成功进行了首次公开募股。他的能力为人所熟知。投资者更有可能在他身上押注，而不是选择我。事实也已经证明了这一点。

我不得不扪心自问：看到我的梦想成真到底有多重要？甚至，

它此刻还仅仅只是我的梦想吗？我们现在有了 40 个员工，每个人都像我一样渴望网飞大获成功。他们每天工作到很晚，周末也要加班，工作占用了他们本应与朋友和家人相处的时间，所有努力都是为了实现那个原本只是我一个人的梦想，但他们却早已把这个梦想当成了自己的梦想。为了他们，难道我不应该尽我所能确保公司生存吗？即便这意味着我扮演的角色将不再是我当初想象的那个角色。

我的头衔与他们的工作，哪一个更重要？

我从书桌前站起身来，走到窗边。我可以看到几乎空无一人的停车场，橘黄色的路灯下是花坛里盛开的鲜花。明天早上 6 点，停车场上就将停满公司员工的丰田、斯巴鲁和大众汽车。这些汽车中有许多都还在分期付款，还附有保险单、账单。在某种程度上，我需要对这些负责。

当你的梦想成真时，它就不再仅仅属于你了。它属于那些帮助过你的人——你的家人、你的朋友、你的同事。它属于全世界。

看着停车场里的那些车，我着实明白里德是对的。首席执行官和总裁的安排可以赋予公司它应得的领导团队，可以大大增加我们成功的概率，可以创造一家我们余生都将引以为傲的公司。

现在回想起来，当然，里德是对的。如果我继续担任唯一的首席执行官，网飞兴许还是可以幸存，但谁会为了一家勉强幸存的公司去写一本书呢？在我看来，毫无疑问的是，如果不是里德承担了更多的领导角色，就不会有网飞的今天。矛盾的是，如果我没有在 1999 年把首席执行官的头衔让给里德，我就不会写这本书了。

公司需要我们两个人一起来管理。

每当我情绪低落，需要回忆我过去充满勇气的时刻时，第一时间浮现在我脑海里的既不是某座遥远的山峰、一次危险重重的攀登，或者一次险象环生的渡河，也不是坐在里德的汽车里的那些早晨，或者最初在霍比餐厅里开过的会议。那时我正试图说服有才华（但又不情愿）的人辞掉他们当时的工作，去来一次疯狂而不合逻辑的冒险。我没有想到那些最初追求信仰、快速起步的阶段，经历过的数百次失败的测试却毫无成功的迹象。

浮现在我脑海里的是我那天晚上离开办公室的情景。我想到我缓缓开车穿过斯科茨谷市空荡荡的街道，回到家，准备告诉妻子，我决定不再担任自己创立的公司的唯一首席执行官，而且内心知道我这么做是对的。

现在你已经知道了，网飞的故事很少有干净利落的结尾，所有片段都喜忧参半。这一章的故事也不例外。那天晚上，我确实独自开车回家，和洛琳在门廊上坐了几个小时，我们俩喝了一瓶葡萄酒，一边思考着我做出这个决定背后的逻辑和情感。我们最终决定，里德的提议是正确的，为了我的员工、我的投资者，还有我自己，我应该确保公司在未来继续取得成功，即使这意味着我要辞去首席执行官一职。

我关上门廊的灯，洛琳小心翼翼地把酒杯放进洗碗机时，我在餐桌旁坐下，准备最后查看一下电子邮件。收件箱有一封最新的来自里德的邮件。时间：晚上 11 点 20 分；主题：坦诚。

邮件总结并重申了我们当天下午的谈话内容。我可以肯定那基本就是他那几张幻灯片的转录稿。他用项目符号逐条列出了我在战略意识、员工招聘、财务控制、人员管理和融资能力等方面的问题。此时我已经充分思考过里德所说的话了，所以在看到这些文字表述时会更容易接受。我浏览到邮件的结尾部分："我真心希望事情不像现在这样，马克，这对我们两人都好，但在我的内心深处，我相信我今天所说的一切都是真的。"

接着有了一段新的内容。

> 但同样地，我认为反映这一人事变动的正确做法是重新分配我们的股票期权。机构风险合伙公司愿意投资我们，是基于我们可以作为总裁和首席执行官执行事务，我们不可能再回去找他们，跟他们说这样行不通，因此还需要再分配 200 万期权给我。

我简直不敢相信自己看到的。在接下来的几句话中，里德表示，为便于他上任成为首席执行官，他需要更多期权。更糟的是，他说这些期权中的很大一部分应该由我来出。他说我应该放弃我在公司的部分股权，因为我们现在要分摊责任了。

"胡说八道！"当我向洛琳解释了里德的要求后，她喊道，"公司起步的时候说好了五五分成，尽管所有的工作都是你在做，你作为首席执行官每周要工作 60 个小时，而他不闻不问。现在他真的要来办公室了，突然就觉得五五分成不够了？"

洛琳怒不可遏，用力地摇着头，我都觉得她的脖子可能会受伤。我试图让她冷静一点儿，但徒劳无功。"胡说，"她不停地说，"除了胡说，就是胡说。"

等她怒气冲冲地跺着脚爬上楼，进了卧室，我静静地坐在餐桌旁，小心地合上了笔记本电脑。我知道自己一时半会儿还无法入睡。我想了太多事：我们要如何把这个消息告诉公司里的其他人；第二天我要怎么答复里德关于期权的问题；在接下来的几个月里，我的角色将发生怎样的变化；我该如何应对这一转变。

公司的未来在我的面前徐徐展开——令人生畏，却也充满希望。尽管那天晚上，我还不能说我已经心平气和地接受自己做的决定，但我知道总有一天我会接受的，而且很快就会接受。我能预想到我和里德是如何通力合作让公司取得成功的。我几乎可以听到我们合作的引擎已经开始嗡嗡作响了。

13

重新定义团队

(1999 年春:上线一年后)

NETFLIX

当你白手起家时,你仰仗的是才华横溢、热情澎湃的多面手,但是一旦你从 0 发展到 1,你播下的种子开始茁壮成长,你就必须启动洗牌重组。通常,在创业初期适合这份工作的人,到了中期阶段就无法继续胜任了。有时,引进具有数十年经验和专业知识的人员是必要的。

不当领唱的日子

我们于 1999 年 3 月将公司迁到了洛斯盖多斯镇。新办公室就在山那边的 17 号公路上，离圣克鲁斯尽量近，但还属于硅谷。新办公室离我家有 14 分钟的车程，与我第一年已经习惯的 5 分钟车程相比有了很大的变化，但这段时间足够让我把《甜心艾德琳》或者《在我们的路上》，又或者是我当时正在练习的任何一首理发店四重唱排练 3 遍，有时甚至是 4 遍。

让我解释一下。在网飞成立的几年之前，也就是 20 世纪 90 年代中期，洛琳担心我把自己累垮了，便建议我培养一种与工作无关的爱好。"你总是在车里唱歌，那你为什么不去加入合唱团呢？"

我不仅加入了一支合唱团，还加入了美国"理发店四重唱保护促进会"（简称"保促会"）。这个协会不允许女性加入。她们有自己的团体：甜心艾德琳国际组织。

该协会在世界各地都有分会，离我最近的分会就在圣克鲁斯。

每个星期二晚上都会有一群人在费尔顿圣经教堂的公共活动室里唱歌。凡是保促会的会员都可以加入，而且由于协会备有标准曲目，只要你知道了曲目和你在其中的角色，你就不会有任何困惑。每次合唱都以《老歌》开始，这是保促会的官方主题曲。唱完以后，主管会让我们唱不同的歌曲，有时也会根据会员的要求选定曲目。在两小时左右的合唱之后，我们偶尔会一起出去喝杯啤酒。

理发店合唱有 4 个音域。最高的是男高音，其次是领唱、男中音和男低音。因为唱歌的只有男性成员，所以没有女低音或者女高音的部分，而且音域之间也更接近。这就导致和声会更为紧凑，而习惯了音域更宽的混合合唱的歌手往往很难适应理发店四重唱棘手的部分。在一支大型的混合合唱团里唱歌，感觉就像是在一支管弦乐队里，后面有定音鼓和低音提琴，前面有长笛和小提琴。但理发店四重唱给人的感觉更像是一把吉他，一个人在弹着和弦，而琴弦的音色和音高都调得很接近。

我喜欢唱理发店四重唱。我喜欢成为乐器的一部分的这种感觉，喜欢体验和弦形成的过程。我很少唱主旋律，我的任务常常是复杂而紧密的和声，也就是主旋律以外的声音。我的声音是作为支持的，完全有必要，但却不是你听到的第一个声音。理发店四重唱就是这样，它是一种真正的协作形式。去掉任何一个部分，这首歌听起来的感觉就不对了。

我从来没有在公共场合跟随保促会一起表演过，但那不是重点。重点就在于那些星期二的夜晚。我虔诚地参加合唱活动，对我来说，它们就像嗜酒者互诚协会的活动一样，只是既没有悲伤的故事，也没有煮焦的咖啡，取而代之的是欢快、怀旧的音乐。那些夜晚让我保持清醒。

不过，这个活动几乎把我的家人逼疯了。为了练习，我坐在车里的时候会跟着理发店合唱的磁带一起唱。这是一种特制的磁带，它会把我演唱的部分单独截出来。在磁带的 A 面仅有你自己单独的部分，而在 B 面则是其他所有人的部分。这种磁带的设计目的是，你可以把 A 面连续播放 10 次来熟悉你自己的和声，练熟了以后可以把磁带翻过来播放，练习怎么与其他合唱成员互相配合。

这是一项很有用的技术，但是对于车上不喜欢理发店四重唱的乘客来说，这声音却是极其让人困扰的。比如我的儿子。

"别唱了！"洛根被绑在他的儿童座椅上，双手捂着耳朵大喊，"别再唱了！"

我会闭嘴。但当我一个人开车上下班的时候，我就自由自在地放声歌唱了。

适应新角色

现在回想起来，我才突然意识到，那些清晨的歌唱练习其实是为我在 1998 年年末和 1999 年年初在办公室里所做的工作奠定了基础。每一天，我都在重新定义我的角色。我不再总是领唱了，我并不总是站在团队最前面的那一个了。但我仍是团队中的一员，我们在一起共同发出响亮而优美的声音。我当时正在学习如何与里德一起唱出紧密的和声。

那年春天，我的正式头衔是"总裁"。我的日常工作几乎没有什么变化，我仍然负责我喜欢的（并且擅长的）方面，如客户关系、市场营销、公关、网页设计、所有的电影内容，以及我们与DVD播放机生产商持续的合作关系。里德接手了后端业务：财务、运营和工程。就我个人而言，职位头衔是无关紧要的。但头衔对风险投资公司来说颇为重要，我也不傻：我知道，在为一家快速发展（但仍未盈利）的初创企业筹集资金时，让里德担任首席执行官就是我们最好的资产之一。里德的存在可以让董事会冷静下来，让潜在投资者放心。那年春天，在公司路演时，我心甘情愿地退居二线。我负责的是我最擅长的事情：在里德与投资者和员工打交道时，帮助他磨平棱角、收敛锋芒。

另一个负责帮里德善后的人是帕蒂·麦科德。在我们宣布将共同管理公司之后不久，里德就把她招进来做了人力资源总监。她曾是普雷公司的人力资源总监，长期以来一直是里德的左膀右臂。她类似于在里德耳边时刻小声提醒他的人。很少有人能像她那般了解里德，更重要的是，她知道如何推动他融入社交礼仪。里德有时是……非常耿直的。帕蒂也会表现得耿直，但她的直率更有一番迷人的得州风韵——她懂得社交礼仪。帕蒂知道，里德并不总能注意到自己无意中就惹恼了别人，而且他常常对别人在情感上受到的伤害毫不知情，尤其是对那些不太了解他的人来说，他们没有我这般了解他。如果碰到会议上起了争执的情况，帕蒂也知道如何以及何时把里德拉到一边，温和地向他提出建议：或许他应该为说某人的想法"毫无依据"而道歉。

有一次，我无意中听到她对里德说，我们的管理层会议富有成效，接着她又问他会议上主要是谁在发言。

"我和马克。"他回答道。

"你觉得参会的其他人也应该发言吗？"帕蒂问。里德盯着她看了一会儿，我很好奇他会不会回答这个问题。最后他点了点头，说："知道了。"

然而，帕蒂所扮演的角色绝不仅仅只是针对里德。作为网飞的人力资源总监，她对网飞产生了巨大的影响，这么说并不为过。坦率地说，她对整个人力资源领域产生的巨大影响也怎么说都不为过。她完全重新定义了这个领域。

企业文化是做出来的

我在前文已经提到过，网飞的文化，至少在最初阶段，并不是精心规划的产物，也不是雄心勃勃的原则抑或是文化宣言的结果。我说过，网飞的文化反映了创始人共同的价值观和行为。我也写到过，我们是如何彼此信任、努力工作的，我们对传统企业的那种废话秉持零容忍的态度。

这些都是真的。但是当团队发展壮大时又会发生什么呢？

在一家公司规模还很小的时候，信任和效率是息息相关的。如果你给团队招到了合适的人选，你就不需要确切地告诉他们你希望他们以什么方式来做事——事实上，你甚至不需要告诉他们你想让他们做什么。你唯一要做的就是明确你想要达到的目标，以及这个目标背后的重要意义。如果你雇用了合适的人选，找到了聪明、能干、值得信赖的人，他们自己就会弄清楚自己需要做什么，也会勇往直前。他们会在你意识到问题存在之前就独立地加以解决。

但如果你没有招对人呢？那也很快就能发现。

网飞的早期文化完全脱胎于我和里德对待彼此的方式。我们不会给对方一张我们期望对方完成的任务清单，然后频繁"查岗"以确保所有事情都完成了。我们只是确保每个人都了解公司的目标，以及我们各自负责的是哪些事。我们必须自己设法弄清楚需要做些什么才能实现目标。我们要对彼此开诚布公——绝对地坦诚。

我写过它是什么样子的，或者更准确地说，它听起来是什么样子的。提高的嗓门，争得面红耳赤的会议，直言不讳地指出某个想法多么愚蠢或者行不通。有时候，大家很难理解我和里德真的很喜欢对方，他们很难理解，当我们抛开所有废话，只说自己想说的话时，我们的效率是最高的。我和里德从我们最初开车行驶在17号公路上的时候就这样做了，到现在我们还一直保持着这个习惯。无论是两个人单独讨论，还是在20人的部门会议上，我们都觉得应该为了公司（以及彼此），确保梳理出正确的解决方案——或者更准确地说，用高尔夫球棍和警棍相互击打出来的方案。有时讨论会变得过于激烈，以至于我和里德会完全沉浸在思维交流之中，只有意识到我们提出的想法中的一个或另一个——或者通常情况下，把两种想法结合，显然就是我们要找的解决方案,我们才会停下来,这时就应该继续解决别的问题了。我和里德常常会在一阵吵闹的讨论结束后抬起头来,看到同事们安静地坐在桌边,一个个目瞪口呆,他们的表情似乎在问:"爸爸和妈妈为什么要打架?"

但他们已经习惯了。

绝对的坦诚,以及自由与责任。这些都是非凡的理想,但在我们建立公司最初的几年里,它们并没有真正被确定。我们都是具体事情具体对待的。

举个例子。

1999年的某一天,我们的一位经理带着一个特殊的要求来找我。他的女朋友搬到了圣迭戈市,他想努力维持他们的恋爱关系。"如果我星期五提前下班,飞到圣迭戈去,您觉得可以吗?"他问道。

他解释说,他星期一会在那边办公,星期一晚上飞回来,星期二早上能回到办公室。

我的回答可能让他大吃一惊。"我不在乎你在哪里工作,也不在乎你工作多长时间。你就算在火星上工作,我也不管。如果你问的只是工作时间和地点的问题,那答案很简单:对我来说无所谓。"

我话锋一转,接着说:"但是,如果你真正想问我的是,我是否愿意降低对你和你团队的期望,这样你就可以和你的女朋友待在一起?那这个问题的答案也很简单:不可能。"

他犹豫地看着我。我可以看到他在圣迭戈过周末的梦想破灭了。

"听着,工作地点和工作时间完全取决于你自己。如果你每周在办公室里只待3天半，还能有效地管理你的团队，那么所有的权力都属于你。你就去吧——那我就只能羡慕你，但愿我也能像你一样能干。不过你要记住：你是经理。你的部分工作就是确保你的团队知道你想要他们完成什么，知道这些任务为什么很重要。你觉得如果你不待在办公室里，他们也能做到吗？"

不用说，他的女朋友在那之后不久就单身了。

我给了那位经理选择的自由，但同时也提醒了他对团队的责任。我对他做到了绝对的坦诚，虽然我怀疑如果他每周提前下班去圣迭戈，他是否还能履行承诺、尽职尽责，但我最终还是把决定权交给了他。

那位经理觉得自己被赋予了权力，可以自由地选择自己的生活方式，而公司最终也从他重新集中的精力中受益。每一方都是赢家。

或者，应该说几乎是每一方。他在圣迭戈的那个前女友可能并不像我这么看。

自由与责任也不仅仅属于管理者。以我们公司的前台为例。当他开始这项工作的时候，他并没有拿到一张写了满满7页的清单，上面列着他一天能做或者不能做的所有事情，比如：保持桌面整洁；不要在桌子上吃东西。相反，他的职位描述只有一句话：展现公司最好的一面。

我们给了前台一项明确的职责，也给了他几乎完全的自由来思考如何履行自己的职责。白天什么时候有人需要在那里，完全由他来决定；当他需要离开一会儿，或者生病了，或者需要请一天假的时候,该如何处理,都由他来决定。哪些行为不能展现公司的精神面貌(比如在他的办公桌前吃午餐),而哪些行为对公司有帮助,也由他决定。(我严重怀疑是他买了爆米花机。)

你知道吗?结果是,我们有了一名非常好的前台。

拥有自由与责任的文化,加上绝对的坦诚,就仿佛有魔力一般所向披靡。我们不仅取得了很好的效果,员工们也很喜欢这种文化。具备判断力来做出负责任决定的人都喜欢他们有这样做的自由。

他们喜欢被信任的感觉。

这是有道理的,对吧?如果你的公司里到处都是缺乏敏锐判断力的人,那么你就必须制定各种各样的防范措施,让他们循规蹈矩。你必须为他们规定好每一件事:他们可以在办公用品上花多少钱,他们可以休多少天假,他们什么时候应该待在办公桌前。

大多数公司最终都建立了这样的体系,来保护自己免受缺乏判断力的人的伤害。这只会让拥有判断力的人感到沮丧。还记得那些泡在热水泳池里的工程师吗?如果你像对待小孩一样对待员工,不管你给他们提供了多少张懒人沙发,办了多少场啤酒派对,都无济于事。他们还是会抱怨。

2000年是网飞迅猛发展的一年。我们仍然在雇用具备敏锐判断力的员工。但即使是具备敏锐判断力的人也会对文化和规则产生疑问,况且他们也不应该总是需要找我或者里德问这类问题。

我们开始扪心自问:如果你能专门为了那些具备敏锐判断力的人建立一套流程,那会怎么样?如果你能把他们从那些让优秀员工抓狂的繁文缛节中解放出来，那又会怎么样呢？我们要如何把这一组最初自然而然形成的理想扩大化，才能让一家不断发展的公司从中受益呢？

你应该如何把文化编成规定？

这就是帕蒂·麦科德发挥作用的地方了。她很善于突破规则和自由的边界。她发现网飞的特别之处就在于我们将自由与责任结合了。于是她努力搭建了公司架构，但不是为了限制自由，而是为了鼓励和保护自由。

你能让大家拥有多大程度的自由？你如何确保大家共担责任？

帕蒂站在了常识这一边。例如：你要出差，常识就会告诉你必须建立某种费用报销机制。但我们都不希望经历冗长、耗时且最终变得毫无意义的审批流程。如果我们相信员工可以就关乎几百万美元的事务代表公司做出决定，我们当然可以相信他们能决定应该为自己订哪个价位的机票。

假期也一样。我们以前从未记录过休假情况，因为我们不需要。我们的态度是：如果你需要请一天假，那就请吧。我不需要知道你的根管治疗状况，也不需要了解你孩子的课程表。把你的工作做完，然后在你离开的时候也由你自己对职责负责。

但当一家公司有了50名员工时，事情就变得更加复杂了。员工想知道他们能做什么，不能做什么。帕蒂完全可以采用当时普遍的标准：每年14天带薪休假。但她没有。她很好奇，如果我们想让员工在需要的时候休假，那么我们为什么不能让他们也自己决定假期的长度和起止时间呢？如果我们不设定固定的假期天数会怎么样？如果我们相信员工能把事情做好会怎么样呢？

无限的假期和轻松便捷的费用报销流程如今几乎是陈词滥调了，但在当时却是具有开创意义的。在网飞，帕蒂看到了一个机会，可以从此重新定义人力资源部门的角色。人力资源部门不再只是一个孤独的小隔间，里面堆满了员工手册、性骚扰指控和福利汇总。相反，在她的设想中，人力资源部门成了公司文化的积极推动者。

她看到了一个洞口，就直接开着一辆卡车穿了过去。她废除了我们既存的所有限制员工自由的制度，还设计了几乎完全支持员工自由的制度。她努力确保我们不会无意中创造出束缚员工的新模式，同时也实施了架构以明确我们对员工的期望。她之所以如此成功，其中一部分原因就在于她让所有人都负起责任，包括高管在内。不管你是谁，只要犯了错误，帕蒂都会跟你当面对质。她从不害怕对权威说真话。

她也知道怎么去做罕见的事情，比如将公司文化与传统发扬光大。

有一个很好的例子。还记得新员工的换装日吗？我一直以为，随着公司的规模越来越大，这个传统最终肯定会不了了之。如果你一周只雇一个人，让别人去做一套服装，忍受一次假装的面试是很容易的，但是一旦我们每周招聘的新员工数量达到五六个人，甚至是十几人，这就有点儿不切实际了。

然而帕蒂却从这种以电影为主题的古怪仪式中看到了价值。因此，她把这个传统简化了一下，以便实施起来更高效：她往新办公室的一个房间里塞满了许多与电影相关的服装——蝙蝠侠套装，神奇女侠的斗篷，牛仔帽，以及西部片里常见的那种六发式左轮假手枪。新员工仍然需要盛装打扮，但因为每个人穿的都是同一批服装，他们就不会感觉有压力了，剩下的就只是乐趣而已。

帕蒂还磨平了我们锋利的棱角。不管效果如何，至少她努力过了。例如，在我办公室里仅有的几件装饰品中，有电影公司寄给我的《王牌大贱谍1：神秘的国际男人》的一张电影宣传海报。在这部影片中，邪恶博士对着自己的心理咨询师讲了一段独白，用巴洛克式的繁复语言叙述了他怪异的童年，详细地描述了他那滑稽而癫狂的父亲，还热情称颂了"剃了毛的阴囊"那种"令人惊叹"的感觉。这段独白的全部台词都印在了那张海报上。

我知道这张海报对人力资源部门不那么友好，但我还是禁不住想把它挂在哪里：我太喜欢那部电影了。电影里的那一幕总让我忍俊不禁。这成了我和帕蒂之间仅仅你知我知的一个笑点：每次她把头探进我的办公室，看到我的海报时，她都会强忍住不笑，命令我把它拿下来。于是我就会取下来，等她走了，我再把它挂回去。

网飞正在成长，同时公司还拥有一位极其坦诚的人力资源总监，但这并不意味着我们不能在办公室里找点儿乐子。举个例子：我们称之为"喷泉里的硬币"的小游戏。

我不记得当初是谁发明了这个游戏。我只记得，网飞的男员工经常玩这个游戏。游戏规则很简单：你往小便斗的底部丢一枚硬币。下一个上厕所的人能看到这枚硬币，他要么选择无视，要么伸手把它取出来。这其实是一种社会学实验：一个人会为了多少钱才愿意做一件既恶心又不卫生的事情，把手伸进小便斗里去呢？

当然，只有当不是所有人都知道这个秘密的时候，这个游戏才能玩得起来。但无论是谁在小便斗里做了手脚，他通常都会跟我通风报信。通过玩这个游戏，我们学到了很多有关人性的趣事。比如，1 枚 25 美分的硬币，要比 3 枚 10 美分的硬币消失得更快。没人会伸手去捞纸币，除非面额超过 5 美元。历史上最高的现金价值是有人扔进了一张 20 美元的钞票。它在小便斗里闷了一整天，当我 6 点离开办公室去和家人一起吃晚餐时，它还留在那里。但当我回到办公室时，大概是八九点的样子，钞票已经不见了。

我到现在都不知道到底是谁取走了。

我们喜欢玩的另一个游戏跟厨房有关。公司的厨房是典型的 20 世纪 90 年代中期风格，类似于你在《呆伯特》漫画或者电视剧《办公室》里看到的那种：冰箱里塞满了被遗忘的特百惠餐盒，微波炉被几十个爆过的爆米花袋子弄得脏兮兮的。彼时，氮气冷萃咖啡尚未占领美国初创企业的厨房空间，而我们也无疑属于守旧派，没有雇用厨师。我们大多数人都是自带午餐便当上班的。

这个游戏也是一种意志力测试，但与前述的游戏恰好相反，而且这是利用零食来进行测试的。它源于共享厨房和食物所带来的一个普遍问题。任何时候，只要有人带了一份零食给整个办公室的人吃——从街上商店里买的一打甜甜圈，或者一碗万圣节剩下的糖果——几分钟内，它就会被一扫而空。这就是长时间的工作和压力对你造成的影响。一批零食刚发下来没过几秒，桌上就散落着米奇威趣味牛奶巧克力皱巴巴的包装纸和糖粉了。

最后，我们就此创造了一个游戏。有没有一种零食可以打破在厨房里仅仅停留几分钟就被一扫而空的纪录？有没有这样一种零食，虽然最后会被大家吃完，但这个过程要花上一整天的时间呢？

这个挑战的目的不在于带来一种恶心到没人愿意碰的食物。如果是这样的话就太容易了，带石头过来就好了。关键是要带来一些奇怪或者难吃的东西，它们最终会消失，但要花上整整一个工作日才能消失。你必须在美味与难吃、熟悉与陌生之间找到巧妙的平衡点。

举个例子。

有一天，我从森尼韦尔市的亚洲集市上买了一大袋虾干和海藻。如果你喜欢，那你就会觉得它很好吃。但是这些食物气味刺鼻、外形怪异，绝对不是每个人都喜欢的。我打开袋子，倒进我们平时装爆米花的碗里，然后找了一张能清楚看到厨房的桌子坐定。几秒后，鲍里斯悄悄地走到碗边，一副心不在焉的样子——他可能在思考某个编程问题。他把手伸到碗里抓了一把。当他突然意识到自己塞进嘴里的既不是爆米花，也不是 M&M 巧克力豆的时候，他脸上的那副表情简直让人乐不可支。

我暗自窃喜。在接下来的 3 个小时里，我看着特、克里斯蒂娜和办公室里的其他人缓缓走来，尝了一口大海的味道，咬了一口就走开了。唯一对虾干毫无抵触的是一位工程师，他盛了一小碗拿回自己的办公桌，美滋滋地吃着。

这碗虾干和海藻直到下午 5 点才被消灭干净。

还有一次，我给同事们带了一打鸭胎蛋。你可能听说过这种食物，它是老挝和柬埔寨的一道美食：受精的鸭蛋经过 17 天的孵化，然后被煮熟。鸭蛋里面已经形成了胚胎，也就是小鸭子。由于显而易见的原因，大多数人都很反感这种食物。特殊的保存和加工处理让这种蛋黄呈深绿色，蛋白呈深棕色。它们看起来、闻起来都像恐龙蛋。

我切开了几只鸭胎蛋，把它们整整齐齐地摆在一个纸盘上，放上叉子，甚至还做了块指示牌：鸭蛋！尝尝吧！

令人惊讶的是，它们在两个小时内就被消灭了。

洗牌重组

公司的新办公室位于洛斯盖多斯的北部边缘，毗邻瓦萨纳湖公园。办公室的占地面积很大，有两层，是开放式的空间布局。这不再是由银行改建来的办公场所，而是一栋建在硅谷、专为公司打造的办公大楼。办公空间足以容纳不断扩大的成员队伍。每当你雇用新员工的时候，你要做的就是把几面隔板拼成一个格子间。

我坐在二楼的南侧，和所有前端网络人员、内容制作人、分析师和营销人员在一起。里德坐在大楼的另一侧，与财务团队和后端开发人员坐在一起。如果我们两人同时站起来，我们就可以隔着如洞穴般空旷的空间看到彼此。

我们在股权问题上已达成和解。最后我同意，如果里德出任首席执行官，他想要的股权有 1/3 由我来出，而剩下的 2/3 由他向董事会索要。他去要了，最后也拿到了。

那年春天，就在公司乔迁之后不久，里德聘用了两名主要员工，他们对公司产生了巨大的影响。一个是巴里·麦卡锡。他是一名经验丰富的高管和前投资银行家，此前一直担任"音乐选择"（Music Choice）公司的首席财务官。巴里拥有沃顿商学院的工商管理硕士学位，还拥有美国顶级文理学院威廉姆斯学院的文凭，他有数十年担任咨询顾问和投资银行家的经验。作为一个锋芒毕露的东海岸人，他着装整洁讲究，显得和办公室里的其他人有些格格不入。在洛斯盖多斯充斥着短裤和凉鞋的世界里，他那布克兄弟牌的西装显得格外瞩目。我怀疑，这正是里德喜欢他的原因。

我喜欢他，是因为他聪明，做事高效，说话言简意赅，绝不拖泥带水。另外，他总是叫我"创始人先生"，即使我已经跟他说过叫我"马克"就可以。

巴里的到来宣告了吉姆·库克在网飞职业生涯的结束。吉姆从一开始就想成为公司的首席财务官，而随着巴里的正式加入，他的梦想显然从此破灭了。吉姆的离开也算不上突然，这类事情基本都不能算是突然，但它凸显了那年春夏两季正在发生的事情：创业团队开始分崩离析，下一个阶段就是用新的人选取代他们。

这是创业中的一个事实：变革。当你白手起家时，你仰仗的是才华横溢、热情澎湃的多面手：他们什么事情都会做一点儿，他们相信团队的使命，而你愿意把时间、金钱和想法都托付给他们。但是一旦你从0发展到1，你播下的种子开始茁壮成长，你就必须启动洗牌重组。通常，在创业初期适合这份工作的人，到了中期阶段就无法继续胜任了。有时，引进具有数十年经验和专业知识的人员是必要的。

汤姆·狄龙绝对属于这种情况。在吉姆离职后，我们于1999年年初将汤姆任命为运营总监。汤姆当时已经年过半百，处于半退休的状态，他一生都在为大型企业管理全球的分销。在入职网飞之前，他曾担任希捷（Seagate）公司和堪德森特（Candescent）公司的首席信息官。这两家都是很大的企业。尤其是希捷公司，它的规模庞大且复杂，在全球各地开了24家工厂，员工超过10万人。要在这样一家大型企业掌管技术，其难度之大，常人是很难想象的。更令人惊叹的是，在汤姆的领导下，希捷公司决定在所有工厂实现自动化，这让它得以将工厂（和员工）的数量减少一半。

我不知道帕蒂·麦科德是从哪里把他找来的，但我认为汤姆是网飞有史以来最重要的员工之一。我到现在都不敢相信我们那时候竟然成功请到了他。当时我们每周运输2 000部DVD，还都只是在美国国内，而汤姆负责管理的公司的运输量则达到了百万级别，覆盖全世界。坦率地说，他的能力范畴远远超出了我们能给他的工资水平——我们能付给他的薪资大概仅仅是他过去的 20%。

但汤姆·狄龙完完全全是另一种人。他是 B 型人格[1]，这挺让人意外的，因为他做的工作对细节要求极高。他身材高大，步履蹒跚，蓄着大胡子，一头白发已经开始谢顶。他喜欢宽松的衣服，爱开轻松的玩笑。我从未见过他压力很大的样子。他就像杰夫·布里吉斯在电影《谋杀绿脚趾》中扮演的"督爷"——大家都喜欢的瘾君子爷爷。汤姆·狄龙就是"督爷"的现实版。

他把我们这家小公司看作退休后的一种业余爱好。我猜他应该很喜欢这个挑战。我的意思是，我们当时只有一间仓库，所有东西还都是在棋牌桌上手工整理的。这就好比雇用爵士乐大师迈尔斯·戴维斯为你孩子的成人礼伴奏一样。

网飞岌岌可危

我们有了一间新办公室，到处都是新面孔，但我们还是面临着一样的老问题：没人想从我们这里租 DVD。

听起来很不可思议，不是吗？在那之后不到一年的时间内，网飞就几乎成了 DVD 租赁的代名词。但是从 1998 年到 1999 年，我们说服用户从我们这里租 DVD 的唯一办法就是免费出租。一

---

[1] B 型人格与世无争，对任何事都泰然处之。——编者注

年半过去了，我们已经尝试了所有能想到的方法：租一送一、附送赠品、捆绑销售、打折促销。我们已经尝试了所有可能的主页设计。但我们做得还不够。我们还是没有找到一种获取用户的方法，以及提升用户回头率的方法，从而让我们在收回获客成本的基础上获得净利润。

这并不是一份完美的商业计划。

但正如我们早已预见的，亚马逊在前一年的11月就已经开始销售DVD了。如果我们的用户想要购买DVD，我们就会把他们引导到亚马逊的网站上。但引流进行了仅仅几个月之后，里德就悄悄地搁置了这项计划。原因就是我们花了那么多时间，把亚马逊网站的链接添加到我们的页面上，就是为了把我们的用户送到亚马逊去购买他们想要的DVD。我们满心期待的是亚马逊也会做出同样的努力，把想要租碟的用户引导到我们这里来，但我们获得的回报却微乎其微。在亚马逊的网站上，引导至网飞页面的链接一点儿也不显眼，用户很难找到。我们给亚马逊送去了成千上万个用户，可它却只给我们带来了几百个用户。

当这笔交易失败时，里德却告诉我们，这件事从来都没有那么重要。所有人都垂头丧气、备感挫败，尤其是克里斯蒂娜。她从一开始就反对这笔交易，但她一贯以团队合作为重。为了这笔交易，她也已经尽力把网飞方面的工作努力做好。你和里德（还有帕蒂）进行多次交谈，才能让他意识到，当你把某件事置于首位，让员工殚精竭虑地做一件他们并不认可的事情，却又不尊重他们付出的努力时，会有多么令人沮丧。

另一个令人沮丧的事实是，没有来自亚马逊的新用户，又没了DVD销售业务来维持资金周转，我们就只能一直亏钱。我和里德在团队面前装出一副乐观的样子，让大家相信，我们此时的业绩不佳其实是一件好事。我们指出，如果网飞要取得成功，公司就必须只能专注于一件事，而这件事就是租赁业务。

到1999年夏，网飞已经岌岌可危、濒临崩溃。每个工作日的午餐休息时间，我基本上都在办公室旁边的公园里慢跑，希望在沿着洛斯盖多斯溪边小径挥汗如雨的某个时刻，能灵机一动想出一个解决方案，让用户愿意一直从我们这里租看DVD。

我的脑海中始终萦绕着一个想法，久久挥之不去。在我最后几次去公司位于圣何塞市的仓库的时候，其中有一次，我注意到我们有几千张——不，是成千上万张——DVD闲置在仓库的货架上。当我回到办公室，告诉里德我的发现时，这又激发了我们两人之间一段有趣的对话：我们为什么要把所有DVD都储存在仓库里呢？也许我们能想出一个办法，让用户来储存DVD——储存在他们的房子里，在他们的书架上，让他们想放多久就放多久。

如果我们取消滞纳金，会产生什么效果呢？

我们越想越喜欢这个主意。我们知道，关于我们目前的租赁计划，最大的问题之一是它依赖于有组织、有准备的用户，也就是提前几天就已经想好了自己要看什么电影的人。

从常识和经验来看，符合这个标准的用户几乎为零。大多数人（我不得不承认，我自己也属于这一类人）只有在把车停到百视达门店前的停车场之后，才想好自己要看什么电影。在我的世界里，这已经算得上是事先想好的了。大多数人都是在摆放最新电影的货架上看到电影名字的10秒后，才决定自己要租什么。

但如果他们可以把光盘想保存多久就保存多久呢？一切就都不一样了。那他们就可以把那张租来的DVD放在电视机上面，想放多久都可以。当人们突然觉得想看部电影了，那就是转瞬即逝的冲动。有时甚至在你开车去一家百视达门店的路上，这种看电影的欲望就已经消失了。要是你囤了一堆DVD放在那里，你就可以根据自己的心情选择看什么电影。在办公室辛苦工作了一天之后，讲述杀警冤案的纪录片《细细的蓝线》的气氛是不是太紧张了？没关系，那就先放着。还好有一部喜剧片《土拨鼠之日》可以让你开心一下。

这么一来，我们就能将最大的弱点完全变成最大的优势。

订阅模式初见雏形

当他们看完了一部电影呢？我们不确定接下来会发生什么。那么，如果用户只是简单地将DVD邮寄给下一个用户呢？这种点对点的方式会有什么效果？

换句话说，我们基本就是在凭空想象。但到仲夏时节，经过数周的辩论，累计跑了大概100英里，我们终于想出了三个我们认为不完全是胡说八道的计划。它们分别是：

（1）家庭租赁库。当我们发出一份非正式的电子邮件，调查用户对于取消滞纳金的看法时，我们得到了热烈的回应。因此，我们设计了一种形式，允许用户以每月15.99美元的价格一次租借4张DVD，想借多久就借多久。一旦用户归还了其中一张DVD，他们就可以回到网站上再租一张。

（2）序列化交付。我们怀疑"回到网站上再租一张"这一步可能会出问题。因为大家都很忙，一旦他们将看过的DVD丢进邮筒，再租DVD的念头就会被置之天外。因此，我们也许可以让每个用户创建一张自己的DVD心愿清单。这样，当他们把DVD还回来时，我们就可以自动（特用的词是"如魔法一般地"）把他们清单上的下一部电影邮寄给他们。我建议将这张清单命名为"队列"。

（3）订阅模式。让用户想借多久就借多久，对他们来说似乎很划算，但我们不确定应该采用什么样的商业模式。每次换DVD的时候都要付租金吗？如果用户一张光盘都没还回来，那该怎么办呢？我们决定测试一下按月交费的模式是否可行，也就是对我们提供的服务每月收一次费。

我们的计划是分别测试一下这些举措，看看哪些有效，哪些无效。在网飞，我们从一开始就是这么做的。我们的网站经过精心设计，即使是最微小的变化，它所产生的影响也可以被测量和量化。在上线之前，我们已经学会了如何有效地进行测试。归根结底，一个测试看起来有多棒并不重要，它可能会出现断开的链接、遗漏的图片、拼写错误的单词等——重要的是想法本身。如果这是一个馊主意，那么不管我们多关注测试中的细节问题，它也不会成为一个好主意。但如果这是一个好主意，那么不管有多少障碍或者我们这边的工作做得多马虎，大家都会争相涌入享用这项服务。面对网站出现的问题，他们会一次又一次地尝试，他们会重启网站，会试着想办法绕过问题找到解决的办法，会打电话给人工客服下单（而我们的电话号码此时甚至都还没被列入联络方式中）。

如果大家想要你手里的东西，那么他们会砸开你的门，跳过损坏的链接，央求你再多给一点儿。如果他们不想要你的东西，那么单纯改变网页的配色是无济于事的。

因此，到1999年年中，我们已经成了测试方面的资深专家，我们可以很快就完成测试。但就算再快，每次测试也需要大约两周的时间。当我告诉里德这件事时，他看着我的眼神好像我疯了一样。

"这太荒唐了，我们哪有这么多时间。"

"听着，"我对他说，"我们必须做点儿什么。我们现在一个用户也留不住，也没有人从我们这里租借DVD，而且——"

"没错。所以你应该把所有测试一起做了。"里德打断了我的话。

我刚要争辩，但紧接着就想起了前一年我们经历的测试。这个主意不错，而且符合我们的精神：更快、更频繁地进行测试。我们一直试图避免落入创业的头号陷阱：在脑海里筑造想象中的城堡，精心设计好一切，包括塔楼、吊桥和护城河。过度的计划和过度的设计往往只是过度的思考，或者只是普通的拖延症而已。在创意方面，测试 10 个糟糕的想法要比花上好几天时间想出完美的创意更有效。

管它呢，我想。我让克里斯蒂娜和埃里克把这 3 项测试合而为一。彼时我们的用户流相当不错，因为有很多用户用免费租赁的优惠券到网飞的网站进行兑换，所以得到测试的结果不会花太长时间。我们对网页进行了设置，使得在网站上点击兑换按钮的用户中，每十人就有一人会被引导到一个自定义页面，让他们有机会免费订阅一个月的网飞"招牌"计划：没有到期日，也没有滞纳金。我们会寄给他们 4 张 DVD，每寄回 1 张 DVD，我们就会再给他们寄下一张，想租多少次就有多少次。到月底，如果他们不取消订阅的话，我们就会自动（这一次轮到我用"如魔法一般地"来形容了）向他们收取每月 15.99 美元的费用，各种主流信用卡都可以用来支付。

家庭租赁库 × 序列化交付 × 订阅模式，就是我们把最近想到的 3 个还算不错的点子，全都扔进了一口锅里。

"这可能不会成功，"我对克里斯蒂娜说，"但是，嘿，至少我们可以知道最后的结果是什么。"

14

关键创新：订阅与算法推荐

（1999 年秋：上线一年半后）

NETFLIX

整件事给我们上了宝贵的一课：相信你的直觉，但也要检验它。在做任何具体的事情之前，数据必须先行。

订阅模式

这个主意成功了。

大家不只是喜欢取消滞纳金，支付每月固定的费用，以及带"队列"的序列化交付。

他们简直爱死了这个主意。

测试的第一天，在点击了横幅广告的用户中，90%的人向我们提供了信用卡信息。这已经够疯狂的了。我原本估计的概率是20%，因为在通常情况下，索要信用卡号码的成功概率就是这么高，即便他们享有一个月的免费试用期，而且可以在正式收费之前随时取消。这并不是纯属偶然——注册率每天都维持在如此高的水平之上。网站访问者注册订阅的比例是按件计价用户的四五倍。

大家一看到这项新服务，立刻就上钩了。他们完完全全、毫无保留地接受了。

我们在仓促间打造了一项服务来兑现我们的承诺。不过，还有很多问题需要解决：如何在保证正常运营的同时运行滚动序列化交付系统，如何进行自动订阅计费，如何构建有效的"队列"系统。但在一周之内，效果让人如此乐观，那时我们就知道这个计划成功了。

每天我都会走到苏雷什的办公桌前好几次。苏雷什会从我们每天产生的海量信息中提取所有重要的数据，将其转化成一种我们都可以消化和使用的形式。我敢肯定，他当时已经开始害怕我靠近他的办公桌了，害怕喝了太多咖啡的我总是紧张不安地问他要数据。但我太想知道了：订阅用户数有没有比昨天更多？或者更少了？有多少人参与了订阅计划？有多少人对广告视而不见？在这个过程中，他们是在哪一步决定放弃的？

一个月后，我们就可以确定问题的答案了，因为那些参与了免费试用（并向我们提供了信用卡信息）的用户在这一个月内随时可以取消订阅。但情况正在好转。我们进行了数百次失败的试验，工作了数千个小时，花费了数百万美元，但我们似乎终于想出了一种可行的DVD邮寄租赁的模式。

没人比我更惊讶了。我不仅反对冒险同时测试我们的3个想法，而且这也许是我最不可能想到的解决方案。如果在网飞上线的那天，你让我描述一下网飞最终会是什么样子的，我可能永远也想不到包月订阅的服务模式。即使你试着把问题简化，把它变成包含3个选项的单选题的形式，我仍然只有1/3的概率选出正确的答案。

测试开始几天后，洛琳带着孩子们来洛斯盖多斯和我一起吃午饭。此时我已经不再慢跑了。我们点了一份比萨,在公园里野餐。吃完之后,我和洛根、摩根登上了沿着公园外围运行的蒸汽火车。洛琳溜进我们后面的那排,怀里抱着一直嘟哝的亨特。当我们围着公园中央的湖绕圈的时候,我和洛琳谈起了我们激动人心的新想法。这时,我突然想起了我的父亲,想起了他在地下室里安装蒸汽火车模型,叫我下楼去看车轮转动的情景。

"我当时说错了,是吧?"当我把初步数据告诉洛琳时,她说,"这件事会大获成功的,不是吗?"

"我真的是这么认为的,但别难过。几年前,这还算不上一个好的创意。再说了,无人知晓一切。"

洛琳笑了。她知道我在引用威廉·戈德曼说过的话,我们俩刚刚读完他的《银幕春秋》。也许你没听说过戈德曼这个人。他是位编剧,主要从事幕后工作,不太出现在报纸的头版头条上。我们这一代人应该感谢他写了《虎豹小霸王》。那些年轻一点儿的人可能会喜欢他为《公主新娘》写的剧本。他的作品还有《危情十日》《燥热》《傀儡木偶》《马拉松人》《将军的女儿》,以及其他 20 多部作品。他曾两次获得奥斯卡最佳编剧奖。

但威廉·戈德曼最著名的是他写下了 3 个词语:

无人、知晓、一切。

戈德曼表示,这三个词是了解好莱坞一切的关键。没有人可以真的预测到一部电影是会成为卖座大片还是会惨败而归……直到电影上映。

例如，你怎么可能想到，一部由奥斯卡获奖导演（迈克尔·西米诺）执导，奥斯卡最佳男演员奖得主（克里斯托弗·沃肯）主演，绝对精彩的剧本，以及有5 000万美元投资……的电影——《天堂之门》，最终却成了好莱坞史上最大的败笔之一？

你又怎么可能想到，一位第一次执导电影的导演，几个业余演员，压根儿就没有剧本，预算不足5万美元……却铸就了《女巫布莱尔》——有史以来最成功的独立电影之一，总票房超过2.5亿美元？

有一个简单的解释。

因为"无人知晓一切"。这不只适用于好莱坞，也适用于硅谷。"无人知晓一切"并不是在控诉。它是一种提醒，一种鼓励。

因为如果"无人知晓一切"——如果真的不可能事先知道哪些想法是好的，哪些不是，如果不可能知道谁会成功，而谁又不会——那么任何想法都有可能是成功的。如果"无人知晓一切"，那么你就必须相信你自己，你必须进行自我测试，你必须愿意承担失败的风险。

硅谷的头脑风暴会议，通常会以一句"天下没有馊主意"开头。我始终无法苟同。肯定是有馊主意的。但如果你不去尝试一下，你永远都不会知道这个想法到底是好还是坏。

正如网飞的经验所体现的，有时候馊主意也可能变成好主意。

不仅那些告诉我网飞永远不会成功的人（包括我的妻子）犯了错，我自己也错了。我们都错了。我们都知道这个想法可以成功，但说到底没人知道它会如何成功——直到它终于成功的那天。

我们曾经设想中的网飞，就是米奇经营的连锁店 Video Droid 的线上版本：一家音像店。我们私底下甚至就是这样称呼它的，我们从来不会把 Netflix.com 称作一个网站，或者一项租赁服务。那时我们一直把它称为"商店"。

但是现在我们有了一个新的模型，一个我们从来没想过会突然出现的模型。电子商务领域中最具革命性的结构，就是多年的工作，数千个小时的头脑风暴，糟糕的财务状况，一位不耐烦的首席执行官……这一切叠加在一起产生的结果。订阅模式不但拯救了网飞，也迅速成了网飞最典型的特征。但这并不是我们从一开始就制定好的发展方向，也不是任何人可以事先预测的。这需要很多努力、很多思考。

这也需要机缘巧合。

其他人称之为幸运，我管它叫"无人知晓一切"。

为潜力付费

订阅模式具有巨大的潜力，它可以解决我们的许多问题，但它同时也带来了一些新问题。

第一个问题是我们既有的促销活动。在被 DVD 制造商拒绝了无数次之后，我终于说服了它们，得以把我们的优惠券放进它们产品的盒子里。我向制造商们保证过我们一定会履行诺言。促销活动的结果是，此时市面上有了成千上万张承诺"免费租借3张DVD"的优惠券在流通。由于DVD制造商供应链的滞后，在往后的数年内，这些优惠券还会时不时地冒出来。我们知道，要想迅速启动我们的订阅计划，最佳方法就是利用招牌计划，以免费试用一个月无限量的DVD租赁来代替免费租借DVD的请求。但用户会接受吗？他们会觉得这是在挂羊头卖狗肉吗？我们也很担心制造商不同意，它们有充分的权利坚持要求我们严格履行有关优惠券的条款。

第二个问题是我们的"首月免费"促销。我们为每名用户提供一个月的免费试用期，让他们自己评估这个计划，再决定是否愿意继续付费。我们很喜欢这个首月免费计划，它为我们的服务带来了成千上万个新用户。但在首月免费结束之后应该怎么办的问题上，我们内部无法达成一致意见。我们要如何将贪图促销活动的用户转变为付费用户？你当然可以直接询问用户是否想继续订阅。但我强烈建议，我们应该利用一个"消极选项"，也就是说，干脆不要问。除非用户主动取消订阅，否则我们会自动将用户纳入下个月的会员计划，并从他们的信用卡里扣费。这种设置现在已经屡见不鲜了，亚马逊Prime会员以及几乎所有订阅计划都是这样运作的。但在当时，这看起来几乎就是在抢钱——侵略性过强，近乎卑鄙。里德不喜欢这种做法。

第三个问题是我们按件计价的DVD租赁服务。虽然这项服务从来没有达到能够独自支撑公司的地步，但还是有相当多的顾客喜欢一次只租一张DVD，不愿意加入任何长期的会员计划。

但就在差不多12个月以前，我们面临过同时经营租赁和销售业务的复杂性问题，也意识到我们要想取得成功，最佳的机会就是专注于其中一项业务。我们现在不得不做出类似的决定：是应该把所有的精力和资源集中在可能拯救网飞的会员计划上，还是应该试着同时提供这两种模式的服务？

  第一个问题解决起来其实并没有我想象中的那么难。事实证明，当你和一家大型消费电子公司合作了一年之后，而你的新举措又已经在用户中受到了广泛的欢迎，你再和这些公司进行谈判就会变得容易许多。对我们来说显而易见的事情，对索尼和东芝这样的公司来说也当然是显而易见的——订阅模式会颠覆整个行业。你现在或许很难想象，因为如今的科技初创公司提供从袜子到情趣玩具等各种商品的订阅服务。但在1999年，我们做的却是一件史无前例的事情：我们是在说服大家为潜力付费。通过告诉他们，不管他们看多少部电影，他们都只要支付同样的价钱，我们实际上是在鼓励他们尽可能多地使用我们提供的服务。通过取消滞纳金，让他们可以一次保留DVD数天乃至数周，我们实际上是在为那些重度用户提供了一个可以替代音像店的选择，而他们恰恰是音像店最具价值的客户。

  换句话说，我们是在信心的基础上进行运营的。因此，当我与索尼的迈克·菲德勒以及东芝的史蒂夫·尼克森联系时，我并没有问他们能否改变我们的促销活动条款。我向他们解释了我们商业模式的转变，还列出了一些数据来佐证会员计划受欢迎的程度。购买DVD播放机的顾客仍然可以免费获得DVD，但他们需要先进行注册订阅。我用尽了全部的说服力,才以完美的措辞、充分的论证进行了一番游说,最后我成功了——没有人放弃合作。

消极选项的问题要更棘手一些。

"你不能连问都不问一声就从别人的信用卡里扣费,"里德说,"这是完全不道德的。"

"这是完全正常的,里德,难道你从来没有订阅过杂志吗?"

"我不喜欢这种方式。"

"他们有机会免费得到商品,而我们有机会让他们着迷。这就是交换。他们从一开始就明白的。"

"也许他们忘了。"

"听着,如果他们从一开始就喜欢这项优惠活动,喜欢到愿意给我们提供信用卡信息,那他们很可能就会非常喜欢这个会员计划,愿意继续订阅。"

里德皱起了眉头。他不同意。但最后还是我赢了:毕竟,我们给用户邮寄了价值100美元的DVD。顾客必须输入他们的信用卡信息才能享受这项免费试用的服务,这对他们来说并不是好玩的。

"让我们先假设每个人都喜欢会员计划,"我争辩道,"如果真是这样的话,订阅自动续期,信用卡自动支付,对他们来说都是好事。"尽管我很乐观,但我并没有彻底失去理智。在我们推出免费试用版的4周后,我还没有完全准备好面对接二连三取消订阅的情形。那一整天,我都在自己的办公室和苏雷什的办公室之间来回踱步,查看数据。到下午5点,我还没走到他跟前,他就开始冲我大喊大叫了。那一整天,我收到的信息基本都是相同的。

"他们续订了!"他喊道,"他们续费了!"

专注与放弃

到目前为止,最棘手的问题就是按件计价的 DVD 租赁服务。有一些用户很喜欢这种方式,尤其是那些不常看电影但又喜欢网购的小批量用户。

但更多用户都超级喜欢订阅服务。在招牌计划推出的头 3 个月,它将我们的网站访问量提高了 300%。

我们必须问自己的问题是:同时提供这两种模式是否值得?或者应该把重点放在订阅计划上,舍弃一些早期用户才更有意义?

要回答这个问题,我就需要首先解释一下什么是"加拿大原则"。

网飞在最初的 12 年里,只在美国提供服务。刚起步的时候,我们既没有基础设施也没有资金来服务国际市场。我们靠的是几名员工在一间银行保险库里手动把 DVD 塞进信封里,我们的整个商业模式都基于美国的邮费水平。尽管如此,我们还是常常考虑将业务扩展到加拿大。那里距离不远,法规不严,邮费和运输费也相对低廉。经过计算,如果我们将业务扩至加拿大,大概可以立即获得大约 10% 的收入增长。

但我们并没有这么做。

为什么呢？主要有两个原因。

其中一个原因是，我们知道这项业务扩张实际运作起来肯定会比想的更复杂。因为在加拿大的部分地区，主要语言是法语，所以我们会很头疼翻译问题。加拿大人使用的是与美国不同的货币，这会让我们的定价变得更加复杂，而加拿大人也把他们的货币叫作 dollar（与美元是同一个单词），沟通起来容易造成混淆，不知道人们指的是美元还是加拿大元。此外，两国的邮费也不一样，所以我们必须使用不同的信封。换句话说，哪怕是看起来再简单不过的事情，操作起来也肯定会非常麻烦。

但最主要的原因其实更简单。

如果我们把开辟加拿大市场所需要的精力、人力和脑力应用到业务的其他方面，我们最终得到的回报要远远高于10%。拓展市场只是一个短期举措，它仅仅具有短期的效益，而且会分散我们的注意力。

当里德开始提倡取消按件计价的DVD租赁服务时，我最初是持反对意见的。尽管数据看起来确实不错，但我还是担心放弃这部分用户可能会带来的经济损失。我们为什么不能再稍微兼顾一段时间呢？也好让我们的用户和盈亏底线都能有个过渡阶段。

但当我意识到，这个决定与我们6个月前面临的放弃DVD销售业务的决定是类似的，我们实际上面临着一个应用"加拿大原则"的机会时，我就同意了。里德是对的，既然我们已经知道订阅模式就是未来的发展方向，那么继续开展按件计价的租赁业务就没有意义了。按件计价租赁业务的用户只占网飞总体用户中的很小一部分，再坚持下去，我们就等于把精力、金钱和人才分散到一种对我们来说已经过时的模式上。此外，就像 DVD 销售业务一样，我们这么做只会让用户感到困惑，因为我们给了他们太多选择。

到 2000 年 2 月，我们彻底放弃了按件计价的租赁模式，完全转向订阅服务。此时，每月的订阅费用是 19.99 美元，而网飞也和"招牌计划"画上了等号。

专注，这就是企业家的秘密武器，它在网飞的故事里出现了一次又一次——放弃 DVD 销售业务，放弃按件计价的租赁模式，以及最终放弃了网飞初创团队的众多成员——为了公司的未来，我们不得不抛弃一部分过去。有时候，这种极度的专注似乎有些冷酷无情——确实有点儿残酷。但这又绝不仅仅是残酷，它更是一种勇气。

数据先行

在将业务完全转移到招牌计划上之后，我们几乎立刻就将最大的劣势——交货时间——在一念之间转变成了我们最大的优势。现在相比去百视达门店租碟，我们不再是慢上好几天了，而是快了许多倍！如果你想看电影，那你无须开车去商店，因为家里已经有一堆 DVD 在等着你了，就在你的电视机上。这是我们力所能及最接近"电影点播"的方式了。

我们设想用户拥有一个轮换的、不断刷新的 DVD 库。晚上看完一部电影之后，第二天早上在上班的路上顺手把看过的DVD丢进邮筒，到了下午就能收到一封电子邮件，告知你下一张DVD就在路上。

不完全是即时满足，但也颇为接近了。

我们不知道这对我们的运输方式来说意味着什么。汤姆·狄龙已经将我们在前一年使用的整个取货、包装和运输系统进行了一番重组，提高了效率，也让用户能享受到更加方便、更加快捷的服务。他还发现，即使用户订购了不止一张DVD，但如果所有的DVD都单独发货，而且一有库存就立刻发出，那么成本会低得多，效率也会更高。（每次我和洛琳去一家新潮的小份食物餐厅吃饭，服务员告诉我，每道菜一做好就会立刻上桌，我就会想到这两件事的相似之处。这听起来像是一种冷静的用餐哲学，但实际上，这么做只会减轻厨房的负担。）

不过，尽管招牌计划并不一定要求更快的发货速度——因为用户已经在他们的电视机上囤好了想看的电影——但我们认为，如果用户在寄回一部电影后，第二天就能收到一部新电影，那将是一件非常酷的事情，就像魔法一样。毕竟，谁愿意等上一个星期才能拿到DVD呢？

一些本地用户已经享受到了次日送达的服务。我们的仓库位于圣何塞市，由于地理位置的优势，圣何塞市当地的网飞用户往往在订购后的一天之内就能拿到DVD，而佛罗里达州的用户往往要等上六七天。但当我们查看这些数据时，我们却发现交货时间和客户留存率之间并不存在任何关联。几个月之后，旧金山湾区和佛罗里达州的客户留存率大致持平。

"这是为什么呢?"一天下午,我一边问里德,一边对着格子间的隔板扔网球,"按照常理,佛罗里达州的人应该会说:'去他的,这根本不值15美元。'"

"他们可能只是习惯了,"里德回答,"他们知道我们远在美国的另一头,可能就预料到了运送需要花更长的时间。我们可能刚好成功地免去了麻烦事。如果我们不需要在全美各地建仓库以便连夜运输,我们就可以省下一大笔钱。"

"这根本说不通,次日送达应该能扭转乾坤。一定有什么我们没发现的事情。"

我一下子用力过猛,网球从我身边弹到了里德的桌子上。

"我有个主意,"我说,"我们从来没有为哪座城市从一开始就提供次日送达服务。如果试试看,我们就可以衡量对所有变量的影响,看看次日送达是否真的重要。"

里德耸了耸肩。

当我告诉汤姆·狄龙,为了确认一下,我们需要在另一个市场测试一下次日送达服务时,他看我的眼神我永远也忘不了。我不太确定应该怎么做,显然,我们不能仅仅为了在一个城市做测试就建立一个全新的配送中心,对吧?

"就在萨克拉门托干吧,"他轻声笑了,"不用盖仓库。在这一个月的时间里,每天晚上把所有东西从这里运走,送到萨克拉门托市的邮局。"

"你愿意做吗?"

"见鬼，才不要，这可是你出的主意。"

于是就有了丹·杰普森开着一辆厢式货车在80号州际公路上行驶两小时的经历。车窗都关上了，车上千千万万张DVD信封的边缘在他身后的微风中轻轻飘动。

在接下来的几个月里，丹每天早上都会开车去萨克拉门托取邮件，然后把它们带回洛斯盖多斯，几个小时之后，他再一次把邮件送往萨克拉门托。在这几个月的时间里，我们分析了结果，着实大吃一惊。次日送达对取消订阅率没有产生太大的影响，真正发生变化的是新用户注册率。

"可这一点儿也说不通啊，"我站在克里斯蒂娜的办公桌旁，手里拿着一份刚打印的新注册用户名单，"我们并没有事先告诉他们，下单的第二天就能拿到订购的DVD，我们只是默默地这么做了！难道他们只是……凭直觉知道，他们很快就能拿到光盘？"

克里斯蒂娜翻了个白眼。"马克，当然不是这样的。你是只见树木不见森林了。"

我等着她往下说。

"是用户在告诉他们的朋友。这是口碑传播。"

克里斯蒂娜说得对。我们运行测试的时间越长，就越能明显看出，次日送达能真正颠覆这个行业——只不过不是以我们预想的方式罢了。它不会影响用户留存率，它真正影响的是注册率。次日送达激发了真正的用户忠诚度，正是这种用户忠诚度让你自发地把自己正在使用的这项新服务告诉你所有的朋友。随着时间的推移，我们注意到我们对萨克拉门托市场的渗透率已经接近硅谷的水平。那可是硅谷呀！所有最早使用DVD技术的人都住在这里了！

整件事给我们上了宝贵的一课：相信你的直觉，但也要检验它。在做任何具体的事情之前，数据必须先行。我们虽然猜测次日送达很重要，但是在分析测试结果时目光太过短浅，所以一直想不明白为什么会产生这样的结果。因此，需要进行一项额外的测试，一次真正跳脱定势思维的测试，来理解我们凭直觉认为是正确的事情。一旦理解了它背后的原因，我们就可以进一步完善这个想法，最大限度地发挥它的潜力——巨大的潜力。次日送达就像魔法一般，我们知道这必须是未来计划的一部分。现在我们只需要找到一种实施的方法，而不再是亲自开车运DVD或者在全美各地建立巨大的仓库。

"交给我吧。"汤姆·狄龙说。

开创算法匹配服务

每当有人问我，我最喜欢的电影是什么时，我从来都不会说实话。

我的官方回答，同时也是个很好用的谎言是《低俗小说》。每当我提到这部电影时，所有的影迷和硬汉都纷纷点头表示赞同。这也不假，我确实挺喜欢这部电影的，喜欢它的剧本，喜欢它的摄影，也很喜欢塞缪尔·杰克逊、约翰·特拉沃尔塔和乌玛·瑟曼的表演。除了《绿野仙踪》，我看过次数最多的电影可能就是

《低俗小说》了。

但这其实并不是我最喜欢的电影。我最喜欢的电影是《好莱坞医生》，这是于1991年上映的一部喜剧片，就算你看过这部电影，估计也已经不记得了。

在《好莱坞医生》中，当时还很年轻的演员迈克尔·J.福克斯扮演的是一名来自华盛顿特区的傲慢的整形医生。他开着自己的保时捷横穿美国，却在南卡罗来纳州的一个小镇上发生了车祸。他的汽车撞倒了栅栏，作为处罚，他要在当地的医院进行义务服务。

各种复杂情况紧随其后。这本质上是一个"鱼离开水"的故事——他是一名大城市的外科医生，突然来到了一个有着当地特有的价值观的小城镇，而他最终也意识到，在一个小镇上当医生才是他真正热爱的生活。

没有人会认为《好莱坞医生》是一部杰作，但它却打动了我，我自己也不知道为什么。也许就是因为它激发了我潜藏在内心深处的渴望：想要过一种简单的生活，与周围的人、自己的家庭及生活的地方建立真正的心灵纽带。从很多方面来说，《好莱坞医生》就是我的幻想。它让我向往质朴的生活，向往一个人人相知、彼此关怀的地方。在那里，你白天工作，晚上回到家，坐在门廊上，然后邻居们会让你帮忙评判谁才是烧烤比赛的赢家。

如果你问我20世纪，或者90年代，甚至是1991年最伟大的电影是哪一部，我的第一反应肯定不是《好莱坞医生》。但是如果我看到屋子里放着这部电影的DVD，我就会把它放进DVD

播放机里。它算不上最好的电影，不是经典影片，也不是热门的新片——它只是我的最爱。

帮助大家找到他们最爱的电影，找到他们会喜欢的电影，就是网飞的真正目标。从一开始，我们就知道公司不可能仅仅依赖于运输服务或者某个单一的产品——因为如果是这样的话，一旦技术发生变化，我们就会面临被淘汰的局面。如果想要获得长期的生存机会，我们就必须让用户相信，我们提供的服务绝不仅仅是在线电影库和快速配送。无论是技术还是交付方法，其实都无关紧要，最重要的是将我们的用户与我们知道他们会喜欢的电影无缝衔接。无论未来的技术发展方向如何，这一点始终是有意义的。

当然，说起来容易做起来难。

在线商店的一个缺点是不方便浏览。如果你知道自己想找什么电影，你当然可以直接搜索。但如果你自己并不清楚，那么想要找到一部电影就异常困难了。你一次只能看一页，而且一个页面上能呈现的电影数量也有限。你必须根据DVD的封面设计或者剧情梗概来做出快速的判断。当然，不光是网店，在音像实体店也会面临这个问题。米奇说过，大多数人走进音像店时，其实完全不知道自己要找什么，他们只是在各个货架之间游移不定。但是在实体店，你可以向店员寻求帮助，或者至少你可以在过道里闲逛，也许偶然看见的某张光盘能勾起你的兴趣。

我们想让页面更方便用户浏览，我们还想为用户提供推荐和影评。因此，我和克里斯蒂娜以及整个编辑内容团队为各种电影类型设计了内容丰富的登录页面。如果你在寻找一部惊悚片，那我们有一整个页面就是专门介绍惊悚片的，上面有排名前10位的惊悚片名单，有新片和经典电影的影评，还会突出显示我们库存里现有的影片。如果你喜欢汤姆·克鲁斯的电影，那也是一样的。这个想法的重点就是提供温和的建议和指导，类似于一个善解人意（并且知识渊博）的音像店店员所能提供的服务。

我们想要提供个性化的服务，但问题是，如果全部由人工完成这些工作，成本就会非常高昂，更不用说费时了。当我们只有900部电影时，创建匹配的内容还可行，但到1999年年底，我们已经有了近5 000部电影。除了工作进度很难跟上，浏览甚至也会变得更加不方便。

里德又以他的一贯的风格坚持推进自动化。

"就别想着什么登录页面了，我们现在反正要重新设计网站。我们不需要硬编码页面，不如这样吧：在网站首页上创建一个框架，框架里的插槽一次可以展示4部电影。每个插槽可以显示电影的光盘封面、影片时长、发行日期，以及剧情梗概，也就是我们现在已有的那些数据。接着，列出你希望展示在页面上的50部电影，让网站随机选择要显示哪4部。或者更好的方法是，我们可以定好如何构建这个'队列'——也许可以把这个'队列'称为'惊悚片'，然后让系统随机从所有被标记为惊悚片的电影中进行选择。"

如果我没记错的话，我听到这个建议的第一反应是恐惧。我一点儿也不喜欢这样的方式，它看起来冷冰冰的，完全计算机化，而且过于随机，这些都是我们极力避免的事情。

但你最近用过网飞吗？里德设计的这一插槽结构一直沿用至今，但在此期间也有所修改。其中最重要的一处修改就是，插槽上展示的电影不再是随机挑选的，它们是经过复杂算法匹配得出的产物，可以根据用户的品位和网飞的需求进行校准。

这种算法匹配服务可以直接追溯到 2000 年里德创造的插槽结构。当然，因为他是对的——用户需要一种更高效、更便捷的方式找到他们喜欢的电影，那是一种比编辑策划的登录页面更直观的东西。将 DVD 放入插槽就是一个开始。现在我们只需要找出一种并非随机的方法来安排它们。

在那年秋季的会谈中，我们一直在讨论如何创建一种服务，既能给用户提供他们喜欢的电影，又能让我们作为分销商的日子更轻松（也更赚钱）。当用户在电脑前坐下来，决定接下来订购哪一部电影时，我们希望他们能看到一张根据他们的品位定制的电影列表，该列表同时会根据我们的库存进行优化。如果我们能让用户看到他们想看的电影，他们就会对我们的服务感到更加满意。而如果我们也能让用户看到我们想让他们看到的电影呢？那就是双赢。

简而言之：即使我们订购的新片数量是任何一家百视达门店新片数量的 20 多倍（这种抢占先机策略的成本是非常高昂的），我们也不可能随时做到满足所有人的需求。何况新发行电影的价格也不菲。为了让用户满意，也为了将我们的成本控制在合理的范围内，我们需要引导用户去看那些相对小众，但是我们知道他们一定会喜欢的电影——他们对这些电影的喜爱程度说不定还能超过新上映的电影。

比如,我租了(而且很喜欢)《欢乐谷》,这是1998年最好的电影之一,也是一部黑色喜剧。它讲述的是20世纪90年代的两个青少年(由托比·马奎尔和瑞茜·威瑟斯彭饰演)被吸进了一部以20世纪50年代美国小镇为背景的黑白电视剧里之后所发生的事情。理想中的推荐引擎能够引导我巧妙地避开最新发行的电影,吸引我关注类似《欢乐谷》的其他电影,比如《好莱坞医生》。

这是一项艰巨的任务。品位本身就是主观的。在试图建立电影之间的相似性时,起作用的因素几乎是无穷无尽的。你是按演员、导演、类型来划分电影吗?还是按上映年份、奖项提名和编剧呢?情绪、气氛这些方面要如何量化呢?

我和里德以及工程师们一起合作了几个月,试图找到一个解决方案。问题就在于要想出一种算法,能把与之关联的电影一起找出来。由于这种算法只能利用它可以获得的数据,诸如电影类型、演员、地点、发行年份、语言等,算法给出的建议经常只是对计算机而言有意义的,但实际上并没有考虑到现实世界中的任何相似性。它甚至会提出一些毫无帮助的建议:"你喜欢《壮志凌云》?来看看同年(1986年)上映的另一部电影吧!"

最后我们才意识到,要想为用户提供他们想要的东西,最好的方法就是通过用户自身进行数据众包。起初,我们和亚马逊一样,使用一种叫作"协同过滤"的流程。亚马逊会根据常见的购买模式向用户推荐产品,它至今仍在使用这种模式。从本质上说,如果你在亚马逊网站上买了一把扳手，它就会把你和其他购买过扳手的用户归为一类，然后推荐你购买他们买过的其他产品。

协同过滤流程是这样处理租赁业务的。假设我和里德各自从网飞租了 3 部电影，我租了《世界末日》《廊桥遗梦》《卡萨布兰卡》，里德租了《世界末日》《廊桥遗梦》《野鸭变凤凰》，那么协同过滤就会认为，既然我们租了两部同样的电影，那么我们可能都会喜欢对方租的第三部电影。因此，网站就会推荐我租《野鸭变凤凰》，推荐里德去租《卡萨布兰卡》。

当然，这种方式的问题在于，过滤历史租赁记录并不能真的告诉你，我是否喜欢《卡萨布兰卡》，或者里德是否喜欢《野鸭变凤凰》。它只知道我们都租了那些电影。但我们可能并不喜欢这些电影，也可能我们只是租来给孩子（或者伴侣）看的。

如果我们要使用协同过滤来对用户进行分组并推荐电影，我们就需要知道用户喜欢什么电影，而不仅仅是他们租了什么电影。我们需要一个影评系统：电影评分系统。根据评分对用户进行分组，也就是根据正面或负面评价的重合度对用户进行"聚类"，这意味着我们可以根据用户喜欢的电影，而不仅仅是他们租了哪些电影，来向用户有效地推荐。最终的算法会变得比这复杂得多。但为了让它真正发挥作用，我们需要用户去评论电影——评论很多部电影。

最后，我们决定让用户给每部电影打分，从 1 星到 5 星不等。让他们给喜欢的电影打 5 颗星，觉得观看纯粹是浪费时间的就打 1 颗星。

这听起来很简单，但就是这么一个简单的星级评分系统却引发了数百个小时的争论，就连有关降低像素的讨论都没有如此激烈过。可以打 0 颗星吗？我们应该提供半星级的选择吗？你在评分的时候全是用星星颗数来评的，但当我们在预测评分时，应该用星星颗数还是应该用 10 分制？我们应该在什么时候提示用户对电影进行评分？应该把这个小功能放在哪里？

最后的决定是，我们要求网飞的用户尽早并且经常去给电影评分。我们会抓住一切机会提醒他们给电影打分，无论他们是在访问网站，寄回看过的电影，还是在重新排列电影"队列"。电影租赁的好处在于，不一定非得租过电影才代表你看过这部电影——与买扒手不同，影评并不一定要和销售挂钩。从理论上讲，用户可以评价他们看过的任何一部电影，即使他们从未从我们这里租过电影。事实证明，大家喜欢被征求意见。人人都是评论家。

你只要收集足够多的影评，就能构建一个可以预测用户电影偏好的协同过滤流程，而且它能达到合理的准确性，这个过程其实并不难。之后，里德的团队就开始将这些对喜好的预测整合到一种更广泛的算法中，在权衡诸多因素（关键词、光盘数量、库存数量、每张光盘的成本）以后向用户推荐电影。

最后诞生的结果就是于 2000 年 2 月上线的"电影匹配"（Cinematch）功能，这是一个看起来更为直观的推荐引擎，它在将定性评估外包给用户的同时，还能对后端进行优化。可以说，这是一个两全其美的功能：一个让人感觉人性化的自动化系统，它宛如一个音像店店员询问你最近看了哪些片子，然后向你推荐一些他知道你会喜欢的电影，而且是库存里肯定有的电影。

事实上，你会感到这个推荐引擎比人工服务更好，因为它是隐形的。

如果以上的叙述让你感觉在我和里德决定共同经营公司之后，网飞历史上最具创新性和影响力的两项发展立马就出现了——好吧，如果你有这样的感觉，那是因为原本如此。

我和里德于1998年9月达成了首席执行官和总裁的协议。不到一年时间，订阅计划就上线了。在一年半的时间里，订阅计划就成了网飞唯一的租赁方式。与此同时，一个经过重新设计的网站正在使用一种创新的算法与用户互动，这种算法能准确地算出他们想看的电影……而且是我们想让他们租借的电影。

这两项关键的创新足以向几乎所有人证明，在公司管理方面，我们做出了正确的抉择，我们彼此协调一致。我创建的团队不断迸发着各种创意，致力于增进与用户的良好关系，而里德的团队则专注于简化我们的设想，提升效率。里德的高度专注帮助我们聚焦于未来，而我的目标则是确保无论我们发展得多快，无论我们变得多么高效，在根本上，我们始终寻求与用户建立良好的关系。

过去和未来，心灵和大脑，列侬和麦卡特尼——我和里德是一对完美的组合。

15

成功的烦恼

(2000年9月：上线两年半后)

NETFLIX

在互联网热潮的鼎盛时期，许多公司的普遍态度都是"先花钱，后担心"。我担心互联网泡沫的破裂会影响网飞的财务状况，但幸运的是，我们实际上已经有了一种合理的商业模式。网飞用户每月的订阅费为19.99美元，比我们提供这项服务的实际平均成本高4美元。我们每笔交易都能赚到钱。

阿利萨尔度假牧场也许不在地球的尽头,但你可以从地球的尽头看见它。

如果你想亲眼看看,那就去圣巴巴拉市吧。然后向北开30英里,驶上101号公路。到达索尔旺小镇,看到一排排仿丹麦风格的店面后往东转弯。把那些古色古香的文明标志甩在身后,继续行驶在一条单行二级公路上,穿过长着加州橡树的褐色禾草地。车轮驶过的地方腾起滚滚尘埃,如烟似云。再开上好几个小时,当你以为自己真的已经彻底迷路了的时候,你就会发现自己来到了一个急转弯处:阿利萨尔度假牧场。那是10 000英亩连绵起伏的丘陵地带,周围荒无人烟。

我也不知道我们当时是怎么想的,甚至都不知道到底是谁的主意,但在2000年9月,就在互联网气球里的最后一股空气即将喷涌而出之际,我们决定在阿利萨尔度假牧场进行公司的第一次集体度假。

未上市之幸

那年9月，我们有很多事情需要暂时逃避一下，也有很多问题需要讨论。在那之前，春天的时候，我们又筹集了5 000万美元的资金作为E轮融资。至此，网飞的投资总额已经超过了1亿美元。E轮融资的股价接近每股10美元。由于我仍持有大量股权，我此时的身价绝对高得惊人……至少表面上看是这样的。因为我还不能卖出股票，这笔巨款只存在于想象之中，并不真实。尽管如此，这还是成功地让洛琳不再频繁提及卖掉房子，搬到蒙大拿州。

网飞此时已有350多个员工，我早就不再像当初那样认识公司里的每一个人了。我们还在继续招贤纳士，在近期入职的员工中，有一个叫莱斯莉·基尔戈，里德说服她离开亚马逊公司，以首席营销官的身份领导我们的市场营销工作；另一个叫特德·萨兰德斯，他负责我们的内容收购。

自从不再按件计价，我们的"免到期日、免滞纳金"计划就稳步发展起来。用户都很喜欢我们的推荐引擎"电影匹配"。我们自己也喜欢它。推荐引擎让订阅者的"队列"里始终塞满了各种电影——我们发现，没有什么比包含大量电影的"队列"更能有效地留存用户了。我们已经有了近20万个付费用户。公司的其他指标也都颇为可观。此时我们有了5 800部不同的电影，每月出货80多万张DVD，仓库里囤了超过100万张DVD。汤姆·狄龙正在研究如何确保用户在下单后的一天之内就能收到DVD，他也已经取得了一些进展。

那年年初，在互联网热潮的鼎盛时期，我们看到银行家们如同提着公文包的秃鹰一样围着我们团团转，我们甚至一度有过上市的想法。其实不仅仅是想法而已，我们已经选择了德意志银行帮我们打理募股事宜，也聘请了会计师查看公司的账目，还拟定了一份 S–1 表格（也称为登记声明）。这是向美国证券交易委员会（SEC）提交的业务概要文件，用于解释我们的公司是做什么的，业务是如何运营的，以及我们的风险因素有哪些。

我们甚至开始改变网飞的身份，以吸引厌恶风险的银行及其用户。在 20 世纪 90 年代末和 21 世纪初，市场的大趋势是让互联网公司发展成为门户网站，即针对特定利基市场的互联网入口。当时流行的观点是，一个网站要想取得成功，它就必须成为面向所有人的、包罗万象的网站——如果你想赚钱，你就必须首先赢得流量。这就意味着，网飞不能仅仅停留在一个帮助用户找到喜爱电影的 DVD 租赁平台，它必须成为一个吸引各类电影爱好者的地方。

我们董事会里的风险投资人告诉我们，如果我们想上市，我们就要有雄心壮志：电影上映时间，电影评论，"视频指南之王"莱昂纳德·马尔丁的月度专栏，等等。这些我们都做了，但我内心始终无法摆脱的疑虑是，我们的注意力被分散了，只顾对着纸面上的金额垂涎三尺，眼巴巴地盯着公司可能达到的估值。

紧接着，泡沫破灭了。纳斯达克股票交易所是大多数科技公司的上市地，它从 3 月的高点开始，进入了一段稳步下跌的时期，而在 4 月 14 日那一周，更是经历了 25% 的可怕跌幅。就是在那一周，我们刚刚向美国证券交易委员会提交了 S–1 上市申请表。在接下来的数月里，随着股市持续暴跌，德意志银行仍对我们强装热情，安慰我们会安然无恙的，但它的底气越来越不足。

到秋季，每个人都清楚地意识到，我们一直在兴奋地来回讨论的数字——是 7 500 万美元还是 8 000 万美元？——作为我们所有问题的解决方案，都已经消失得无影无踪了。9 月一个阴雨绵绵的星期六上午，我接到一通电话，被告知德意志银行将取消募股计划。当时我正和洛琳在卡梅尔购物。不用说，我们最后什么也没买。

当时，没法上市对我们来说是一次重大的打击。但现在回想起来，这可能是我们最大的运气之一。倘若我们在 2000 年秋真的上市成功，我们就会被门户网站的理念以及围绕它建立的不切实际的财务预期束缚，而那将会是一场灾难。一个面向所有人的、包罗万象的网站是永远也不可能赚到钱的。成为"电影门户网站"与"加拿大原则"完全是背道而驰的。它不符合我们一贯的专注力，而正是这样的专注让我们与众不同，也最终产生了能以我们自己的方式获得成功的商业模式。

我们逐渐摒弃了大部分往门户网站方向发展的努力。如果仅仅是银行和它们的客户想要电影上映时间、深度影评和前 10 名榜单，而银行此时又不想帮我们上市了，那我们还何必留着这些东西呢？

所以到 9 月，我们兜兜转转又回到了原地。我们不但没有拿到 7 500 万美元的资金，而且在赔钱，赔了很多钱。到目前为止，有里德掌舵，公司还能够相当轻松地获取资金。我们也一直在自我安慰，只要能够继续利用硅谷的资金支持我们的发展，我们一定可以安然无恙。但在后泡沫时代，我们还想继续从以往的风投渠道获得资金会很困难——真的很难。

互联网浪潮

我担心互联网泡沫的破裂会影响网飞的财务状况。但我必须承认，看到某种调整即将到来，我并不感到悲伤难过。所有的互联网炒作在我眼里都是近乎疯狂的。那年 1 月，我和洛琳一起观看了超级碗比赛，我一边看一边做记录：在比赛期间，至少有 16 家名字里包含 .com 的公司打了广告，每个广告位的费用都超过 200 万美元。单是一个广告位的开支就比网飞第一年一整年的开支还多。

在互联网热潮的鼎盛时期，许多公司的普遍态度都是"先花钱，后担心"。互联网公司在各种聚会、促销和设施上铺张浪费业已成为惯例。全球网（TheGlobe.com）的首席执行官斯蒂芬·帕特诺特有句话说得最为贴切。在其公司于 1998 年成功举行首次公开募股之后，他有一句名言："我得到了女人，也得到了钱，现在我已经准备好从此过上恶心、轻浮的生活了。"

但我们不同。网飞的小折叠桌和沙滩椅早就该被淘汰了，但我们还是相当节俭。搬到洛斯盖多斯时，我们买了二手的格子间和家具。唯一算得上奢华的装饰就是主中庭的一台爆米花机，但即便有了这台机器，它大多数时候也只是闲置着，很少被使用。那时候的我怎么也想不明白，当那些公司花数万美元购置地毯，或者给每名员工购买价值上千美元的办公转椅时，它们到底是怎么想的。坦白地说，即便到现在我也无法理解。

换言之，那是一个颓废堕落的时代。就像所有颓废堕落的时代一样，它没有持续。当我们前往阿利萨尔度假牧场时，我们已经没什么可堕落的了。线上服装电子零售商 Boo.com 在短短6个月内就花费了逾1.75亿美元，随后便申请破产。据谣传，互联网宠物用品零售商 Pets.com 在当年上半年的开支超过了1.5亿美元，之后就处于倒闭的边缘。网上杂货零售商 Webvan 在花费了近10亿美元进行规模扩张之后，股价从每股30美元暴跌至每股仅6美分。由时年82岁的美国卫生局已退休局长查尔斯·埃弗雷特·库普创办的在线门户网站 Drkoop.com 在未获一美分营业收入的情况下成功上市，每季度亏损高达数千万美元。

我承认，我和里德在看到这些失败的例子时确实有一点点幸灾乐祸。那一年，我们的一个消遣活动就是浏览"烂公司"（Fucked Company）网站上的条目。那是一个充满讽刺意味的网站，页面上记录的都是陷入困境、一败涂地的互联网公司。我们一边看，一边想着网站上面的也可能是我们自己，哪怕读到的条目记录的是一些明显管理不善、从一开始就注定要失败的公司。

但我们尤其关注的是 Kozmo.com 这家公司遇到的问题。它于1999年推出了一项城市快递服务，承诺在一小时内将各类产品（包括 DVD 在内）送到客户家中。1999年，我们曾担心 kozmo.com

会进入租赁市场，凭借它一小时的送达时间碾压我们相对缓慢的服务。但当它在 2000 年陷入困境时——先是挥霍了从投资者那里筹集的 2.8 亿美元（其中就包括来自亚马逊的 6 000 万美元投资！），然后取消了原定的上市计划——我们又禁不住担心，这家公司如此惨烈的失败是否注定了其他同类公司的厄运，哪怕两者之间只是略微有一点点关联。

竞争对手百视达

幸运的是，与 Drkoop.com、Boo.com 或者 Webvan 不同的是，我们实际上已经有了一种合理的商业模式。网飞用户每月的订阅费为 19.99 美元，比我们提供这项服务的实际平均成本高 4 美元。我们每笔交易都能赚到钱，这是最基本的经济学常识。

我们遇到的问题与世界上其他类似 Drkoop.com 或 Webvan 的互联网公司不同：我们成功了，而成功是需要付出昂贵代价的。

事实上，我们在为自己取得的成功而烦恼。新用户涌入的速度越快，资金流出的速度也就越快。虽然我们很难向潜在用户解释清楚网飞的商业模式，但我们知道，只要大家尝试过我们的服务，他们就会上瘾。所以每个愿意尝试网飞服务的人都能获得第一个月的免费试用。但这么做的成本很高。

此外，网飞提供的是一项订阅服务。我们没有在用户注册时向他们收取年费，而是每月收取较少的费用。因此，如果从整体来看，我们其实一直处于现金短缺的状态：必须预先一次性支付每次免费试用的全部成本，但可以用来偿还债务的资金却只能一个月接着一个月地缓慢回流。我们赢得用户的速度越快，这些预付款就越严重地超出了相比之下少得可怜的会员月费。

这也是最基本的经济学常识。不幸的是，这次对我们不太有利。网飞很成功，但在难以获得现金的大环境下，我们的公司对现金依然有着贪婪的欲望。曾几何时，但凡你的公司名字里带有".com"，风险投资的青睐就唾手可得，容易到近乎荒诞。然而，在互联网泡沫破灭之后，获取风险资本不仅困难重重，而且几乎就是完全不可能的了。

是寻求其他战略选择的时候了。

这听起来像是深奥的行话？确实如此。硅谷充斥着像这样毫无意义的短语。例如，当有人说他要离开公司花更多时间陪伴家人时，他真正的意思是我被炒鱿鱼了。当有人说这篇营销文案还需要斟酌一下用词时，他真正的意思是写得太差了，需要打回去重写。当有人说我们决定换个方向时，他真正的意思是我们彻底搞砸了。

当一家公司决定寻求其他战略选择时，其实是：我们必须卖掉这个玩意儿，而且要快。

自从我们拒绝了亚马逊小八位数的收购报价以来，公司已经有了很大的进展。网飞彻底改变了商业模式，经历了巨大的增长，成了在线DVD租赁的代名词。因此，这次显而易见的战略替代选择已经不再是亚马逊，而是我们最大的实体店竞争对手：百视达。

百视达是韦恩·休伊曾加的创意。20世纪80年代末，休伊曾加注意到了一个商机，可以"整合"遍布全美的音像店，而当时的音像店仍以夫妻店的形式为主。20世纪90年代，该公司曾经一度每天都有一家新店开张，迅速的扩张使得百视达几乎垄断了视频租赁行业，成了全美家喻户晓的品牌。2000年的百视达是世界之王，但我们却不清楚它是否知道网飞的存在，或者是否在乎我们到底是谁。

虽然我们在网上的业务已经做得很大了，但我们还是只能占百视达业务的一小部分。2000年，我们的收入有望达到500万美元，而百视达的目标则是60亿美元。我们有350个员工，百视达有6万人。我们在洛斯盖多斯的一个办公园区里有一座两层楼高的总部，百视达有9 000家门店。

百视达是歌利亚，我们是大卫。[1]

但我们知道电子商务是未来的趋势。如果百视达想要生存，它就必须开发一种实体店的替代品。如果百视达意识到了这一点，那它可能就会采取大公司在面对新兴竞争者时惯用的举措——买下它。这样一来既消除了竞争，又可以节约研发资金，可谓一石二鸟。

里德让巴里·麦卡锡联系他在百视达的熟人，争取与那里的人面谈。我们也让我们的风险投资人利用一下他们的人脉关系。

---

[1] 《圣经》中的巨人歌利亚被男孩大卫用投石器发射的石头打死。——译者注

为了引起百视达的注意，我们已经费了九牛二虎之力。但截至那年9月公司的集体度假活动，我们什么消息也没听到。一丝风吹草动都没有，完全是一片死寂。看来要解决这个问题，还是只能靠我们自己。

硅谷精神

众所周知，硅谷的穿衣风格是非常休闲、随意的，很少有人会穿西服、打领带。大家已经逐渐认识到，如果我专门为了一次会议而刮胡子，那就已经是在显示对对方极大的尊重了。

我认为硅谷如此随意的原因在于，与大多数领域不同，科技行业算是最为接近真正精英统治的了。在其他很多行业中，花言巧语或者穿着入时都可以帮助你顺利进入高管层。但在硅谷，唯一重要的是你的工作质量。这是一个程序员的世界，它有着程序员的精神。每名程序员都习惯于让自己的代码接受同行评审，由其他程序员来评估代码是否简洁、优雅、巧妙、简单，以及最终是否有效。这些都是一看即知的。你的长相和穿着，你说什么话，用什么香水，统统不重要。甚至连会说英语都不是必要条件。只要你的代码写得够好，你就可以加入。但如果你的代码写得不行，所有人也会立刻发现。

在一个只看工作质量的地方，没有人真的在意你的外表。这是具有普适性的。即便是我们这些一行代码也不懂的人，也仍然会利用这一点，放任公司的部分员工每天穿着短裤、凉拖鞋，以及沾了污渍的《星球大战》T 恤来上班。

在正常的工作日里，气氛就已经如此轻松了，那么当你去度假的时候，就得好好下一番苦功了。以下是我为阿利萨尔度假牧场三天两夜行程准备的行李：

- 两条短裤
- 一件"感恩生死"乐队的运动背心
- 一件扎染 T 恤
- 一双人字拖
- 一顶"生活多美好"牌的棒球帽，我戴它是故意表示讽刺的（我本人特别讨厌那个牌子）
- 一副奥克利太阳镜
- 三张哈雷戴维森摩托车的文身贴：一张画的是哈雷的标识，一张画的是一头燃烧的猪，还有一张是一位丰腴的比基尼美女

如果你好奇我为什么要买摩托车的文身贴，答案很简单：我觉得这会很搞笑。（这是我很多行为的首要准则。）尽管正常工作日的着装要求很随意，但网飞的员工在办公室里还是得穿衬衣。所以到目前为止，还没人知道在我常穿的衣服下有没有文身。我敢肯定，没有人会认为这个已为人父的 45 岁的人竟然有文身，哪怕他来自圣克鲁斯。那么，最能活跃气氛的莫过于在泳池旁脱掉身上的运动背心，然后让流言蜚语飞满天了吧。

我能说什么呢？我的笑点超低的。

奇异文化

当我回想 2000 年的那次度假时，我已经完全想不起来当时开展了什么业务。我也不记得那些有关投资分配的讨论，对各类事项优先级的重新排序，部门的举措，或者其他任何我们觉得有必要花点儿时间谈谈的废话。

我唯一记得的是能建立企业文化的东西。

阿利萨尔度假牧场提供了我相信大多数公司都会参与的常规团建活动：骑马、打网球、信任背摔……但在网飞，我们天生就有点儿不一样。受到我们新员工入职活动的启发，我们这次度假的亮点是在网飞部门之间开展的一次小品表演大赛，每个部门都要表演最近发行的 DVD 中的一个场景。

幸运的是，那年夏天最畅销的 DVD 就是为演员克尔斯滕·邓斯特量身打造的电影《美少女啦啦队》。还记得那部电影吗？如果不记得的话，以下是在我们网站上贴出来的剧情简介：

> 在圣迭戈市的兰乔·卡尔内高中，杜朗丝·希普曼带领的啦啦队拥有精神饱满的表演、热情四射的魅力、极具震撼力的气势。她们还有一套精彩绝伦的舞蹈动作，这能让她们稳操胜券，连续 6 年夺得全美冠军。但是，当她们发现自己精心编排的舞蹈动作实际上是从东康普顿地区一支嘻哈风格的啦啦队那里偷来的时，通向辉煌的光荣之路便出现了阴暗的转折。

一听就像是我的风格,对吧?

显然,唯一的选择就是让网飞的整支高管团队都穿上啦啦队的服装,为团队鼓劲加油。想象一下我们所有人一起高呼:"嘶……这里好冷啊!/空气里一定有网飞在飞!"[1] 想象一下里德·哈斯廷斯穿着啦啦队队服,两手各拿一个花球。还有我和特德·萨兰德斯,我们俩扮演东康普顿的嘻哈啦啦队,包着头巾,穿着肥大的运动衫和松松垮垮的短裤,戴了好多条金链子,纵情演唱巴哈人乐队在那年夏天爆火的歌曲——《谁把狗放出来了》(*Who Let the Dogs Out*)。

我提到过我们还喝酒了吗?

那天晚些时候,我们举办了一场丰盛的宴会,数百人挤在铺着红白格子桌布的长木桌前,吃着堆积如山的排骨。我们在邀请函上注明的着装要求是"牧场礼服",但没有具体说明"牧场礼服"到底指什么。于是,晚宴现场出现了各种各样对"牧场礼服"的解读,从我的背带皮短裤(别问了)到里德的燕尾服(工整地搭配了一顶草帽),再到产品经理凯特·阿诺德的复古红色格纹连衣裙。

宴会上又热又吵,我们很快就感受到了免费酒吧引发的热情。酒吧供应鸡尾酒,它被装在不到一升容量的玻璃瓶里。鲍里斯不知怎么就说服了一位调酒师,给了他一瓶冰冷的伏特加酒、一个

---

[1] 改编自电影《美少女啦啦队》的经典台词。——译者注

托盘和几十只小酒杯。他醉醺醺地在宴会大厅里转来转去,郑重其事地问遇到的每个人同一个问题:"你鸽(喝)吗?"这本身就很不寻常了,因为鲍里斯很少说话。我敢肯定,在那天晚上之前,大多数同事都不知道他的声音听起来是什么样的,也不知道他有着浓重的口音。

"你鸽(喝)吗?"他像服务生一样把托盘扛在肩上,神情严肃。

我敢肯定,很多人根本听不懂他在说什么。我敢肯定,很多人那天晚上喝了伏特加只是因为他们一脸困惑,但也没拒绝。反正不管你的回答是什么,鲍里斯都会为你斟酒——至少有一段时间是这样的。我依稀记得,晚宴还没结束,我就看见他趴在一张野餐桌上睡着了。

就在场面一团混乱的时候,我决定要让所有人聚在一起唱歌。我从口袋里掏出几页叠好的纸,站在一条长板凳上,轻轻地摇晃着,用勺子砰砰地敲着那个之前装着杜松子酒和奎宁水而现在已经空得可怜的玻璃瓶。人群安静了下来。

我用《上帝保佑你们快乐,先生们》的旋律起了头:

来吧朋友,一起举杯祝酒,最近的好运值得感恩。
现在每周都能赚钱,每个会员 100 美分。
招牌计划很给力,
证明我们不差劲!
我们很快就可以在钱堆里打滚……

唱完这句,我顿了一顿,等待着台下一群没精打采的人互动。人群中有几个人还算清醒,他们意识到我在等什么,于是有气无力地跟唱:

在钱堆里打滚,我们很快就可以在钱堆里打滚。

我接着唱:

工程师做出了电影匹配,好家伙,效果真可以。
用户都喜欢看电影,看完再决定给几颗星。
他们都没注意到,
发布晚了8个星期!
哎呀,色情片总能得到5颗星。
(5颗星!哎呀,色情片总能得到5颗星。)

顺便插一句,这里说的是真事。尽管里德很早就决定不发行太过露骨的东西——姑且不谈克林顿DVD的那次惨烈事故——但在2000年,我们仍在出租一些比较隐晦的色情作品,而这些影片得到的评价通常都是……很乐观的。

人群有点儿清醒了,开始跟着唱起来:

营销团队是天才,他们让全世界都知道,
如果大家用招牌,生活会变得多么美好。

> 如果这样也卖不掉，
> 那就只能豁出去了——
> 白送他们 20 套。

跟唱的声音变得更大了，我加快了节奏。

> 财务同事还不知道，尽管他们那么努力，
> 华尔街本可以，别太在意会员流失率。
> 但他们会颜面尽失，
> 只要我们能展示出
> 我们可以大幅盈利，
> 不再损失大笔现金。

唱到这一句时，大家已经迫不及待地开始大声往下接，酒精引发的热情更是让场面气势如虹。这首歌的下一节主要是关于里德和巴里的，当我开始唱的时候，我朝他们那边看过去，想引起他们的注意。不过，里德的座位是空的，而在桌子的另一侧，巴里低头坐着，右手举着手机放在脑袋旁边，左手的食指伸进耳朵里来挡住噪声。

当我开始唱最后一节的时候（"他们搞定每处修改，但是到了下个礼拜，里德又让我们统统改回来！"），我能看到从大厅的另一头开始了一阵骚动。我看不清楚那是谁。是凯特吗？穿着她的红色格纹裙？我几乎无法从人群中认出她来，此刻好多人都在

大喊大叫,他们都是背对着我的。

跟着我唱歌的人越来越少。当红色格纹裙越来越靠近大厅中央时,人群就更加心不在焉了。然后我终于看清楚了大家到底为什么呐喊。穿红裙子的人不是凯特,是里德!他穿着那条格纹裙,那就像是为他量身定做的一样。在他身后的才是凯特,她穿着里德的黑色燕尾服。

我捧腹大笑,几乎喘不上气来。里德一向很少喝酒,那时候他每年只会喝醉一次,但里德要是真的喝醉了,他就一定会充分利用这次机会做点儿有意义的事情。我正要走过去看看他会不会对我暗送秋波,这时巴里一把抓住我的胳膊,把我拉到走廊上安静一点儿的地方。他的脸上毫无笑意。直到宴会大厅的门在我们身后关上,让我们远离了大厅里面的喧嚣,他才开口。

"打电话来的是埃德·斯特德,"他指的是百视达的总法律顾问,"他们想见一面,明天早上,在达拉斯市。"

巴里转过身,从门口往里看了看。里德这会儿正站在一张长凳上,撩起衣裙的褶边,行着屈膝礼。他也在喊着什么,但在人群热烈的欢呼声中,我们根本听不清他说的话。

"今晚肯定是睡不好了,"巴里摇着头,说,"我希望他在上飞机前能有件衣服换。"

16

与百视达谈判

（2000 年 9 月）

NETFLIX

"百视达不要我们，"我说，"所以我们现在要做的事情就很明确了。"
我实在没忍住，笑了出来。
"现在看来，我们只能把它打得屁滚尿流了。"

梦碎达拉斯

巴里放慢了宝马的车速,缓缓地驶进圣巴巴拉机场。远处,地平线上闪耀着一道微弱的光,似乎在戏弄我们,让我们以为天快亮了,但其实车前的道路都还几乎看不见。马路一片漆黑,隐匿在车道两旁橡树的阴影下。我差点儿就以为其中的一棵橡树会像《绿野仙踪》里的场景一样开始朝我们扔橡子。

我其实已经来过几十次圣巴巴拉机场了,但我从来没来过此时到的这个地方。

巴里身体前倾,眯起眼睛,试图辨认出一块指示牌上模糊的文字。"那边。"坐在前排座位上的里德说,他伸出一根手指,指着一条更加漆黑的支路。等到巴里掉转方向,慢慢把车开到碎石路上时,我才看清牌子上的字:通用航空。

一两分钟后,我们的车开进了一个停车场里。停车场的前面是一栋低矮的木制建筑,窗内摆放着栽花的箱子,房顶是用木瓦盖的,看起来像一栋住宅,有点儿像新英格兰的风格——比起机场设施，它更像是一间被遗忘的乡村小屋。房子的后面是华丽的铸铁栅栏，高度大约有8英尺。透过栅栏，我可以看到忽明忽暗的机翼灯光，那来自停在跑道上的一架小飞机。

巴里把车停在栅栏的一扇门前。即使是在美国联邦运输安全管理局成立前的时代，这也明显是需要特定权限才能进的入口——在这个例子中，"权限"的意思就是"钱"。幸运的是，我们那天早上很早就通过电汇拿到了一笔钱。

巴里摇下车窗，按下了旁边电话亭上的一个红色小按钮。

"机尾编号？"传来了一个低沉沙哑的声音。

"什么是鸡（机）尾编号？"我悄悄地问里德，身子探进两个前排座位之间的空隙里。里德转过头来，瞧了我一眼。他瞧我的眼神让我想到，当我带孩子们去任何一家比麦当劳高级一点儿的餐厅吃饭时，我就是用这种眼神看他们的。那眼神的意思是：我哪儿都不能带你去。

给出口令后，大门便开始滑动，悄然敞开了。巴里把车窗摇上去，驾着车缓缓往前开。当我们穿过停机坪、慢慢驶向飞机时，我回头望去，只见那扇大门又无声无息地在我们身后关上了。

"现在可回不去了。"我心想。

大约12个小时以前，里德身着格纹裙入场引起的骚动刚刚平息，我、巴里和里德就在阿利萨尔度假牧场游泳池旁的一张野餐桌旁坐了下来。

"不只是明天而已，"巴里抱怨道，"那本来已经够糟的了。但那是明天11点半啊！他们要我们上午11点半到那里？根本不可能。"

巴里一只手拿起他的自动铅笔,另一只手在野餐桌上擦出了一块干净的地方。"首先,"他在木纹上写下一个数字,"达拉斯采用的是中央标准时间,也就是说,按我们这边的时间就是上午9点半。其次,从旧金山飞过去需要3个半小时的航程,所以从圣巴巴拉飞过去可能也差不多。最后,如果还要预留充足的时间去机场……"他停顿了一下,在桌上又写了几个数字,"早上5点以前就必须从这里出发。我都不需要去查就知道,圣巴巴拉没有早上5点出发的直达航班。我们完蛋了。"

巴里瘫在椅子上,把铅笔芯缩回去,有点儿内疚地试图把桌上的数字擦掉。

"那我们就坐私人飞机,"里德说着,向我们两人摊开手掌,似乎这是不言而喻的,"我们5点起飞,10点半着陆,叫一辆车在机场等着接机。我们刚好可以准时到达,甚至可能还有足够的时间让我和马克去喝杯浓缩咖啡。"

巴里没有反应,似乎在思考到底哪一件事更荒谬:是里德提议花钱坐私人飞机,还是他此刻穿着一条裙子提议花钱坐私人飞机?

至于里德,他似乎已经把自己的新衣裳忘得一干二净了。

"里德,"巴里终于脱口而出,"往返机票少说也得 20 000 美元啊。"

他打算再提笔写点儿什么,但想想又作罢了。

"不用我说你也知道我们根本花不起这笔钱。"

"巴里，"里德说，"我们等了好几个月才等到这次面谈的机会。今年我们公司的亏损至少是 5 000 万美元。不管我们这次能否成功，再多花 20 000 美元也没多大区别。"

"没错，巴里。"我插了话，"20 000 美元，这在你们财务人员的眼里不就是被四舍五入舍的那部分吗？"

"你们可真难搞。"巴里兀自嘀咕道。

从飞机后面走出了一个身穿橘黄色马甲的工作人员，他手里举着一支点燃的火炬，挥手让巴里把车停在离机翼不远的地方。当我们汽车的前照灯扫过这片区域时，我看到一条红地毯从飞机舷梯的底部延伸过来。一位穿着制服的飞行员从舱门里出来，他走下舷梯，朝我们走来。

"我叫罗布。"他微笑着伸出了手说。罗布指了指汽车的后备厢，问："我能帮各位拿行李吗？"

我和里德相视一笑。里德打开他的公文包，掏出一件叠好的白色 T 恤，说："就这一件行李。"

我还算幸运，此时只是度假的第二天，所以我还有干净衣服可换。那天早上，我摸黑穿衣服，换上了剩下的一件干净衣物：扎染 T 恤。我决定丢下那条背带皮短裤（还有摩托车的文身贴），换上了一条近乎全新的短裤，配了一双黑色人字拖。

里德抓住缆绳扶手，一蹦一跳地爬上了舷梯，然后低头从门口钻进了飞机。我跟在他后面，并不清楚私人飞机到底是什么样子的。浴室里镀金的固定设施？一张特大的床？一个能站立一旁品酒的酒吧？（事实上，最后一样是我最不想看到的设施，因为前一天晚上的酒劲儿还没完全过去。）

这架喷气式飞机的内部构造出乎意料地井井有条，如果在你眼里，飞机的柜台上摆放着一大盘早餐糕点和切片水果、一保温瓶的咖啡和一壶鲜榨橙汁，这样算得上"井井有条"的话。透过一台小型冰箱的玻璃门，我可以看到里面放着瓶装水和苏打水。一只柳条篮子里装满了燕麦能量棒。

这架里尔 35 喷气式飞机比我想象的小，但要漂亮得多。每个表面似乎要么就是皮革，要么就是红木。看起来好像有人把史蒂夫·卡恩的起居室翻折一下铺在了机身内部。当我开始沿着一条狭窄的过道往前走时，我注意到我能站直了，但比较勉强。就在我的右边，面对着飞机的前部，是一把皮革的椅子，它要比我家里所有的家具都漂亮。它的正后方是一组 4 把面对面的椅子——两把向前，两把向后，可以把腿伸开，你甚至还可以在椅子之间放一张餐桌。事实上，我后来才发现，那里真的有一张餐桌，它被整齐地收折在座位之间的窗沿里。

里德已经在前排靠右、面朝机尾的座位上坐定了，他的一双长腿懒洋洋地伸到空地上。后来我了解到，私人飞机迷和家庭影院迷一样，都有一个"豪华宝座"，只不过在飞机上，你寻求的是最安全、最平稳、最舒适的乘坐体验，而不是音响效果，而习惯了乘坐私人飞机的里德，就知道立刻抢占它。

里德伸出手，指着他对面的一个座位。我正费力地想弄明白四点式安全带要怎么系的时候，巴里随意地在我对面坐了下来，把一盘水果放在他的笔记本电脑上。尽管我已经努力保持不露声色，但巴里还是看出了我抑制不住的兴奋。

"喜欢吗？"他说着，用叉子利索地戳进一块水果，"我刚刚在外面和罗布聊天，他说这架飞机是凡娜·怀特的。她自己不用的时候就租出去。所以我猜，以翻转字母[1]为生的收入比我想象的高。"

他咬了一口菠萝，说道："很酷，不是吗？"接着他突然冲我一笑，做耳语状，但其实他是故意让所有人都能听到："不要对此习以为常。"

我们在得克萨斯州达拉斯市降落的时候，原本早就已经过了交通的高峰期，但交通依然拥堵。我们租了一辆车到飞机舷梯下接我们，但借此省下来的时间全都浪费在只能龟速前进的市区里了。

"就在那儿。"司机说着把车停到了路边。他把头向前探，透过挡风玻璃向上看，然后指着街对面的办公楼。"那就是文艺复兴大厦，是达拉斯最高的建筑，估计也是最贵的一栋楼。"

只见那座大厦笔直地从人行道上拔地而起，没有任何特色，就是一个完整的钢铁和玻璃立方体。整栋楼唯一的装饰是颜色略深的窗户上的一个巨大的 X，它的对角线覆盖了整座建筑的表面。这栋建筑既庞大又无修饰，这使它显得格外肃穆：很明显，这不

---

[1] 美国前选美皇后凡娜·怀特，自 1982 年起在美国最火的答题游戏节目《幸运之轮》中担任"字母小姐"，负责翻转字母牌。——译者注

是一栋可以小觑的建筑，不是一个可以随便开玩笑的处所。别找乐子，这是做生意的地方。

当电梯把我们送至23层时，我松了一口气，因为我终于发现眼前的事物变得熟悉起来，也不那么吓人了。百视达大厅的墙上挂满了装裱起来的电影海报。虽然我能认出来，许多海报在我们的办公室里也有，但我不禁注意到，百视达的海报都装裱得格外有品位。每张电影海报都单独装在一个闪亮的不锈钢框架里，框架周围环绕着一圈电灯泡，就像你在剧院大厅里看到的海报展示一样。"你知道这些东西要花多少钱吗？"当我们被领进会议室时，我忍不住对里德嘀咕着。

我很高兴看到百视达的会议室和我们的几乎一模一样——如果能把我们的会议室放大50倍的话。然后加上俯瞰整座达拉斯城的景色，而不是在我们和园区之间的垃圾箱的"景色"。再加上一张30英尺长的会议桌，它由稀有的硬木制成，还带有隐藏的电源插座和视听设备接口，而不是一张不到8英尺的折叠桌，拖着电源延长线和浪涌保护器。

所以……嗯，几乎一模一样嘛。

当百视达的小伙子们走进来做自我介绍的时候，我已经感觉自己有点儿像乡巴佬进城了，而且我穿着短裤和T恤，在得州的空调吹来的"北极风"里感觉有点儿冷。

百视达的首席执行官约翰·安蒂奥科是第一个进来的。他穿得很休闲，但衣装的价格不菲。他没穿西装，但是他脚上的乐福鞋可能比我的车还贵。他看起来很放松，也很自信，这都是有充分理由的。安蒂奥科在加入百视达公司之前，近十年里都是扭亏为盈专家，他以空降到深陷困境的公司而闻名，突出的案例包括OK便利店（Circle K）、塔可钟（Taco Bell）快餐店，以及"珀力视觉"（Pearle Vision）眼部护理连锁店等，他帮助这些公司弄清其业务的哪些核心部分有前景，重振了公司的士气，还将公司重新拉回盈利状态。

百视达需要他。在经历了20世纪80年代至90年代中期的爆炸式增长和巨额盈利之后，百视达在世纪之交陷入了困境。一系列错误决定，比如在门店里销售音乐和服装，在很大程度上适得其反，而且该公司在适应DVD等新技术和互联网方面行动迟缓，可以说是极其缓慢。

尽管安蒂奥科从未涉足过娱乐行业，但他从百视达身上看到了自己过去非常熟悉的企业的一些特点：一家经营困难的连锁店，拥有数千家门店，成千上万个士气低落的员工，以及让公司重新盈利的机会。

安蒂奥科的方法几乎立刻就产生了效果。租客重新光顾百视达的门店，营业收入增加，百视达母公司维亚康姆（Viacom）的股价翻了一番，而这在很大程度上得益于百视达的成功。

在2000年9月的那个上午，当安蒂奥科大步走进会议室时，我敢肯定他是自信满满的。就在一年前，他带领百视达成功上市，通过首次公开募股筹集了超过4.5亿美元的现金，所以他此时已经是一家上市公司的首席执行官了。他愿意听我们把话说完，但我们说的话最好是有价值的。

当我们与安蒂奥科以及他的总法律顾问埃德·斯特德握手时，我难免感到一丝畏怯。可能要怪那双乐福鞋吧。安蒂奥科穿着精致的意大利鞋，可我却穿着短裤、一件扎染T恤和一双人字拖。里德的T恤倒是干净挺括，但那也不过是件T恤罢了。还有巴里，他一贯是我们这群人里衣着最考究的……嗯，还好他的夏威夷花衬衫是带纽扣的。

不过说正经的，我们感到畏怯的真正原因是百视达的地位比我们高太多。因为它已经从最近的首次公开募股中获得了充足的现金，就不用依赖风投公司的青睐来维持经营了。它也不用因为公司名字里带着已经失宠的".com"而纠结。而最糟糕的是，百视达的人完全清楚这一点。

还有什么比在谈判前就知道对方几乎掌握了所有的主动权更糟糕的呢？

注意，我用的词是"几乎"。事实上，还是有几个对我们有利的条件的。其一，人人都恨百视达。毕竟，这是一家将"可控的不满"作为其商业模式核心的公司。百视达知道，大多数顾客并不喜欢从它那里租电影的体验，所以公司的目标与其说是让顾客开心，还不如说是不要惹顾客生气，避免发展到让他们再也不来光顾的地步。百视达让顾客恼火的缺点还真不少：收滞纳金、差劲的库存、肮脏的门店、糟糕的服务……简直不胜枚举。

其二，还不只是顾客讨厌它：电影行业也讨厌它。随着百视达连锁店的市场份额不断增加，埃德·斯特德代表百视达与电影公司进行了强硬的谈判，让电影公司吃了大亏，苦不堪言。它们之间的矛盾还在于，百视达坚持认为是自己创造了对电影的需求，但电影公司却觉得需求明明是它们创造出来的，百视达不过是满足了这种需求。

但对我们最有利的一点还是势不可当的前进步伐——一切都在线上化。没人能确切地知道这将如何发生，或者需要多长时间，但不可避免的是会有越来越多的百视达用户希望——不，是坚决要求——在网上进行交易。百视达不仅在利用这一趋势方面处于不利地位，它甚至似乎没有意识到这一趋势的到来。从我们的角度来看，它需要我们的帮助。

我们只是希望百视达的人也能从这个角度看问题。

里德认真地进行了一场路演，就像他在一年前给我讲那套幻灯片时一样，当他俯身在会议桌上，开始制作"狗屎三明治"的时候，我忍不住笑了。那真是一件美丽的事物，一块真正的三层三明治。

"百视达有一些出色的优点，"他以这句话作为开场白，铺好了第一片厚面包，"公司坐拥由数千家自营和特许经营门店组成的网络，数万名敬业奉献的员工，还拥有由近 2 000 万个活跃会员组成的狂热用户基础。"他机智地闭口不提那些用户中有多少人实际上很讨厌这项服务，但他也可能会晚点儿再谈。

里德加快了速度，准备把肉堆在第一层面包上，他接着说："但在某些领域，百视达肯定可以利用网飞获得的专业知识和市场地位，进一步巩固自己的地位。"

他提出了我们一致认为最有力的合作建议。"我们应该强强联手，"他一边说，一边并拢双手以示强调，"我们将负责合并后业务的线上部分，而你们将专注于线下门店的经营。这次合并将会产生显著的协同效应，真实体现整体大于部分之和的效果。"

里德干得不错——他言简意赅，一针见血，但既不傲慢，也不轻狂。他属于那个房间，他自己也很清楚这一点。当他继续指出"联姻"的好处时，我和巴里总是适时地点点头，偶尔插一句支持性的评论。我只能通过做这件事来极力克制住自己想要大喊一句"阿门，兄弟！哈利路亚[1]！"的冲动。

"百视达公司，"里德指出，"将能够通过我们，大大加快其进入DVD市场的步伐，还可以大幅降低成本。有我们负责专注发展老电影的相关业务，贵公司就可以集中精力于建立新发行电影的库存，而这也是百视达的核心业务。这可以帮助贵公司提高电影的可得性，并且提升顾客的满意度。

"而网飞也将从中受益，我们可以利用百视达在门店内以及针对用户群的促销活动。"他停顿了一下，继续说，"更何况，即便我们不合并，只是作为两家独立的公司合作，我们双方也都能从中获益。"

里德讲完了。他看了看安蒂奥科，又看了一眼斯特德，然后一边坐回椅子上，一边又看回安蒂奥科。他知道，今天的这块三明治做得很完美，此刻唯一重要的是对方是否愿意咬一口。

---

[1] "阿门"和"哈利路亚"都是宗教用语，意为祈祷、赞美主。——编者注

对方的反对意见一如我们所预料到的。"整个互联网热潮完全是被炒作出来的。"安蒂奥科表示。斯特德告诉我们,包括网飞在内,大多数互联网公司的商业模式都是不可持续的。它们会一直烧钱。

最后,在我和巴里就主要的反对理由与他们反复争辩之后,埃德·斯特德举起手来,等着所有人都安静下来。

"如果我们要买下你们的公司,"他发话了,顿了顿以示强调,"你们是怎么想的?我是说,给个数字吧。我们在这里讨论的是多大的一笔交易?"

我们对此已经排练过了。更准确地说,在度假牧场喝了一夜的酒之后,我们在凌晨5点的飞机上竭尽三人之力提前演练过了。

"我们研究了最近的可比数据,"巴里说,"我们还考虑了,如果向百视达的用户群推出网飞的服务,投资回报率可能会是多少。我们还考虑了如何使其增值,而不是……"

从眼角的余光里,我能看到里德此刻已经坐立不安了。我以前见过这样的他,他失去耐心不过是时间问题。等等……再等等……

"5 000万美元。"里德终于打断了他的话。

巴里沉默了。他看了看里德,双手垂到膝盖上,然后对安蒂奥科和斯特德笑了笑。他耸了耸肩。还有什么好说的呢?

我们等待着。

在里德做路演,巴里最后收尾的整个过程中,我一直在关注安蒂奥科的一举一动。我听说过他善解人意,他是个伟大的聆听者——一个能让每个人都感觉到自己的重要性，感觉自己的观点值得倾听的人。在路演过程中，我目睹他运用了我多年来学到的所有技巧：身体前倾，注意眼神交流，当演讲者转向你时缓缓点头，提出的问题能清楚地显示你在用心聆听。

但在里德已经说出了一个数字之后，我看到了新的东西，一个我不认识的东西。他呈现了一种不同的表情：面部有一丝紧张。他那严肃的表情稍稍失去了管理，嘴角上翘了一下。

这个表情很细微、不由自主，几乎是昙花一现。但我在看到的那一刻，就知道发生了什么。

约翰·安蒂奥科在竭力忍住笑意。

重整旗鼓

在那之后，整个会议的局面很快就急转直下了。坐车回机场的路既漫长又安静。我们在飞机上也没有多少话要说。门边柜台上的那盘三明治和饼干就那么放着，没人动。冰箱里由凡娜提供的香槟酒也没有人打开。

我们每个人都沉浸在自己的思绪中。我敢肯定，里德肯定已经把这次会面抛诸脑后了，在我们到达巡航高度之前，他就已经开始思索某个新的业务问题了。

我可以看得出，巴里正在大脑中运算数字，盘算既有的现金够我们维持多久，如何能够减慢我们烧钱的速度，可以通过哪种融资技巧再给我们多争取几个月的时间。

但我的思路不太一样。我们以前也遇到过麻烦，但这次的互联网泡沫破灭有所不同。泉水正在干涸，我们不能再指望无限量的风险资本了。卖掉公司似乎是我们唯一的出路，但歌利亚并不想收购我们，他只想把我们一脚踩在地上。

虽然之前我也明白与百视达达成交易的胜算不大，但我确实真诚地希望它能成为拯救我们的神秘力量，希望凭借一次果敢的举措，我们能走出大山，安全返回营地。

此刻不言而喻，如果我们要活着走出泡沫破灭后的危机，接下来全得靠我们自己。我们必须全心专注于未来。我们必须自省。就像我父亲曾经告诉我的，有时候，唯一的出路就是穿过去。

当凡娜·怀特的飞机悄悄又迅速地把我们送回圣巴巴拉时，当我们都坐在各自的座位上陷入沉思时，我抓起了一只空的香槟酒杯，用果盘里的一只塑料勺轻轻地敲了敲它。里德睡眼惺忪地抬起头来，巴里也暂停了数字运算，停下来看着我的眼睛。

"好吧，"我装模作样地假装祝酒，"见鬼。"

我停顿了一下，细细品味着这荒谬的一幕：里尔 35 喷气式飞机的皮革内饰，巴里那件鼓胀的飘动着的夏威夷衬衫，一盘足够一家 5 口人吃的水果。我微微一笑，感觉心中充满了坚定的信念。

"百视达不要我们，"我说，"所以我们现在要做的事情就很明确了。"

我实在没忍住，笑了出来。

"现在看来，我们只能把它打得屁滚尿流了。"

17

危机下的盈利计划

(2000—2001)

NETFLIX

网飞内部都有一个共同的期待,那就是一旦得出了显而易见的正确结论,就该着手实施了。争论是为了更好地合作,而不是为了自己的面子。谁是对的并不重要,重要的是我们做对了。

泡沫危机

对于登山者来说，如果他在刚过中午的时候还没有登到山顶，那他就该认真地考虑返程了。著名的珠穆朗玛峰登山向导艾德·维斯图尔斯曾这样告诉他的客户："登上顶峰是可选的，安全下山是必须的。"当你处在海拔几千米的高峰，远离营地时，你必须在天黑之前给自己预留充足的时间，否则你可能会被困在你不想待的地方。

这就是网飞在 2000 年秋的遭遇。在百视达拒绝收购我们之后，网飞如入无人之境：我们不再处于极度的危险之中，但我们也并未完全脱离险境。

与许多同我们规模相当（甚至比我们更大）的公司不同，我们挺过了互联网泡沫破灭的危机。我们的商业模式很好，"无到期日、无滞纳金"的方式很有效。大家都很喜欢"电影匹配"推荐功能。到 2001 年年底，我们有望获得 50 万名用户。

但我们的订阅模式从根本上来说是非常昂贵的。我们还在亏钱，而且我们发现自己的处境与一年前相比已经大不相同了。一年前看起来正常的烧钱速度，在现在看来就是不负责任的。我们需要加快进度。我们不一定非得盈利，但如果我们想要上市，银行（以及被银行推荐我们股票的投资者们）就必须要看到一条盈利的路径。如果我们仍然处于每年筹集 4 000 万美元，然后亏损 4 500 万美元的周期，我们看起来就没那么值得投资。

我们知道，如果想在泡沫破灭后的世界中生存，我们就必须坚定地遵守"加拿大原则"。在 2000 年年末以及 2001 年一整年，我们精简了公司的流程。公司名字里".com"的后缀在 1999 年还是一张通往免费资金的门票，如今却已然成了沉重的包袱，所以我们把它从名字中去掉了。一年前主宰世界（以及董事会）的"门户网站"精神，此时也已经随着 Drkoop.com 一起轰然倒塌、付诸东流，所以我们将其束之高阁了。

我们把这种铁面无情的精简称为"刮去船体上的藤壶"。

公司就好比一条船，有时你必须把它置于干燥的码头上，去除依附船体生长的藤壶，因为这些藤壶会阻碍船只前行。在经历了与百视达失败的谈判和互联网市场的崩溃之后，我们花时间进行自我评估，然后毫不留情地剔除了所有不再有贡献价值的计划、测试、附加功能和增强功能。

我们一直都是这么做的，但在这方面并不总是一帆风顺。有时候，你觉得像藤壶一样累赘的东西恰恰是别人最喜欢的功能。例如，在决定招牌计划的价格时，我们测试了几十种价格和 DVD 的数量。有一些用户可以一次花 9.95 美元租 4 张 DVD，有些顾客要花 19.99 美元，还有一些则要付 24.95 美元。我们允许用户一次性保留的 DVD 数量也有所不同：2 到 8 张不等。虽然标准计划是想换多少次就可以换多少次，但有些用户被限制为只能换几次。我们最终因为一个更有趣的试验而被用户起诉了，在这项测试中，我们向轻度用户（网飞用的术语是"鸟"）提供加速服务，看看这是否能鼓励他们多使用服务，同时人为放缓服务速度以阻拦重度用户（内部和私下里被称为"猪"）。

这些测试无疑都是有用的。正因为有了测试，我们不必争论更高的会员价格是降低了注册率，增加了用户流失率，还是鼓励了更高的使用率。我们已经通过实践证明了提高价格能否产生以上这些效果，还能确切地知道具体的影响程度。但一旦我们了解了我们需要了解的东西，这项测试对我们而言就失去意义了。

不幸的是，成本保持不变。而我们为这项服务添加的每一个新功能都必须与旧功能完美契合，以满足所有用户的需求，无论他们订阅的是哪一种计划。这么做就意味着设计会变得复杂，测试也会相应变得更加困难，一切都慢了下来。

一个已经过时的功能就好比藤壶。它施加的阻力也许很小，但如果乘以 1 000 呢？那就会拖慢我们的速度，增加我们的成本。

所以我们必须刮掉这些藤壶。每次开会，在开始讨论下一步计划之前，我们必须先回顾一下，列出一张决定放弃的事项清单。这绝非易事。大多数时候，决定不做什么比决定去做什么还困难。是的，测试终止对于使用 24.95 美元计划的用户是件好事，他们很愿意转而使用 19.95 美元的计划，但那些原本只花 9.95 美元购买同样服务的幸运儿就没那么高兴了，那些原本一次能拿到8张DVD的人也不会开心。

过了适应期之后，我们慢慢变得麻木不仁了。让他们尖叫吧，我们会为自己这样辩解，得罪1 000名用户也无所谓，只要能讨好其他10 000名顾客就行。

随着2000年步入尾声，2001年的钟声敲响，与百视达合并的机会渐渐变得渺茫，上市的想法也一度被搁置，留给可预见的未来。巴里正拼命从业务的各个方面清理藤壶，迫切地希望我们的船走得再快一点儿。

起初，削减清单上的项目还算容易。如果我们不打算成为一个门户网站，那我们也就不需要开发技术来支持页面广告功能。原定在网站上列出新电影上映时间的功能，是克里斯蒂娜和她的团队可以放弃的，而内容团队也不再需要为全球的每一部电影收集数据——我们只需要专注于DVD的商品目录。

但无须巴里的电子表格来加以提醒，对于参加每周一高管例会的每个人来说，有一件事已经日益凸显：我们面临着人员冗余的问题。

在一般情况下，稍微有一点儿冗余也没什么关系。按照我们的发展速度，我们本可以轻易地吸收额外的员工，只需等一两个季度，等到业务的规模和复杂性发展到需要我们增加人手，而经济上也能相应支持即可。可现在情况不同了。当巴里分析完这些数字后，面对泡沫破灭后的新形势，摆在我们面前的事实再清楚不过了，仅仅精简流程是不够的——我们需要脱胎换骨。

在后泡沫时代，我们不能成为烧钱的无底洞。我们必须到达这样的节点：我们不仅每个月能从每个用户那里赚到钱，还要有足够的用户数量来确保我们有能力偿付经营企业的固定成本。过去，我们主要关注的是等式的一边：获取更多的用户。而此刻，越来越明显的一点是，我们必须开始关注等式的另一边：减少经营企业的成本。

通过取消大项目，我们只能削减这么多成本了。已经没有什么藤壶可以刮了。我们此刻有了干净的船体，目的地也已经明确，但整条船还是太沉了。如果要驶向光明的彼岸，我们就必须减轻船身的重量。

只关注棘手之事

我们每星期的高管例会总是以同样的议程开始：谁搞砸了？当然，这肯定不是议程的官方名称，但我就是这么叫它的。为了保证透明度和绝对的坦诚，我们每个人都要依次发言，谈谈最近出现的问题。我们不需要知道什么事情进展得顺利，因为那些进展顺利的事情不需要我们的任何关注。相反，我们需要知道什么事情出了问题。用鄙人最文雅的话来说，就是谁搞砸了。

这是创业圈的一句格言：你肯定会犯错，但是你不能连犯两次同样的错。

2001年夏的一次会议上，就在上午的例行"鞭笞"结束后不久，里德向巴里示意，可以开始一项新的议程了。巴里从座位上站起身，走到白板前，抓起一支绿色马克笔，写下了大大的数字：2 000 000。

"就是这个数字，"巴里转身对我们说，"以我们目前的营运费用水平，这是我们实现盈利所需要的订阅用户数量。"

他弯下身子，眯眼盯着自己的笔记本电脑。

"但那要在 73 周以后才能实现。这意味着，从现在到那时，我们每个月都在烧钱。在达到用户数量目标之前，我们早就已经被烧成灰了。我也不需要提醒各位，外面没人排队等着把钱扔到我们的脚边。"

巴里停顿了片刻，接着又眯起眼睛看着他的笔记本电脑，说："我们必须削减开支，而且幅度要大。我们必须足够精干，才能依靠现有资金实现盈利。唯一的方法就是降低成本，这样我们就可以在订阅用户基数更小的情况下实现盈利。"

他又拿起那支绿色的马克笔，转过身面朝白板，用手抹去数字开头的 2，换成了 1。

"我们只有在拥有 100 万名订阅用户的情况下取得盈利才能生存。怎么才能做到？"他说着，打开一个文件夹，把装订好的文件分发给在座的每一个人，"这就是我们接下来的解决办法。"

裁员计划

裁员。这就是巴里的计划。

在他揭露戏剧性的计划之后，我每天都和里德、帕蒂，还有巴里一起吃午饭，仔细揣摩几十种场景。哪些部门应该大幅裁员？哪些部门应该全部保留？我们是应该裁掉高薪（但更有价值）的员工，还是通过解雇大量的客服专员，从数量上进行弥补？

这些都是很复杂的问题。我们需要大幅削减开支，但这必须建立在不损害业务增长能力的前提下。

在开完一场令人心力交瘁的会议之后，我来到乔尔·迈尔的办公桌前，拍了拍他的肩膀。乔尔是我的研究及分析总监。他的岗位特征要求他必须兼顾艺术与科学、数据与直觉，他的外形特征倒是蛮符合这一点的。乔尔身高6英尺4英寸，看起来很强壮，但他的举止却很温柔，让人感觉平易近人。在全办公室的人都穿着短裤和脏兮兮的T恤来上班的情况下，乔尔却穿得俨然像一位大学教授：带纽扣的衬衫、开襟羊毛衫、灯芯绒裤子，还有黑色牛津皮鞋。他说话非常严谨，措辞相当谨慎。他同时也是一个善于思考的听众，即便说话者愚蠢透顶，他也会慢慢地、体贴地点着头，仿佛要是找不到对方说得有道理的地方就是他的错一样。

但他的温文尔雅其实掩盖了他天生敏锐，甚至有点儿痞痞的幽默感。乔尔喜欢恶作剧，他是玩"喷泉硬币"游戏的高手，他最喜欢做的就是在网飞的厨房里放上不完全可食用的"美食"。有一次，他拿出一碗经过冷冻干燥的鹰嘴豆，结果激怒了米奇·洛，米奇当时尖叫道："你差点儿害得我的牙崩了，可恶！"我至今一想到这件事还是忍不住想笑。

乔尔既有分析数据的成熟智慧，又有喜欢搞恶作剧的幼稚一面，这让我们从第一天起就成了好朋友。虽然不算频繁，但一有机会，我和乔尔最喜欢做的事就是在午餐时间偷偷溜去洛斯盖多斯唯一的小酒馆"黑色守望"（Black Watch），坐下来仔细剖析我们的同事。我们有时会双双笑瘫在桌子上。

"最近怎么样，老板？"乔尔低声道，他几乎没有从电脑屏幕前抬起头来。

"稳中向好。"我每次跟他寒暄时都是这么回答的。我把头转向楼梯，说："我们去散散步吧。"

那周的早些时候，我、里德和巴里把网飞的所有部门主管带到了一个没有其他人的地方，向他们说明了我们的意向。因为公司的大多数员工都是直接向他们汇报的，所以他们最清楚谁在脚踏实地地做事，谁是不可替代的，而谁又是可有可无的。我已经养成了每天和他们大多数人一起散步的习惯，我们一边绕着大楼悠闲地兜圈子，一边谈论部门里的每个员工。我需要他们的帮助，因为决定让谁离开这件事太复杂了。天赋和不可或缺性其实是最容易弄清楚的维度，让我们纠结的是其他因素。比如，个人情况应该在权衡中占多大的比重？如果某名员工是她家里唯一有收入来源的人，她还刚刚生了孩子，那怎么办？应该留下她，而不是另一个年轻且单身（但更有才华）的员工吗？双方都在网飞工作的那几对夫妻怎么办呢？同时开除两个人会不会太过残忍？

乔尔一边穿上外套，一边用臀部顶开大楼的前门，来到人行道上同我会合。无须多言，我们就默契地转过身来，开始顺时针绕着大楼踱步。

"我一直在思考，老板。"等到一个刚从车里出来的员工走远后，乔尔开口了。

"那总是很危险的。"我回答。

乔尔笑了笑，又接着往下说。

"我知道我们谈论过'后进先出'的原则，但我觉得这不太好。"

"后进先出"的意思是，最后聘用的员工、任期最短的，最先被解雇。这个术语通常是用在库存方面的，我们在这里借用了一下。就我们的目的而言，虽然"后进先出"的原则不一定与才能相关，但它与工作经验确实是相关的，而且在某种程度上，它能让大家觉得这个往往让人感觉相当随机的过程有了一个理性的依据。

"我担心的是凯尔，"乔尔终于脱口而出，"如果你用资历来衡量的话，他绝对不是下一个被炒的人。但是他的态度……"乔尔没有再往下说了。

我完全明白他的意思。在网飞的一次分析例会上，我们把公司里负责不同领域的人聚集在一起，为了解决一些特别具有挑战性的分析问题。在整个会议期间，凯尔一直在证明自己很……我该怎么说呢……难以相处。

在网飞，有不同意见并没有错。事实上，分歧是我们"绝对的坦诚"文化中的一个重要组成部分。我们期待的就是分歧，因为我们鼓励激烈的辩论。在网飞的会议上不存在论资排辈，没有谁的意见仅仅是因为他们的头衔高、年长或者薪水高就更具价值。

在达成共识之前，每个人都应该为自己的观点据理力争。

不过，无论争论多么激烈，网飞内部都有一个共同的期待，那就是一旦得出了显而易见的正确结论，就该着手实施了。争论是为了更好地合作，而不是为了自己的面子。谁是对的并不重要，重要的是我们做对了。

这就是凯尔的不足之处。每当事情不如他意时，他就是没法摆正心态，而且他的恶劣态度影响了所有人。

"我明白了。让他走，我们留马科维茨。"我指的是乔尔的另一名直线下属。

"好。"他淡淡地回答，也没有抬头看我一眼。

我认识乔尔已经很长时间了，我知道他肯定有心事。当我们拐过弯，经过停在大楼一侧小院子里的几张野餐桌时，我才终于反应过来。

"顺便说一句，"我平静地说，"如果我之前没有说清楚的话……你是安全的。"

乔尔的脸上立刻露出宽慰的神情。他点了点头，笑容满面："稳中向好，老板，稳中向好。"

仅仅一周之后，我们又一次聚集在会议室的桌子旁，但是与会者已经扩大到了整个管理团队。那是星期一的晚上，快到8点了，还有人刚吃完晚饭，陆续进来，寻找可以或坐或站的地方。在会议室外面，办公室的其他地方空无一人，一排排空荡荡的椅子和格子间沉重地预示着24个小时之内将会发生的事情。

我和会议室那头的乔尔四目相对，他向我草草地点了点头。帕蒂坐在会议室的前面,她面前的桌子上有两个打开的白色活页夹。里德俯在她的左肩上方,专注地看,做着手势。帕蒂小声地回答了几句,用钢笔在页面下半部分的一行字中间画了一条线。

一名主要员工已经离开了:埃里克·迈耶,他在前一天就被劝退了。虽然他天赋异禀,但他的才干已不再适合应对我们面临的挑战。

其他人呢?经过周末最后两场漫长而痛苦的会议,我们有了最终的名单。现在是行动的时候了。

帕蒂从笔记本上抬起头来,撸起袖子看了看表,然后重重地把椅子往后推了推。"好了,各位。我们就这么办了。"

邮件在星期二上午10:45准时发出,内容简明扼要:11点,我们会在大楼前宣布一则重要通知。

公司此时的人员规模早就大到一个房间根本装不下了,连大厅都装不下。当我们需要召集全体员工的时候,我们要么得租用圣克鲁斯大道上有百年历史的洛斯盖多斯剧院,或者就像一群乱民一样聚集在大楼外面、前门旁边的野餐区。这一天的地点是外面的院子。专门租一家剧院来告诉公司40%的人他们要失业是没有意义的,那太残忍了。

在去楼梯间的路上,我穿过了一排排格子间,本能地走进了楼梯前面的一间会议室里。我管理的几个部门将在这里进行裁员,我想我应该最后做一次检查,至少确保里面摆了两把椅子。被解雇已经够惨的了,我想,他至少应该有把椅子可以坐着。

但没什么问题。里面有两把椅子、一张空桌子、一块干净的白板。没有任何迹象表明那里不会再有定期会议了。

我走到外面时,已经有一大群人聚集在院子里了。大家三五成群地站着,紧张地交谈着。我找到乔尔,默默地站在他旁边。过了 11 点,里德爬上了一张野餐桌。人群安静下来。

"3 年多来,我们艰苦奋斗、齐心协力,这才有了网飞的今天,我们都应该为此感到自豪。但我们都知道,有时我们不得不做出艰难的决定。恐怕今天就是这样的一个日子。"

里德停了下来,环顾四周。周围鸦雀无声。隔着园区的栅栏,我能听到园区铁路上传来的汽笛声,孩童们兴奋的尖叫声。至少在某个地方,还有人是开心的。

"大家应该都很清楚,"里德接着说,"在过去的 12 个月里,融资环境发生了翻天覆地的变化。不仅仅是我们,硅谷的每一家企业都面临着这样的境况。我们不能再指望风险资本来支撑我们了。我们需要自力更生。我们需要把命运掌握在自己的手里。为此,我们必须削减开支,这样我们才能在订阅用户数量更少的情况下实现盈利。我们必须降低开支,以确保我们有足够的资金可以维持到那个时候。"

在人群中,我可以看到乔尔的手下马科维茨的身体明显在发抖。他脸色苍白,上唇直冒汗,手里正把一张餐巾纸撕成碎片。我推了推乔尔。

"你应该去宽慰他一下,这家伙看起来要昏倒了。"

乔尔点点头,在人群中穿梭。我看见他抓住马科维茨的肩膀,在他耳边低语。

霎时间，马科维茨的神色大变，他看起来如释重负。

里德似乎有些犹豫不决。他站在野餐桌上，下面站着一群焦躁不安的人，这显得他仿佛是一个开始意识到自己没能成功鼓舞乌合之众的革命者。他低头瞥了帕蒂一眼，想寻求一点儿信心。她抬头看着他，缓缓地点点头。

"今天就要裁员了，"他使出全身的力量，说，"我们的一些朋友和同事将会离开这里。但这并不是因为他们做错了什么，这纯粹是因为要让公司变得更强大，我们别无他路。请大家先回到办公室里，你们的经理会告知你们具体的情况。"

人群无声无息地散开了，我被人流推着走到入口处，上了主楼梯。被一群紧张害怕的员工包围的感觉，让我得以从他们的角度看待问题：事情怎么会落到这步田地？我们明明很努力！我们想出了"无到期日、无滞纳金"的模式。我们坚持不懈地专注于真正重要的事情。我们让"电影匹配"功能得以起步。我们想出了次日送达。我们弄清楚了如何有效地吸引新用户。为什么现在却要裁员？

当我在楼梯顶端转过身时，我的余光注意到，我在十几分钟前刚刚离开的会议室现在有了些许变化。此刻桌子上新添了一样东西：一个浅蓝色的面巾纸盒摆在桌子的正中央，一张纸巾狡猾地从上面钻了出来。

我们甚至想出了裁员的办法，我想，但也不无辛酸。

干掉百视达好吗

到 11∶30 的时候，一切都结束了。人们三三两两地站在一起，有些人在哭泣，有些人松了一口气，还有一些人受到了惊吓。办公室里几乎空无一人。

刚开始的时候，每个人都紧张不安。经理们在办公室里静悄悄地走来走去，把员工叫到他们各自的会议室里去。如果你在一开始就被叫过去了，接下来会发生什么就显而易见了。对于团队的其他成员来说，每叫走自己之外的人，都是又一颗成功躲过的子弹，直到经理终于从会议室里走出来，给了部门剩下的人一个"警报解除"的信号，这些人提着的心才终于得以放下。

对于那些开除别人的人来说，不适是无法避免的。我们一起经历过苦痛。他们是朋友，也是同事。有些人（比如维塔，她在那天被解雇了）从一开始就加入了。此刻我不得不告诉他们被解聘了。我和他们所有人一起抱头痛哭。

当一切终于结束时，我就那么躺在沙发上，情绪低落、心力交瘁。我把一个足球一次又一次地抛向空中，脑海中一遍又一遍地回想我所做的一切。

最后一个被我解雇的人是珍妮弗·摩根，她是我们新来的分析师。当我走近她的工位时，她背对我坐着，全神贯注地盯着屏幕，即便在那时，她还能专注于解决她面前的问题。我碰了碰她的肩膀，当她慢慢转向我时，我看到她的眼里含着泪水。"我就知道,"她只说了这么一句话,便收拾好自己的背包,准备跟我去会议室,"我已经猜到了。"

这一切结束后不久,我就把我分管的几个部门剩余的员工召集在了一起。我发表了一次简短的讲话,主要内容是我们要继续前进,我们有责任向我们自己,也向其他每一个人证明,这次裁员不是任性的、残忍的,裁员唯一的目标就是为了确保网飞能够挺过去。为了所有人,我们有责任保证实现这一目标。

接着,大家都解散了,有的去吃午饭,有的回家,有的只是在大楼里慢慢地兜着圈子,看看都有谁留下来了。这时,乔尔来到了我这边。我们没怎么说话,也没什么可说的。未来可以从明天开始。我们只是坐在那里,来回扔着足球,直到我注意到一个孤零零的身影出现在我的视线里。光看那双网球鞋,我就知道那是位工程师。当我抬起头时,我看到了一个多年前我亲自招来的人:一个辛勤工作的人,一个娴熟的程序员,一个好人。

他只是没有达到标准。

"抱歉,马克,我不想打扰你,但我还是想回来看看你是不是没事。这对你来说一定很煎熬。"

我手里举着足球,歪着脑袋,一时语塞,竟不知该如何回答。这根本说不通——他刚刚丢了工作,但他在想的却是我有没有事?

"好吧,无论如何,"过了几秒,他略显局促地继续说道,"谢谢你所做的一切。"

他转身走开了。但紧接着,就在他快要经过最后一排工位的时候,他停住了脚步,仿佛突然想起了什么。

"嘿,"他回头喊道,脸上挂着微笑,"干掉百视达,好吗?"

说完,他就走了。

18

上市

(2002年5月:上线后49个月)

NETFLIX

这不是金钱的问题。这是一个人是否有用的问题,是价值观所带来的快乐的问题。对我来说,工作从来就不是为了发家致富。于我而言,工作是为了完成任务时的激动,是为了解决问题时的乐趣。在网飞,这些问题都非常复杂,而快乐就来自和优秀的人围坐在一起,努力解决这些问题。

明星团队

在经历了 9 月痛苦的裁员之后，过了几周，乃至几个月，我们开始注意到一种变化。

我们变得更好了。

我们变得更高效、更有创造力，也更果断了。

筛选员工让人员变得更精简，也更专注。我们没时间可以浪费了，所以我们没有浪费时间。虽然我们不得不解雇一些非常有天赋的员工，但留下的全部是超级明星选手。有了这些超级明星选手负责完成所有的工作，难怪我们的工作质量如此之高。

这在成功的创业企业中颇为常见。公司能够起步，得益于一小群敬业奉献的人，得益于他们的专注、投入和创造力。公司不断招人、发展壮大，接着又进行收缩。它开始重新致力于自己的使命，而这往往依赖于其最宝贵的成员重新集中的注意力和精力。

然而，雇用和留下超级明星选手远不只是工作质量的问题。这是文化问题。当你仅仅保留超级明星选手时，你就打造了一种

"竞争、卓越"的文化。当你知道自己属于百里挑一的精英团队之后，每天上班就会变得更有意思。此外，如果你已经有了超级明星人才队伍的名声在外，那么吸引其他精英加入你的团队也会容易得多。

次日送达

在某种程度上，网飞在2001年年末的表现就像1998年6月的翻版：一支精挑细选的精英团队，为了一个共同的目标——100万个订阅用户而拼搏奋斗。和1998年一样，我们成功达成了这个目标，这次甚至还提前了好几个月，在圣诞节之前就已实现。

我们能够提前到达终点线，主要归功于汤姆·狄龙找到了确保快速发货、次日送达全美各地用户的方法。这在很大程度上其实就是我们萨克拉门托测试的推广，也是我们关于用户之间互相邮寄DVD的理念的延伸。事实证明，如果人们想要的DVD有90%都已经在流通中了，在全美各地建造巨大而昂贵的仓库来运送DVD就显得多此一举了。汤姆运用了我们凭直觉就能理解的一条原则：在看电影这件事上，大家都是盲目从众的，他们想看其他人都在看的电影。如果你昨天刚看完《阿波罗13号》，那么很有可能今天也有别人想看。反之，如果你"队列"里的下一部电影是《不羁夜》，那么也很有可能有人恰好在当天归还了这部电影。汤姆的过人之处就在于，他意识到当用户把DVD寄回给我们时，DVD并不一定非得送到像好市多那样大的仓库里。我们甚至不需要将DVD重新上架，而是让用户直接将其运寄给其他人！我们可以用一只鞋盒来运营。

汤姆分析了数十万个数据点，找出哪些地方适合部署网飞的小型货运"枢纽"，也就是我们的店面，这相当于你社区里的希腊餐馆那么大。他的数据显示，如果你在全美各地巧妙地设置大约60个这样的枢纽，次日送达的快递服务便可以覆盖95%的地区。这些枢纽并不是仓库，它们只是一个个小小的"反射点"，而非用来储存货品。进入枢纽的DVD几乎可以立即"反弹"到其他顾客手中。

汤姆的"反射点法"原理如下：顾客把他们看过的DVD寄到距离本地区"反射点"最近的邮局。每天上午9点，当地的网飞员工会按时去取邮件，在接下来的3个小时里，这名员工（还有其他四五个同事）会用一台切割机打开快递包装，取出光盘，把每张DVD扫描进网飞的一个库存程序。DVD暂时被整齐地堆放在桌子上。员工们会把所有的数据传输到洛斯盖多斯的总部，当他们午休时，我们的服务器就会把所有收来的数据与用户接下来想看的电影进行匹配。午餐后，当地的那些员工会再次逐一扫描每张DVD，但这一次，系统会打印出一枚邮寄标签，上面写着下一位想要这张DVD的用户的地址。

这一流程非常成功。在我们每天收到的每100张DVD中，有90张可以被本地区的其他用户消化，所以这些DVD就会直接被送出去。在这100张DVD中，还有七八张可能是当天没人想看的新片或者热门电影，但我们非常肯定在一两天内就会有人想看这些影片。这些 DVD 就被存储在"反射点"的小鞋盒库中。在收到的这 100 张 DVD 中，通常只有两三张没有人想看，而且我们预计接下来也不会很快有用户需要。有且仅有这些 DVD 会被送回圣何塞市的母舰仓库。

这听起来可能有些夸张，但汤姆的方法绝对是运输史上最伟大的一次创新。这种方法高效、快捷、成本低廉，它意味着我们不必把资金浪费在建设大仓库上。由于我们很少有哪部电影是在货架上闲置着的，甚至连过夜的都极少，我们的库存利用率相当高。我们需要的不过是几十家便宜的店面，几百名远程工作的员工，外加一堆鞋盒，然后——砰！覆盖全美几乎所有邮箱的次日送达服务就诞生了。

将"不"变成"是"

我们挺了过来，正朝着目标稳步前进。但此时一切都变了，创始团队的很多成员都已经离开了。吉姆当时去了亚马逊旗下一家名为"葡萄酒买家"（WineShopper）的公司工作。特在一家互联网安全初创公司"地带实验室"（Zone Labs）工作。维塔和埃里克在 9 月被解雇了。克里斯蒂娜在 1999 年因为身体原因休假，后来便再也没有以全职身份回来工作过。

最初那一批技术娴熟的多面手，如今已被超级明星专家取代。我当然很高兴能与全硅谷最杰出的人才共事，但作为与创始团队最后的纽带,我开始怀疑自己未来在公司的角色。我适合什么角色?更重要的是,我希望自己扮演什么样的角色?

到 2002 年年初,我把大部分时间都花在了产品研发上。对我来说,那才是真正的能量所在。即使在那时,我们也已经预料到未来总有一天,DVD 将从这个世界上消失。21 世纪初,宽带数字用户线路(DSL)技术的发展让在线流媒体内容传播得以实现。我们知道,流媒体开始与实体媒体竞争只不过是时间问题,我们希望自己能够准备好利用技术的变革。这真的有点儿滑稽——当我们终于找到了一种方法,让我们最初邮寄租赁 DVD 的想法成了现实时,我们却已经开始展望一个既没有 DVD 也没有邮件的未来世界。

我们知道数字化交付是未来的趋势。但这个未来到来得究竟有多快呢?它会以何种形式出现?大家是会下载电影来看,还是用流媒体播放呢?他们是会身体前倾,在电脑上看视频,还是会身体后仰,在电视上看?在这项技术被广泛采用之前,需要什么样的基础设施?内容呢?一开始是否应该专注于某一种电影类型?如果是,应该选哪一种类型?电影一旦变成数字形式,就可以很容易地被复制和分享,那么你要如何让电影公司相信,它们的电影在你手中是安全的呢?

为了回答这些问题,我走访了电影公司、电视网络公司、软件公司和硬件制造商,弄清楚了以下事实。

其一,电影公司和电视网络公司都很害怕会步纳普斯特公司的后尘。它们目睹了音乐产业出现了广泛传播的盗版,销量也在急剧下降，所以它们并不急于放弃数字版权。不管我给那些公司的人多少承诺，他们都不信任数字的未来。从他们的角度来看，一旦电视节目和电影被数字化，公司就会失去对产品的所有控制，失去从中赚钱的任何能力。

其二，硬件和软件公司正在全速前进，数字版权被忽视了。苹果、微软和几乎所有其他大型计算机公司的人都在加班加点，利用带宽速度的飞跃，设计能够将非常大的文件——电影大小的文件——直接传输到用户家中的产品。

所有人都在你争我夺，为的是同一个战利品：谁将拥有将娱乐节目直接送到观众客厅里的入口？会是像电影、电视公司那样的内容制作商吗？会是家庭放映所必需的硬件和软件的开发商吗？还是已经在向数百万个家庭提供内容的有线电视公司呢？

那年秋冬，我经常和尼尔·亨特一起交流。尼尔是在1999年加入网飞的，此时他负责管理我们所有的程序员。尼尔身材高挑、瘦骨嶙峋，他一走出自己的隔间，手里几乎总是拿着一只咖啡杯。有时他会端着一只装得满满的法式咖啡壶溜进一间会议室，一般过几分钟后他就会启动咖啡机，理想的情况是，他在试图阐明观点的那一刻启动。尼尔说话轻声细语，举止优雅，有些矜持。很多时候，当他知道自己马上就要为一个同事做代码评审时，我就会从窗口看见他在停车场里兜来兜去，准备好传递坏消息。不可否认，他很有才华。我们开会时，音量常常会接近观看冰球联盟斯坦利杯决赛时的分贝水平，但尼尔不需要大喊大叫。只要他一开口，大家都会凑过去听。

和我一样，尼尔也认为全美范围内互联网带宽的增长带来的是一种可能性：一种利用数字手段将网飞的电影直接传送到电视机屏幕上的方式，从而进一步缩短从看完一部电影到获取下一部电影所需的时间。在 2002 年，即时流媒体尚未实现，下载需要好几个小时，但即便如此，我们依旧期待，你可以利用睡觉或者工作的时间下载一部电影，这仍然胜过开车去百视达门店租电影。在我们唾沫横飞的讨论中，理想状态是在用户电视机上面的一台设备里，总是有几部已经下载好的电影，在"队列"中还有更多的电影。用户可以选一部电影来看，看完后可以给这部电影做上已看的标记。接着，"队列"就开始自动下载列表上的下一部电影了。

到第二天呢？哇，又有新电影可以看了。

不过，要拿我们的想法说服电影公司和科技公司绝非易事，而要说服它们我们能做成这件事，那就更是难上加难了。在它们眼里，我们不过是一家擅长利用邮局的内容公司罢了。至于数字化交付，还是留给大企业来做吧。

我永远不会忘记，在与微软公司的几位高管开过一次令人沮丧至极的会议之后，我和尼尔是怎样灰溜溜地驱车离开微软总部的。我们当时在西雅图郊区的雷德蒙德，我不禁想起 3 年前和里德一起去亚马逊的经历。但这一次，我开车经过的不再是城里一个鱼龙混杂地区一栋简陋破旧的办公楼，而是一片富丽堂皇的企业园区：高耸的红杉树林洒落斑驳树影，园区周围的人工湖清澈见底。那里没有粗野的男子在美沙酮诊所外挤作一团，有的只是微软员工在修剪整齐的草坪上玩终极飞盘。

与我们会面的是微软的两位技术大师,他们在为即将推出的 Xbox 游戏机做准备。此时距离产品发布仅剩几周的时间了,但微软在这场竞争中已经掉了队,它正拼命追赶索尼和任天堂(Nintendo)。为了超越这些竞争对手,Xbox 将包括两个杀手级功能:以太网端口和硬盘,这将使得 Xbox 可以连入互联网,然后存储任何已下载的内容。在公开场合,微软将这些功能定位为增强游戏体验的一种方式,但我们知道,它正在考虑使用这些功能下载电影和电视节目,因此我们一直在关注是否有与之建立合作的可能性。在我们看来,微软有技术,而我们有内容。

但我们还是失败了。一如既往,我们得到的回复依旧是彬彬有礼的,但对方传达的信息都是一样的:我们为什么需要你们?

"简直是浪费时间,"当我在微软园区的环形车道上高速转弯时,尼尔倚在副驾驶座上说,"大老远跑来,租了辆车,就是为了听对方礼貌地说一句'不了,谢谢'。"

"'不'也并不总是意味着'不'。"我笑了。

尼尔非常不满,对我说的陈词滥调不屑一顾,非认为那是我为了让他好受些而撒的谎。"你就别安慰我了。"

但我并不是在开玩笑。我以前没见过吗?所有的消费类电子产品公司都对我们"3 张免费 DVD"的优惠券说"不了,谢谢"。亚历山大·巴尔坎斯基也曾疲倦地摇着头。在网飞的故事中,我一遍又一遍地听到别人对我们说"不",然后,慢慢地,要么是他们开始转变想法,要么是事实证明他们错了。

我知道我们的想法很好，即便现在或许无法实现，但总有一天能够实现。

以下是我总结的经验：在实现梦想的道路上，你拥有的最强大的武器就是坚持不懈、义无反顾。坚决不接受"不"这个回答，绝对是值得的，因为在商界，"不"并不总是意味着"不"。

举个例子。

我大学毕业后的梦想是找到一份广告行业的工作。对于一个拥有地质学本科学位的毕业生来说，这是一个很大的跨越，但我很乐观，也很执着。

在广告领域，本科毕业生唯一能申请的工作岗位就是客户经理，也就是在客户和广告公司创意团队之间当"中间人"。虽然这份工作主要是面向MBA（工商管理硕士）毕业生的，但还是会有一些公司把招聘范围扩大到了本科生，所以当艾耶（N. W. Ayer）广告公司的人来学校举办招聘会时，我立马抓住了面试的机会。

意外的是，我竟然过了第一关，被邀请和其他十几个学生一起去纽约市参加面试。在与来自几乎所有部门的代表面谈了一整天之后，我又得到了通过面试的消息。我成了我们学校唯一一个通过面试的学生，是美国整个东北地区仅有的5名候选人之一。我们都在竞聘同一份工作。

但最后我没被录取。

我很快就从这次打击中恢复过来了，所以没能得到这份理想工作的失望很快就变成了困惑。我到底缺乏了其他候选人所具备的什么品质呢？当时的我对于各种无形的考查标准一无所知（尤其是后来轮到我自己面试应聘者的时候，我会特别清楚这一点），坦白地说，我想不出来自己有什么缺陷。

所以我决定问问。

我给每一个面试过我的人都写了一封长信，借此机会向他们简要概括了一下我身上所有的优点。我解释说，因为我推断出自己一定是缺乏某种重要的素质，我希望他们能够向我明确地指出我到底缺乏什么。"是这样的，"我解释道，"既然我有百分之百的把握明年还会申请这份工作，我愿意花时间好好培养一下我所缺乏的任何技能。"

直到现在，我一想到这件事还是觉得挺难堪的。

但这么做真的有用。就在4天之后，我接到了一通电话。该机构的一位资深合伙人想见我，他负责整家公司的业务领域。几天后，当我们坐在第六大道42层楼上角落里一间豪华的办公室时，他向我发出了工作邀约。我这才得知，在面试时，没有一名候选人得到了这份工作。艾耶广告公司知道，客户经理本质上是一份销售工作，是一种将"不"变成"是"的工作，所以它对我们所有人都说了"不"。

而我是唯一一个没有接受"不"这个答复的候选人。

上市前的思考

微软没同意与我们合作，但总有人会的。

与此同时，我正在悄悄地重新审视自己在网飞的角色。我已经不再担任总裁了，严格说来，我成了执行制作人——那时我们就已经开始从一家极客软件初创公司逐步转型为成熟的娱乐公司了。（现在，如果我能记得把自己的"新媒体套装"放在了哪家干洗店……）

里德掌管着公司的大权，这是他应得的。要是没有他，我们根本不可能筹集超过1亿美元的资金。在他的领导下，我们顺利地度过了互联网泡沫时代的非理性兴奋时期，并在此之后继续发展向前。

我当时的地位有点儿尴尬。网飞是我一手创办的。我预见了即将到来的互联网浪潮，还在适当的时机选择加入。一开始，它是我的公司。但渐渐地，自从里德做了决定命运的幻灯片之后，情况发生了变化。我对这样的安排没有意见。有里德为公司撑腰，他硬是把我们从危险的边缘拉了回来。但这也让我在过去与未来之间有些左右为难。而未来，是我在2002年反复思考的问题。

我有一个我深爱的家庭：3个年幼的孩子，以及同我最好的朋友的美满婚姻。我想确保他们每个人的未来都有保障。尽管我在此前的创业经历中，已经赚了足够的钱保证我们衣食无虞，但那与这一次的经济影响完全不是一个数量级的。简而言之，我不希望我所有的资产都被绑在一家公司的股票上，不管我对这家公司有多大的信心。我见过太多的人因为失控的情况最后血本无归，我很清醒地知道我不希望那样的事情也发生在我的身上。在12月达到100万个订阅用户之后，巴里又开始与投资银行以及潜在的投资者打交道了，看起来我们在2002年上市的计划大有希望。如果真是这样，我希望能够卖出我的股票。

当然，问题就在于在投行和投资者的眼里，公司高管大量抛售股票通常不是一件好事。这看起来很糟糕——好像高管知道些外人不知道的事情似的。

但我的情况不太一样。我完全相信网飞一定会大获成功。我从未像现在这般确信，我们创建的这家公司注定会取得长期的成功。我只是想要有选择卖出的权利。

要实现这一点，我就需要大大降低自己在投行和投资者面前的存在感。我不能以"总裁"的身份出现在我们的S-1申请表上。这意味着两件事：第一，我需要一个低调的头衔，以免让我看起来像是公司的负责人；第二，我需要放弃我在网飞董事会的席位。

第一件事很简单，因为我从来都不在乎头衔。"创始人兼执行制作人"对我来说就挺好。

不过，离开董事会有点儿难。我为那个席位努力奋斗了很久，有一次还差点儿丢了席位。里德在担任首席执行官后不久，就要求我把董事会席位让给一位投资者。我坚决拒绝了。我告诉他，我可以放弃首席执行官的头衔，甚至可以放弃一些股权，但我绝不会放弃我在董事会的席位——那太过分了。我想要对公司的发展方向有一定的控制权，我同时也认为，由公司的一位创始成员留在董事会里制衡风险投资人的利益是很重要的。

"董事会上的每个人都说，他们只会为了公司的成功着想，"我告诉里德，"但你我都知道，在风险投资人和公司创始人的词典里,'成功'这个词的含义并不完全相同。"

顺便说一下,这句话是真的。我现在经常这么告诉创业者。风险投资人总是说他们与你的使命一致,他们想要的都是对公司最有利的。但他们真正想要的,其实是对他们的投资最有利的。这两者并不总是等同的。

顺风顺水时,大家的方向都是一致的。只有当暴风雨来临时,你才会发现原来大家的目标其实各不相同。

里德并不完全这么看。但是帕蒂——那个总是在里德耳边小声提醒的人——同意我的看法。

"万一形势变差,"她问他,"你想让谁坐在桌子旁边?当你需要问一个棘手的问题时,你觉得你会从谁那里得到最直截了当的答案?"

里德后来告诉我,在帕蒂提出那个问题的那一刻,他就知道让我留在董事会是正确的做法——不仅对我,对公司也是有利的。

所以,在为保住董事会席位付出了很多努力之后,却要在2002年主动放弃这一位置,我的内心多少有点儿不甘。但是,如果我想通过将大量股票变现来实现财务上的保障,我就必须做出这个决定。到那年年初,一切都已经很清楚了,这一次,什么互联网泡沫都阻止不了我们了。我们要上市了。这将是一件改变人生的历史大事。

可惜的是,它到底会带来怎样的改变,我对此一无所知。

"爸爸,什么是鸡(机)尾编号呀?"

洛根把身上的安全带往外拉,试图越过汽车的仪表板探头往外看。随着车前的铁门缓缓打开,我把车窗摇了上去。在我们前方,一架飞机在跑道上等着我们,机翼的灯光在空中闪烁。我把车开到停机坪去与它会合。

"我上次来的时候也问过同样的问题。"我告诉他。

那是2002年5月22日,也就是我们上市的前一天,距离我第一次在车上向里德抛出邮寄DVD的想法已经过去5年了。此时我已经不再开那辆沃尔沃了。6个月前,随着我对未来经济状况的信心不断增强,我终于下定决心买了一辆新车,那是一辆奥迪allroad。它有四轮驱动,可以在雪地里行驶;有可调节高度的减震装置,可以沿着乡间小路开到我最喜欢的冲浪地点去。在大多数人眼里,这根本算不上一辆豪车,但对我来说,它就是一辆豪车。为了掩饰我太过显眼的挥霍,我从不洗车,而且总是把冲浪板、自行车或者潜水衣藏在汽车的后备厢里。

在我们从达拉斯市百视达的总部铩羽而归之后,这辆奥迪并不是我生活品质提升的唯一体现。飞机也升了一级。我们不再乘坐凡娜的里尔35喷气式飞机了。里德包了一架湾流G450。如果说里尔35喷气式飞机小巧玲珑,就像一架玩具飞机,那么相形之下,湾流飞机则沉重有力、威风凛凛。通往飞机舱的舷梯坚固、结实,不像里尔35喷气式飞机的阶梯那般摇摇欲坠。机舱内部极尽奢华,配备了巨大的皮革扶手椅,就像豪华酒店的一间休息室。无须再弯腰,天花板已经足够高了。机舱内壁几乎没有弯曲。要是没了这圆形的窗户,你恐怕很容易就会忘记,这间休息室马上就要以每小时约700英里的速度向东移动了。

洛根几乎不敢相信自己的眼睛。他从我身边挤过去,穿过门口,兴奋地大喊着飞机上所有豪华家具的名字。"快来看!"他沿着过道跑了过去,"一张沙发!在飞机上!"

他扑了上去,又重新站起来,然后又跳到了相隔几把椅子的一个位置上。过了一会儿,他给自己选定了一个豪华宝座,舒服地往后一靠,双腿交叉,面露喜色。"这是我的座位。"他宣布。

我把背包放在 4 张扶手椅中间的胡桃木桌子底下,也坐了下来。我转身向窗外望去,只见里德的金色亚洲龙慢慢停靠在飞机旁边。他轻快地走过停机坪,这一身着装看起来很像商务人士:黑色亚麻布裤子、灰色高领毛衣,胸前带有网飞的标识。

我自己的着装也已经努力往商务人士方向靠拢了。我穿了唯一一条干净的卡其裤,一件灰色的西装外套,黑色 Polo 衫的领口不小心从里面露了出来。就在前一天晚上,我才好不容易翻出一双黑色流苏乐福鞋,把它们擦得锃亮。我还戴上了一副"考究"的眼镜,这个玳瑁镜框(我以为能)让我看起来像个经济学家。为了衬出服饰的优雅,再带点儿技术范儿,我一定要把我那部忠实的摩托罗拉掌中宝手机别在腰带上。

"明天是个大日子,"里德一边说,一边坐到我对面的座位上,"美林证券认为,我们的股价可能会在 13~14 美元。"

他探出身子向我儿子招手。"嗨,洛根,你看起来很精神啊!"

洛根笑了笑,也挥了挥手。他看起来确实不错。洛琳把他打扮得很帅气。当我们定下来让他陪我一起去纽约时,我们很快就意识到,他平时穿的短裤和 T 恤可能不太适合这种场合。于是洛琳专门去了一趟卡皮托拉购物中心的默文服饰折扣店，带回来一件蓝色的小西装外套（"特价！39.99美元！"）和一双标价为18.49美元的黑色乐福鞋。

"不管我们在这之后能拿到多少钱，"洛琳一边熟练地把新外套上的标签剪下来，一边向我解释，"他才10岁。花那么多钱没有意义，反正他很快就穿不下了。"

"或者会洒点儿什么东西上去。"我补充道。

洛琳还给他买了一条红色的领带，但当洛根得知我不打算打领带时，他就坚决地把自己的领带也留在了家里，代之以一条鲨鱼牙项链，这条项链自从他在海滩夏令营活动中担任初级警卫后就再也没被摘下过。

正当我站起来教洛根怎么系安全带时，巴里提着公文包上了飞机。和往常一样，他打扮得比我们所有人都要精致：银行家的发型、蓝色的西装外套、雪白的衬衫。和我们其他人不同的是，他还系了一条漂亮的丝绸领带。

"我叫巴里，"他从座位上探出身子来和洛根握手，"很高兴这次你能过来帮忙。"

巴里对待一个10岁小男孩的方式仿佛对待公司的一位高管一样——或者仿佛至少有一天他会成为一位高管一般。你永远不知道谁最终会对你有所帮助。

"杰伊要迟到了。"他坐在椅子上，自顾自地说。巴里从公文包里掏出一个黄色的记事本，然后把包放到座位旁边。

杰伊指的是杰伊·霍格，他是我们的一位风险投资人。他想和我们一起去并不奇怪，因为他是我们最大的投资者。杰伊创立了一家名为 TCV 的风险投资公司，TCV 的全称是"技术融合创投"（Technology Crossover Ventures），旨在为上市前后的公司提供投资支持。他的支持对我们的成功来说至关重要。TCV 不仅在 1999 年年初以 600 万美元的投资领投了我们的 C 轮融资，更重要的是，它还说服了法国奢侈品集团路易威登进行跟投。几乎全凭杰伊为我们做的担保，路易威登集团的代表便飞到硅谷，与我和里德进行了一个小时的会面，在仅仅几天之后就电汇了 2 500 多万美元过来。

最妙的是，在 2000 年 4 月 4 日，也就是互联网泡沫真正破灭的 10 天前，TCV 投入了全部的资金，追加了 4 000 万美元的投资。考虑到这笔投资的时机，以及随之而来的硅谷"大屠杀"，杰伊肯定已经确信他公司的钱全都打了水漂儿。两年后的现在，他能飞去参加网飞的首次公开募股，这对他来说一定是一件格外高兴的事情——这段疯狂旅途的最后一程又多了一位乘客。

当飞机降落在内布拉斯加州的某个地方补充燃料时，巴里掏出了他的手机。

"我想确认一下建档进行得怎么样了，"他告诉我们，接着便把手机夹在耳朵和肩膀之间，打开记事本，翻开新的一页，"今天的股市快收盘了。他们应该已经很清楚明天大概是什么情况。"

"需求建档"是公司上市准备的最后阶段。就在几天前，这个流程发展到了白热化的阶段，因为里德和巴里正四处奔走，向潜在的投资者介绍网飞的故事。

在一家公司上市的当天，只有很少一部分股票是由个人（用华尔街的术语来说就是"散户"）购买的。大部分股票都被卖给了机构：由经验丰富的长线投资者管理的大型基金，比如养老基金、大学捐赠基金、退休基金、共同基金。当然，肯定还包括"超高净值人群"，也就是特别有钱，以至于雇用了整间办公室的投资专业人士来帮忙理财的富豪。

由于我们承销团中的主承销商美林证券承诺在上市首日出售价值逾7 000万美元的股票，它肯定需要十足的把握。为此，在上市前的两周，美林证券精心策划了一场涵盖所有主要金融市场的巡回路演。就像百老汇音乐剧《西贡小姐》在纽约上映前需要先在纽黑文市举行首映一样，我们的上市路演从远离华尔街的地方开始，在纽约结束。这架包机从旧金山出发，这里的投资者对技术公司更加友好，途径洛杉矶、丹佛、达拉斯、芝加哥和波士顿，最后在纽约市降落，停留了两天。在每一站，巴里和里德都被催促着从一间办公室赶到另一间办公室，从一间会议室赶到另一间会议室，从早餐会晤赶到午餐路演，一遍又一遍地讲述着网飞值得被投资的理由。

他们花了一段时间来打磨自己的演讲技巧，弄清楚哪些地方效果好，哪些令人困惑，而还有哪些地方是他们应该避而不谈的。在他们路演的那段时间里，有一次，因为孩子哭闹而一夜没睡的我，早上5点就来到了办公室，却发现乔尔和苏雷什已经坐在他们的办公桌前了。

"你们来得好早。"我当时头脑昏昏沉沉的，思维很混乱。乔尔和苏雷什看起来跟我的状态也差不多。

"其实我们压根儿就没走。"乔尔回答道。他解释说,里德和巴里一直因为用户流失率(订阅用户取消订阅的比率)而收到很多负面反馈。

"我们一直在观察不同用户群体的表现。但每次我们一把里德要找的数据发给他,他就立马紧接着又提出一个问题来。"

"那个人是从来都不睡觉的吗?"苏雷什揉着眼睛问道。

这个问题的答案是:几乎不睡。

但就连里德也已经疲惫不堪了。当他和巴里终于到了最后一站纽约的时候,他们俩在路演过程中基本处于梦游的状态。幸运的是,他们把陈述的要点打磨得很好,重点突出。巴里后来告诉我,在整个行程快要结束时,他们已经达到了一个人说出前半句话,另一个就能顺利地接出下半句话的默契程度,他们俩甚至在投资者话还没出口之前就能预测到他们想提的问题。

巴里和里德一完成巡回路演,接力棒就立刻被传递到了美林证券及其销售团队的手中。这些销售人员跟在巴里和里德的后面,收集他们两人提的投资需求,然后汇集到纽约总部,再由总部汇总形成一份详细的电子名册表格。这份表格迄今仍然沿用传统的叫法,称为"档"。

当然,完成了需求建档并不是从此就板上钉钉了。所有的初步订单——不好意思,是"投资意向"——都只是基于粗略估计的价格。有些客户具有强烈的投资意向,愿意不计成本;有些则对网飞最终的交易价格有着更清晰的认知,他们会就此设定严格的价格上限,一旦低于这个价格,他们就买入,高于这个价格,他们就放弃。

在我们首次公开发行的当天上午,美林证券面临的挑战是找出一个理想的数字,作为新股的发行价。倘若价格定得太高,有投资意愿的买家就会退出,那我们恐将无法达成募集 7 000 万美元的目标;若价格设得过低,网飞就可能会错失数百万美元。

还有一个让问题复杂化的因素是,如果可以选择,美林证券并不介意过低的发行价格。除了高额佣金,它的员工如此努力,千方百计争取与我们达成交易,其中一部分原因就是为了给他们的贵宾客户提供一个可以在开盘时低价买入、收盘时高价卖出的机会。投行将其称为发行首日"跳涨"。

跳涨未必是件坏事。价格的快速上涨可以向公众显示这家公司很"火爆",有"势头"。但如果有人能在第一天就赚到大钱,我们希望那个人是我们自己,而不是美林证券的客户。我们想要的是一次健康的跳涨,而不是让人觉得我们是在蹦床上被人推着发射出去的。

"爸爸!"

洛根举着一大勺香草冰激凌,咬了半口便突然停了下来,说:"巴里可以在飞机上打电话,我还以为在飞机上打不了电话。"

他看着我,一脸疑惑,小心翼翼地把冰激凌送进嘴里,然后低下头,想从冰激凌的底部多挖点儿巧克力果仁出来。

"很酷,对吧?"他的兴致勃勃让我禁不住微笑,"你也想打电话吗?要不要打给妈妈?"

我按了家里号码的快速拨号键,等洛琳接电话。

"来自奥马哈的问候,"当她接起来时,我说,"这里有人想和你说话。"

洛根抓起电话,给洛琳讲起了旅途的所见所闻。他滔滔不绝,几乎都没有停下来喘口气,直到他开始描述午餐都吃了些什么:凯撒沙拉、烤土豆,还有菲力牛排。最后一个词他不太会念。

"我听得出他很兴奋。"当我终于把手机拿回来时,洛琳说。

"他有点儿紧张,但是非常开心。飞机开到巡航高度的时候,他居然开始在过道上翻起跟头来了。我没有开玩笑,他真的在座位之间做前滚翻。"

"好吧,他开心就好,"洛琳答道,然后她也模仿巴里,压低声音,"告诉他,不要对此习以为常。"

我看向洛根,他正在刮盘子,试图把最后一点儿巧克力酱弄到勺子上。我的兴奋劲一点儿也不比他少,我只是更善于掩饰。说实话,我觉得我们所有人都是这样的。要是我们够实在,恐怕早就和他一起翻跟头了。

当汽车终于嘎吱一声停在我父母位于纽约查巴克的住处门口时,天已经很黑了。洛根靠在我的肩膀上,睡着了。

我又回到了家。

"欢迎回家,新媒体主管先生。"我的母亲帮我把门打开,我抱着洛根走上前门的台阶,进了厨房。我把他放下来时,突如其来的灯光让他眨了眨惺忪的睡眼。

"你可以去小房间睡。"母亲对他说。他点点头,拖着脚步上了楼。

那天晚上，我睡在自己童年的卧室里，周围摆放的都是我的书、我收藏的啤酒瓶，还有我的少年棒球联盟奖杯。我感觉自己仿佛从未离开过。此时我已经人到中年，我结婚了，有3个孩子，有一栋大房子和一辆奥迪 allroad。但在内心深处，我仍然觉得自己像个高中生，为了第二天与其他学校的足球赛而兴奋不已。

等到明天，这一切都结束以后，我会有什么样的感觉呢？我会觉得自己更成熟了吗？那些钱呢？这会改变我吗？

我和洛琳当然不会太过担心，这我知道。但我并不认为我们会变得更加快乐。如果说在查巴克长大教会了我什么的话，那就是幸福和金钱完全是两个不同维度的事物。小时候，我见多了明明富得流油但却活得痛苦的人。你离得很远就能辨认出他们——无懈可击的乐福鞋，光鲜亮丽的定制西装，脸上露出空洞的微笑。

那天夜里的大半时间，我都在辗转反侧，脑子里不断想着一切可能出现的差错。如果我一觉醒来，发现股市在一夜之间就崩盘了怎么办？如果再发生恐怖袭击怎么办？如果里德被公交车撞了怎么办？如果在付出了这么多心血之后，我不得不回到原地，从零开始，那又该怎么办？

唯一能让我平静下来的办法，就是盯着靠墙的梳妆台上的那个火车模型——我的父亲最完美的杰作之一，完成于20世纪70年代中期。火车模型的蒸汽机在月光的照耀下闪着微光，活塞似乎都动起来了。这是我沉入梦境之前看到的最后一件事物。

上市当天全记录

在酝酿了这么久之后,接下来发生的一切却挺令人扫兴的。

和大多数科技公司一样,网飞也将在纳斯达克交易所上市。纳斯达克是100%电子化的,那里没有交易大厅,没有一群穿着华丽西装激动地大喊大叫的交易员,也没有可以敲钟的地方。在纳斯达克,每笔交易——买家和卖家配对成交——几乎都是瞬间发生的,它们发生在一个无形、高效、安静、有序的计算机服务器的世界里。

还记得那幅标志性画面吗?在人山人海之中,快乐的企业家举行敲钟仪式,身上满是洒落的彩带。但那是纽约证券交易所。对不起,来错地方了。

虽然全面的数字化可能有助于提高市场效率,但如果你已经为这次上市做了近5年的准备,那么这就有点儿令人失望了。如果我们想要庆祝发生的第一笔交易,我们就有两个选择:要么去新泽西州的维霍肯镇,聚在某处一间没有窗户、温度可控的纳斯达克服务器机房里,要么在美林证券的交易大厅里关注进展情况。我不想告诉你们的是,后者比前者好不了多少,但至少这里有一长排自动售货机,它们就排在电梯对面的壁凹处。

洛根立刻就找到了它们。

"这就是伦道夫叔叔说的那些售货机吗?"

"应该是的。"我回答。洛根的叔叔,也就是我的弟弟,当时是美林证券的一位银行家。一天晚上在我们家,伦道夫分享了交易大厅里的一些故事，洛根睁大了眼睛听着。

"这些人是以赌博为生的，"伦道夫说，"所以他们总是在寻找新的赌博对象。他们什么都赌。有一次，他们打赌一位交易员能否在一天之内把自动售货机里每种商品各吃一个。我们每个人都出了 20 美元，告诉他如果他能吃完，这些钱就都是他的了。但最疯狂的其实是附加赌注。大家掷下好几百美元打赌他是否能成功，如果不能，他又会在哪一步放弃。"

听到这里，洛根的眼睛睁得更大了。

"整个上午的进展基本良好。他吃完了士力架巧克力、菲乐多玉米卷，薄荷口香糖嚼了一次，就整个吞了下去。但当他吃到多力多滋薯片的时候，他明显有点儿泄气了。售货机里有 3 排薯片。我的一个朋友下了很大的赌注，打赌那个交易员能吃完。于是他就跑到楼下的便利店去了。"

"为什么呀？"洛根问道。

"去买一台搅拌机。"伦道夫哈哈大笑道。

现在洛根站在了自动贩卖机前，看着里面的商品，心里做着计算。

"不可能，"他说，"根本不可能吃完。"

交易大厅也许很安静，但它是真的很大：一排很长的连在一起的办公桌，占据了一个足球场大小的房间。每张桌子上都摆着 3 台显示器，它们呈一定的角度摆放，这样坐在工位上的人可以看到连续的屏幕，从一边延伸到另一边。一些交易员在第一排屏幕的上方还放置了第二排，也是 3 台显示器。屏幕上面满是彩色的线条，它们追踪着各种金融工具看似随机的走势。每个工位上都摆着一个特殊的超大号键盘，键盘上有标准顺序的字母按键，外加几十个其他按键，那都是些看似毫不相干的字母数字组合。尽管如此，交易员们却都能轻松地操纵这些奇怪的键盘，就像神童在演奏肖邦钢琴曲一样。

每个工位上都有一个硕大的电话控制台，台上的红色按钮狂闪。等我和洛根赶到的时候，只见巴里把其中一部电话夹在肩膀和耳朵之间，正兴致勃勃地和某个人聊天，他的外套半敞着。里德在隔壁的办公桌上平静地回复着邮件。杰伊·霍格歪向一边站着，一如既往地很放松，穿着皱巴巴的蓝色牛津衬衫。

"目前还什么都没发生，"杰伊说，"股市即将开盘，但交易员们还在寻找合适的价格。可能还要一个小时左右。"

他指着交易大厅的一个角落，那里有四五名交易员正紧张地打着电话，其中有些人同时对着两部电话讲话。

"每次他们尝试一个新价格，都必须给所有人回电话。估计一时半会儿还结束不了。"

这就带来了一个问题。我们可以等上一整天，但是在洛斯盖多斯，气氛就有点儿不一样了。由于洛斯盖多斯比纽约晚3个小时，整个公司的人都早早地到了，在上市当天的6点一起吃早餐。所有人都聚集在楼下的一个侧厅里，急切地等待着交易的开始。我答应过会定期从交易大厅打电话汇报进展，但我现在该怎么说呢？

什么都还没发生呢。

在东部标准时间的上午 9∶15（开盘前 15 分钟），我给办公室打了电话。

"早上好，洛斯盖多斯！"我大声喊道，想象着自己的声音从架好的大喇叭里传出来。我想象着每个人都停止交谈，放下手中的咖啡。对他们来说，这就是那个时刻。但他们不知道那个时刻尚未到来。

"我现在在美林证券的交易大厅里，里德、巴里，还有杰伊都在，现在距离开盘还有大约 15 分钟，然后……"我顿了顿，思考自己该怎么往下说，"呃，嗯，现在什么都没发生。"

最可怕的莫过于向一屋子你看不着也听不见的人描述"价格匹配"的过程了。我感觉自己就像一个棒球比赛的实况播音员，努力在比赛因下雨而延误的时候通过解说来填补播出时间。事实证明，要让满屋子的人感觉有趣，是需要很多技巧的。我把自己都说烦了，根本无法想象当时我的听众感觉有多无聊。

幸亏帕蒂终于接起了电话，她建议我在有更多信息要分享的时候再打过来。

令人惊讶的是，洛根倒是一点儿也没有因为延误而感到厌烦。他对一切都很感兴趣。一位交易员教他如何调出市场报价。他学会了使用彭博终端，搜索有关圣克鲁斯的新闻。他不停地在打字，高兴得像涨潮时的蛤蜊。

但对我来说，等待的过程简直度秒如年。在我向洛斯盖多斯随机进行汇报的间隙，有人在同时对着两部电话说话，有人在给植物浇水，而我却在地板上踱来踱去，咬着指甲。我觉得自己就像在医院里等待心爱的人做完手术,想象着每一种可能的结果,而且大多数都是坏结果,这让我紧张不安。我需要做点儿什么。终于,我想起了洛琳塞在我外套口袋里的一次性相机,便通过拍照来分散注意力。我拍到了打电话的巴里和若有所思的里德。我给洛根拍的那张照片——他从办公椅上抬起头来,双手紧握在胸前,一脸严肃,仿佛对克鲁格金币不稳定的期货价格深感担忧——至今仍是我最喜欢的他的一张照片。

当那一刻终于到来时,没有闪光灯,没有嘹亮的号角,也没有任何庄严的宣告。有的只是巴里走到我、杰伊和里德聚在一起的地方,宣布:我们有了一个价格。

在大厅里众多显示器的顶部,在墙上的长长的屏幕上,显示了一堆字母和数字,反映着正在发生的交易。一位经验丰富的交易员可以通过观察这些字符,即时把握当下的交易状况:AAPL-16.94 _MSFT-50.91 _CSCO-15.78[1]。我们都目不转睛地盯着大屏幕,生怕一眨眼就错过了它。就连洛根都意识到有什么大事即将发生,他也抬起头来,想看看大家都在看什么。

它出现了:NFLX–16.19[2]。

我终于有了可以告诉帕蒂的事情。

1　三处英文分别代表苹果、微软和思科,后面的数字是它们各自的股价,以美元为单位。——编者注
2　NFLX代表网飞,16.19美元是它首次公开发行的股价。——编者注

"快接到扬声器上。"

交易大厅里上演着一幕不寻常的感人画面。我和里德拥抱在一起。我同巴里、杰伊握了握手。我弯下腰,紧紧地搂住洛根,搂了好久。在整个过程中一直给予我们引导的美林证券高管们都过来向我们表示祝贺。有人打开了一瓶香槟,就连洛根也喝了几口,不过他不太喜欢香槟的味道。

里德和巴里打算留下来接受记者采访,但当我听到洛斯盖多斯爆发出欢呼声时,我作为一名实况播报员的工作也就圆满结束了。我和洛根可以先行离开。我们的航班5点才从泰特波罗机场(负责处理进出纽约市的私人航班的通用航空航站楼)起飞。因此,整个下午我们都可以自由支配。

我知道我想做什么。我想去看看"无畏号",这艘"二战"时期的航空母舰现在永久停靠在哈得孙河的一个码头上。那里还有一座博物馆,以及一艘潜水艇。

但我和洛根还有一项更重要的任务。

我们走到街上,在穿过旋转门时,我小心翼翼地撕下我们的安全名牌,塞进背包里留作纪念。我举起手,一辆出租车缓缓停靠在路边。"十一街第六大道。"我跟在洛根后面上了车,告诉司机。

"我们要去哪里?"洛根问。

"待会儿你就知道了,我知道你是加州的孩子,但你现在是时候接受纽约的洗礼了。"

当出租车驶入接近正午的车流中时,我靠在已经有了些许裂缝的座位上，透过半开的车窗，看着窗外的街区不断向后退。我突然意识到，我的生活已经不可逆转地改变了方向。当一串股票代码滚动在屏幕上时，一条全新的路出现在了我的面前。这是我成年后第一次不需要工作，从此以后我也不再需要了。

出租车停下来等红灯，我盯着人行横道上的路人。一个西装革履的男人对着一个甜甜圈皱眉头；一个穿着护士制服的女人，似乎在连续12个小时的值班之后显得疲惫不堪；一个建筑工人手里拿着黄色安全帽。

他们都得工作，但我不需要。就在几个小时以前，我还和他们一样，但此时此刻，一切突然变了。我不知道自己对这种转变有什么感觉。

这不是金钱的问题。这是一个人是否有用的问题，是价值观所带来的快乐的问题。对我来说，工作从来就不是为了发家致富。于我而言，工作是为了完成任务时的激动，是为了解决问题时的乐趣。在网飞，这些问题都非常复杂，而快乐就来自和优秀的人围坐在一起，努力解决这些问题。

我热爱网飞，不是因为我觉得它会让我赚得盆满钵满。我热爱网飞，是因为玩具枪、打水仗、五行打油诗，还有喷泉里的硬币，以及会议室里漫长而激烈的争论。我热爱网飞，是因为那些坐在汽车副驾驶座位上天马行空的头脑风暴，在餐厅、酒店会议室或者泳池里召开的会议。我热爱亲手创办一家公司，眼见它摇摇欲坠，再对其进行改造重建。我热爱来到这里又离开这里，我热爱成功，也热爱失败——远离了工作场所的喧闹笑声，在凡娜·怀特的喷气式飞机上令人窒息的沉默。

我热爱它,是因为这里有克里斯蒂娜、米奇、特、吉姆、埃里克、苏雷什,以及其他上百个牺牲了夜晚和周末的人。他们在假期也要工作,取消自己的私人计划,更改约会的时间。这一切,都是为了帮助我和里德把一个梦想变为现实。

这无关金钱。它关乎我们在知道自己可以得到金钱之前所做的事情。

那么现在是什么状况呢?

我不能马上拿到钱。为了防止出现抛售潮,承销机构要求我们所有人同意持有股票6个月以上。所以也可以说,其实什么都没有改变。再过几个小时,我就会坐上飞机飞回加州,在回家之前,我可能会直接赶回办公室再处理几个小时电子邮件。

毕竟,我们还有很多事情要做。百视达正虎视眈眈。我们听到了令人不安的传言,沃尔玛即将进入在线租赁市场。我们还有很多东西需要测试。我也渴望继续进行我对流媒体的研究。

但我的内心深知,这段旅程的一个阶段刚刚结束。梦想变成了现实,我们做到了——我们把一张信封外加一张佩茜·克莱恩CD变成了一家上市公司。这是我们所有人都期待的那种成功,是我们向投资者做出的承诺,也是对那些投入了时间和精力的人的奖励。对大多数人来说,这样的成功需要鱼子酱、香槟酒及餐盘大小的牛排以示庆祝,要在伯纳丁餐厅吃一顿丰盛的晚餐,然后在入睡之前去丽兹酒店喝上一两杯酒。

但那都不是我和儿子要去的地方。

出租车停了下来，我越过隔板给了司机 20 美元。下了车，"著名的雷"比萨店的招牌在日光下略显暗淡。橱窗里是塞满意大利辣肠、香肠和奶酪的比萨。在我拉开门之前的那一刻，我细细品味着那一幕——就在我多年来一直梦想的那一天，在我的整个人生轨迹发生改变的几分钟后，我要和我的大儿子一起吃一块真正的纽约比萨。

这正是我想去的地方。

"我们已经在上面了吗，爸爸？"洛根手里拿着从交易大厅里偷偷带出来的打印文件，上面列着数千种股票的价格，抬起头问我。

"没错，洛根，"我拉开了店门，说，"来吧。我们成功了。"

后 记
伦道夫的成功法则

当我 21 岁刚从大学毕业，即将开始我人生的第一份工作时，父亲给了我一份手写的指导清单。不到半页的纸上是父亲工整的字迹，上面写着：

伦道夫的成功法则

1. 至少比要求的多做 10%。
2. 在你不了解的领域永远不要把自己的观点当成事实说给别人听。要非常小心，严格自律。
3. 始终保持礼貌和体贴，对上对下都一样。
4. 不要非难，不要抱怨，而是坚持提出建设性的、严肃认真的批评意见。
5. 当你有事实依据时，不要害怕据此做出决定。

6. 一切尽可能量化。

7. 思想要开明，但也要保持怀疑。

8. 别迟到。

那张原始的清单一直被我保存至今，装裱在镜框里，挂在我家浴室的镜子旁边。每天早上刷牙的时候，我都会重读一遍。我也给我的孩子们每人复印了一份。在我的一生中，我一直在努力践行这8条法则。

伦道夫的成功法则涉及面广、眼界开阔，标点符号也很别致（我和孩子们总笑第二条里缺了一个逗号）。它们神奇地做到了既非常笼统（"思想要开明，但也要保持怀疑"），又讨喜地精确（我特别喜欢的一点是这份清单以一句简洁的"别迟到"而收尾——这看似最次要的一条法则，实际重要性却与它的位次恰好相反）。法则所规定的言谈举止是胸怀坦荡、勤奋刻苦、充满理性，这是我的父亲——一个好奇、正派、忠诚的人——用他自己的一生所贯彻的。

伦道夫的成功法则在我上学的时候帮助过我，在我参加户外运动的时候帮助过我，在我的职业生涯中更是让我受益匪浅。它们贯穿于我持续展开的测试（第2条、第6条），我的好奇心和创造力（第7条），以及我愿意为了实现一个目标而大胆冒险的精神（第5条）。我从第4条的告诫（坚持提出建设性的、严肃认真的批评意见）中看到了网飞"绝对的坦诚"文化的种子。当然，从第1条法则（至少比要求的多做10%）直接延伸出了在网飞的办公室里一边喝浓缩咖啡、吃比萨，一边熬过的许多个深夜。

我的父亲没怎么见过我在职场的一面。由于我的父母住在东海岸，他们从未真正了解过我从事的领域。当然，我在网飞的种子轮向我母亲要过钱，我也跟他们谈过我的工作情况，包括我在博兰国际公司、英泰，以及在网飞的工作。1999年，我有一次去纽约向DVD行业的一群高管发表演讲，我邀请父母去现场观看。在那次之前，他们虽然知道网飞很成功，也在不断发展之中，但他们从来没有亲眼见过，至少在那天晚上之前从未真正见过。

我记得当时我很紧张，但同时也很自豪，真的非常自豪，因为整个礼堂座无虚席，而我的父母就坐在后排。

散场后，我和父亲坐在空荡荡的礼堂里。舞台上空无一物。他把手放在我的肩上向我表示祝贺，说他很骄傲。接着他告诉我，医生在他的头颅X射线检查中发现了一些奇怪的东西，第二天他就要去西奈山医院做脑部活检。

我如鲠在喉。我母亲之前告诉过我，父亲最近的表现有点儿奇怪，于是才有了去看医生这回事。但这听起来似乎不妙。我用自己一贯的方式来掩饰我的焦虑：讲了个笑话。

我巧妙地化用了一个双关[1]。

---

[1] 这里的双关，英文原文为"you need a hole in the head"，字面意思是你把自己的脑袋弄出了一个坑（脑部活检就是从脑部穿刺取出病变组织），这个短语的引申意思是你绝对不想这么做。——编者注

他听懂了，也笑了。

我们有着同样的幽默感。

2000年3月，父亲由于罹患脑癌不幸离世。对我来说，那是一段非常灰暗、非常痛苦的时光，而我前述的很多故事，都是在这件事的背景下发生的。从1999年到2000年年初，我们一直在测试招牌计划的各个方面，并为"电影匹配"功能做最后的润色工作。就在这段时期，由于我的父亲正在接受治疗，我每个月至少要飞回纽约一次。这是多年来，我们相处时间最长的一段时期。

我的父亲面对诊断时的态度，和他面对生活中大多数事情时的态度是一样的。当别人对他的病情恢复状况给予积极的反馈时，他思想开明，但也保持怀疑。他从不抱怨。对待医疗系统中遇到的每一个人，不管是内科医生、外科医生，还是护士、护理员和助理，他都彬彬有礼，体贴入微。赴约或者参加任何会面，他从不迟到。

他去世后，我请了大约一周的假，和母亲一起在纽约哀悼。然后我就飞回了加州。

但从那时起，情况就开始有了些许不同。父亲的离世让我对事物有了正确的认识。它让我学会评估我生命中真正重要的是什么——作为一个父亲、一个丈夫、一名企业家，以及一个个体，什么能给我带来成就感。

我开始意识到，那天晚上在曼哈顿下城的礼堂里，我感到的自豪并不是因为房间里座无虚席，也不是因为我的父母能看到此时的我多有成就。

好吧,这是其中一部分原因。

更重要的是,我所感到的自豪源于那天晚上我传达的信息:媒体行业的形势正在发生怎样的变化,而你又可以从正在颠覆行业的公司那里学到什么。

父亲去世的日子就在互联网泡沫破灭的几天前。作为一名价值投资者,他从来都不理解这种炒作,从来都不理解这种狂热。如果他知道自己一直以来就是对的,他一定会说不出地高兴。

我真希望他能看到那场崩盘,我真希望他能目睹我们成功挺过来了。他没能见到我们公司上市,他不知道我带儿子乘私人飞机去纽约的故事,他没能听我谈论上市带来的意外之财,以及它给我的家庭所带来的一切。

但是你知道吗?这些都不重要。因为他曾经看到我站在台上,谈论我所热爱的事物:解决问题,打造团队,创建一种行之有效的企业文化,完善创业理念。

他看到我在做自己热爱的事情。这才是真正重要的。

随着年龄的增长,如果你有那么一点儿自知之明,你就会了解关于自己的两件重要的事情:第一,你喜欢什么;第二,你擅长做什么。每天能同时做这两件事情的人都是幸运儿。

在网飞工作的第七年伊始,公司发生了翻天覆地的变化,而我此时扮演的角色也有所改变。我仍然在运营网站,不断地调整客户订阅的方式,我们向客户收取的费用,他们选择电影的方式,以及我们发货的顺序,但我已经逐渐将公司的其他许多方面移交给了更有能力的高管。

距离订阅用户数量突破100万大关已经过去了很久。总部办公室也已经搬迁过两回，因为旧大楼早已容纳不下不断壮大的员工队伍了。

我们终于找到了一种方法，可以让次日送达覆盖全美的大部分地区，这带来的正面口碑推动了公司的发展。

我们已经顺利上市。有了这笔钱，加上我们日益提升的声誉，我们就能够吸引优秀的人来为我们工作。他们都是各自领域的明星，要么经营过自己的公司，要么为跨国公司做过物流，要么建立了互联网的基础设施。

此时，与百视达争夺租赁领域霸主地位的战役已经进入了白热化的阶段。那时，里德已经开始反复讲述那个耳熟能详的公司起源故事了。还记得吗？故事大概是这样的：里德在家里翻出了一部好久以前租来的《阿波罗13号》，他将其送去百视达门店归还的时候，却发现自己要交40美元的滞纳金，于是他就想，如果再也不用交滞纳金该多好。创办网飞的想法便应运而生。

如果本书能给你带来一点点启发，那我希望它能告诉你，网飞背后的故事比这段叙述复杂一点儿。我也希望它能向你展示，学会叙事是多么有用。当你试图推翻一个行业巨头时，你公司的创业故事不可能是一本几百页的书，就像你手里拿着的这本。它必须只能是一小段文字。里德经常重复的这个起源故事就是最好的品牌宣传，我一点儿也不会因此而嫉妒他。

这样的叙述是在说谎吗？不，这是一个故事，而且是一个非常精彩的故事。

事实上，任何创新的传承都是非常复杂的。总是有很多人参与其中。他们拼搏奋斗，他们大力推进，他们互相争执。他们每个人都贡献了不同的经验和灵感：在邮购行业多年的工作经验，对算法的热情，对服务顾客的长期坚守，对一类邮件成本效益的洞察，对个性化力量的认知。是的，甚至可能只是一部电影的滞纳金。经过这个也许需要几天、几周，甚至几年的过程，这群人想出了一个独特而伟大的新鲜创意。正如你所看到的，在我们的例子中，诞生的结果就是网飞。

但这个故事太混乱了。

当你和媒体、投资者或者商业伙伴交谈时，大家真的不愿意听你讲这些。他们想要的是一个干净整洁的版本，上面打着一个精巧的蝴蝶结。里德几乎立刻就意识到了这一点，所以他想出了一个故事。这是一个伟大的故事：简单、清晰、令人难忘。这个故事抓住了网飞的精髓，为我们解决了一个大问题。

那个故事让我们有了叙事。

到 2003 年，网飞已经足够成熟，可以书写自己的故事了：大卫对抗歌利亚。看起来大卫有机会了。

网飞已经长大了。我意识到，我也一样。

我仍然深爱着这家公司。我对它炽热的情感只有为人父母者才能明白。我纠正了错误，消灭了敌人，一直在努力推动公司取得更大的成功。但随着季度业绩报告机械地反反复复，年复一年，我慢慢意识到，虽然我热爱这家公司，但我已经不再热爱在这里的工作了。

事实证明，我确实知道自己喜欢什么，擅长什么。我喜爱且擅长的不是一家如网飞这般体量的大公司，而是艰难寻求出路的小公司，是刚刚孵化的、尚无可复制可扩展的商业模型的梦想，是介入危机重重的公司，与真正聪明的人一起解决真正复杂的难题。

我要在这里自吹自擂一会儿：我真的非常擅长这件事。每一家创业公司都面临着成百上千个问题，所有问题都在大声呼吁关注。我总能凭感觉找出那两三个最关键的问题，即使它们不是叫得最大声的。但如果你解决了这几个关键问题，剩下的问题就都能迎刃而解。

我有一种近乎强迫症的能力去专注于那些异常的事物——一心一意地攻击要害，不惜牺牲一切代价，直到把它们打倒在地。

我有能力激励人们辞掉工作，接受减薪，来帮助发起一场不太可能成功的战斗，对抗一个明显毫不留情的劲敌。

这些都是管理创业公司的关键技能。它们不太适合管理一家拥有数百个员工和数百万个用户的公司。

时间到了。

我想，在上市之后，我明白这一点已经有一段时间了。但直到 2003 年春，当我主动要求与米奇·洛合作开发网飞的线下自助亭时，这一切才终于成为现实。

彼时，我们经常试图想办法与百视达为用户提供的即时服务竞争。虽然网飞的用户在他们的电视机上摆着现成的电影存货，但这相比即时的满足还是有一定距离的。如果用户临时起意，决定看别的电影，那他们就没那么幸运了。但百视达的顾客可以直接开车前往数千家门店其中的一家，而不是苦苦等待邮件的送达。这是我们致命的弱点。我们非常担心百视达会推出一种混合模式，将线上与零售结合。我们知道这对用户来说肯定很有吸引力。

米奇·洛坚持不懈地提倡以线下自助亭作为解决方案。他提出，网飞的订阅用户可以使用该服务的站点租用和归还 DVD。早在加入网飞之前，他就梦想在 Video Droid 公司加入这项技术。此时里德似乎也愿意试验一下这个想法。

"我和米奇在拉斯韦加斯找到了一个很棒的测试地点，"我告诉里德，"我想我应该和他一起去。我需要集中精力做这件事，或许甚至只做这一件事。"

"没问题，我们可以把你手上所有前端的事务都交给尼尔。把项目经理和前端工程师合并到一个人的手下，这样安排可能对每个人都更好。"

"但如果这次失败了……"我盯着里德的脸说，我们俩都意识到了这一点，"如果 6 个月后我把权力从尼尔手上全部收回来，我不确定这对他来说是否公平。"

里德咽了口唾沫，把头歪向一边，说："好吧，那我们得谈谈遣散费的事，以防万一。"

一阵尴尬的沉默之后，我忍不住了，放声大笑。

里德微微一笑，透着谨慎。

"我的意思是，我们已经谈过这件事了，"我说，"我们都知道会有这么一天,不过是早晚的问题。"

这是真的:里德经常和我谈论我的感受。他太聪明了,肯定已经注意到我身上的技能不是网飞未来几年发展所需要的;他也太诚实了,瞒不了我多长时间。

不过此刻,他看上去倒是松了一口气。在这样的安排下,他就不必主动找我进行一次不愉快的谈话了。他不必再做幻灯片,再做一块"狗屎三明治"——因为这个决定不是他做的。

我在做最后一个项目。如果失败了,我就会离开——按照我自己选择的方式。

6个月后,我回到了洛斯盖多斯,最后一次穿上我的"新媒体套装",或者至少算是它的一个翻版。我保留了那件色彩斑斓的外套,但我把卡其布裤子换成了牛仔裤。波纹衬衫不见了,取而代之的是一件T恤。

如果我要走,那我就要走得舒舒服服的。

网飞为我的告别派对租下了具有历史意义的洛斯盖多斯剧院。当初那家好几个月都没有办公室,在霍比餐厅赊了一大堆账单,在一家脏乱的汽车旅馆会议室里召开会议的小公司,如今已经大到无法在办公场所的任何地方集合所有人了。为了送别它的创始人,再在野餐桌旁举行一次大规模聚会是不行的。我得到了红毯般的待遇,或者至少是红色丝绒座椅的待遇。洛斯盖多斯剧院是那种墙上挂着天鹅绒帘幕,座位上有着真正天鹅绒的地方。就像网飞的办公室一样,它的前台也有一台爆米花机。但这台机器是货真价实的,它生产于那个在电影院小卖部只能买到爆米花的年代。

换句话说，它真的是拿来用的。

当我和洛琳以及孩子们一起走到剧院前面时，我不由自主地被公司此时的规模之庞大震撼了。人群从大厅里涌上街头。他们中的大多数人我都认识，但肯定不是全部。

"哇，"洛琳说道，"我之前虽然知道公司很大，但我内心深处仍然想象着你每天和 10 个人一起工作，坐在以前的餐厅的椅子上。"

我笑了。但她说得对，一切真的已经变了。从最初的 8 人团队，到如今的数百个员工。我们的首次公开募股立刻就为公司净赚了近 8 000 万美元。那些给史蒂夫·卡恩或者我母亲打电话索要 2.5 万美元的日子一去不复返了。母亲最初的投资翻了近 100 倍，她用赚来的钱在上东区买了一套公寓。

但是，那些艰难困苦的日子也一去不复返了。我想念那段日子；我想念那些深夜和清晨，草坪椅和折叠桌；我想念所有人同舟共济的那种感觉，那种对于每天都要处理一个与自己的职位描述无甚关联的问题的期待。

当我在拉斯韦加斯和米奇在一起的时候，在某种程度上，我又找回了当初的那种感觉。那是一段快乐的时光。在那 3 个月里，我们住在萨默林的一套公寓里。萨默林是拉斯韦加斯西边的一个社区，靠近红石峡谷。我们在距离公寓几个街区的史密斯超市搭建了一座样板亭，为网飞的订阅用户提供即时租赁服务。按照网飞的风格，我们并没有实际建立一个电子界面供客户使用，只是采用了网飞一贯的验证方式——我们在超市里建了一家微型商店，网飞的订阅用户可以从那里的库存中挑选 DVD，也可以归还他们"队列"中的电影。米奇之前在圣克鲁斯用一台刨床和一块冲浪板做了一个"网飞快递"的标志，我们把它挂在小店里，它从天花板上垂下来，很显眼。我们不是在测试一座自助亭是否奏效，我们是在测试用户会如何使用它。他们会去挑选电影吗？会把电影还回来吗？还是他们只把电影添加到他们的电影"队列"里？

那年夏天，我们花了很多时间待在那家超市里，通常是在晚上。夏天的时候，拉斯韦加斯的人一般都在晚上逛超市。白天太热了，而且赌场的营业时间比较奇怪。凌晨 1 点，我们会看到鸡尾酒女招待、荷官和脱衣舞娘试图使用我们的虚拟售货亭。我们拿着写字板在过道里走来走去，询问他们对超时归还和租赁电影有什么感受。如果他们还不是网飞的用户，我们就会试图说服他们注册订阅；要是他们不想注册，我们就会听取他们的理由。

我们了解了很多。但最重要的是，我们了解到线下自助亭的想法是成功的，大家很喜欢。

在内华达州的那 3 个月结束时，我很难过。我已经习惯了在黎明前骑山地自行车，和米奇在傍晚远足，或者在下午坐在废弃的公寓泳池周围谈论生意和生活。米奇兴奋地向里德展示我们的发现。他认为这些测试足以证明线下自助亭可以作为我们紧迫问题的一个中间解决方案——在当日发货的运送速度还不够快时，也许线下自助亭可以弥补这一差距。

但当我们回到加州时，里德没有同意这个方案。

"这太贵了,一旦你采用线下自助亭的方式,你就打入了硬件领域,你就必须为此在全美各地雇用和管理一支庞大的队伍。这是一个好的想法,但我们最好把重点放在我们的核心业务上。"

"'加拿大原则'。"我说。

里德点了点头。

这是一条伟大的原则,但它让我丢了工作。线下自助亭的想法被否决了,这意味着我要开始起草我的遣散费条款了。

至于米奇,他利用我们在拉斯韦加斯3个月的测试创办了另一家小公司。你可能听说过,它的名字叫红盒子(Redbox)。

于是,在我工作的最后一天,我坐在洛斯盖多斯剧院的舞台上,望着台下的人山人海。洛琳坐在我旁边,洛根也在,穿着他参加上市时的西装外套和乐福鞋。亨特这时候已经5岁了,变得更加好动。摩根试图拦着亨特,不让他把鞋子脱下来扔向观众,但她没成功。

"有点儿疯狂啊,不是吗?"当里德走向麦克风时,我对洛琳说,"我是说,这可是我们过去7年的生活。"

"我听说邮局在招人,"洛琳微微一笑,说,"米苏拉市附近缺一个人。你要去吗?"

我忍住了笑,此时里德清了清嗓子,开始了他的讲演。这番讲演充分体现了里德式的简洁,但也是发自内心、充满真情实感的。他简要地回顾了公司的历史,突出了我在初创时期担任的角色,谈到了我们的工作关系,以及它随着时间的推移是如何演变的。最后,他向我表达了感谢,还邀请了我的几位同事上台。

接下来就是网飞盛大的传统。你可能听说过，有些人希望他们的葬礼成为庆祝活动——他们不要守灵，而要游行。网飞就是这样。当有人离开公司的时候，告别派对并不是一个演奏哀歌的悲伤场合。它更像是一场耍笑庆祝会，会有一连串的致辞，但最妙的是把与你的告别写成一首打油诗。

那天晚上，打油诗很长，不怎么押韵，还有点儿粗俗。有好几次，我不得不捂住洛根的耳朵。但是我笑了，又哭了。

最后轮到我了。我那天做的是即兴演讲，所以已经无法在这里还原。但大意是关于这家公司和这支团队对我的意义有多大，在这个真正努力改变世界的企业，能成为其中的一员，我有多么幸运。我感谢了我的同事们，感谢了里德，感谢了在座的每一个人，是他们让网飞成了现在的模样。

我以一首自己写的诗结束了我的致辞，这是我演讲中唯一事先准备好、打印出来的部分。我打开那张纸，清了清嗓子，开始念道：

> 高高兴兴来到大剧院，
> 现场气氛我有点儿不习惯。
> 本以为能收获点赞，
> 没想到却遭到调侃？
> 好吧，谁怕谁，那我也来侃一侃。

我继续往下念，把我的许多同事都调侃了一番，他们中的大多数人都已经念过关于我的诗了。

接着，我拿里德开涮了。

> 里德这家伙，真是所向披靡，
> 不管对我们还是在华尔街演戏。
> 但说起那部逾期的电影
> 《阿波罗 13 号》？鬼才信！
> 偷偷告诉你，电影是限制级。

人群在哄笑。我看了眼里德，他一边大笑，一边摇头。

我准备收尾了，只剩下最后一节。我发现帕蒂·麦科德坐在观众席上，便朝她眨了眨眼。然后，我停顿了片刻，最后一次审视我的朋友和同事们，微微一笑。

我念完了这张纸上的最后几行字：

> 最后，帕蒂，因为一点不确定
> 就抓狂掀桌发脾气。
> 自打"剃毛阴囊"海报
> 我一直等着还你一报
> 但这次你没法将我炒，可惜！

不过，故事并没有就此结束。

你现在可能已经习惯了看到这句话。但这是真的，因为网飞的故事当然远远没有结束。

里德仍然在公司，是首席执行官兼总裁，他仍然享受着生命中最美好的时光。与我不同的是，作为首席执行官，里德不仅在创业初期卓尔不群，在后期阶段也一样优秀（甚至更为出色）。他把公司带到了我梦寐以求的高度。我们现在还是好朋友。他告诉我，他偶尔会收到一些电子邮件，发件人怒气冲冲地抱怨被一个车牌号为"NETFLIX"的人抢了道。他们都以为持有这块车牌的人只可能是他。

在休息了几年之后，克里斯蒂娜成立了一家名为Poletential的健身公司，在雷德伍德市为女性开设钢管舞健身课程。这我可真没想到！但她的敬业精神、组织才能，以及对女性健康的关注激励了成千上万的人去锻炼身体、提升心智。

特后来在MarkMonitor（一家互联网品牌保护公司）和Recurly（一家提供企业级订阅账单管理服务的公司）等多家公司担任副总裁，主管市场营销。她现在还带着波士顿口音。

在离开网飞之后，埃里克·迈耶在LowerMyBills（比较、评估基于按月订阅的企业服务的公司）担任首席技术官，还带去了维塔（之后还有鲍里斯）。现在，迈耶在大型3D打印公司Align担任副总裁，主管软件领域。

鲍里斯最后也成了一位首席技术官，他先是在ShoeDazzle（专营女鞋的网站），之后在Carbon38（高档女性运动服饰零售商）任职。维塔又当了几年技术专家，随后完全改了行，获得了心理学博士学位。当我最近一次听说她的消息时，她已经成了南加州大学的博士后研究员。

离开网飞后，吉姆·库克在 WineShopper 待了几年，最后在摩斯拉（Mozilla）公司谋得了他梦寐以求的首席财务官一职。他在那里待了将近 15 年。

史蒂夫·卡恩没有在他那栋豪宅里待太久。他现在在圣迭戈，追求成为一名专业摄影师的梦想。现在我的房子里就摆着他拍的两张照片，我把它们挂在最显眼的地方。

21 年后的今天，苏雷什·库马尔仍旧在网飞工作。他现在是一名工程经理，他还保留着因为成功预测第 100 张订单而获得的那枚银币。

科里·布里奇斯是我们当中唯一一个（当然，除了里德）留在娱乐行业的人。他花了数年时间为著名导演詹姆斯·卡梅伦做营销策划，之后便自己创业，成立了自己的咨询公司。

霍·布劳恩呢？我不知道他现在在哪里。

自打我离开以来，网飞做了很多事情。在我撰写本书之时，公司刚刚突破 1.5 亿个订阅用户的大关，用户几乎遍布世界所有国家。网飞开始制作自己的电视剧、自己的电影，还改变了人们消费娱乐的方式。它首次引入了"刷剧"的概念。

我知道股市从来都不是真实价值的指标，但我还是忍不住提一句，就在撰写本书之时，那家百视达当初本可以以 5 000 万美元收购的 DVD 邮寄小公司，如今已经达到了 1 500 亿美元的市值。

猜猜百视达现在在哪里？

它只剩下最后一家门店了，在俄勒冈州的本德市。

我一直想着去瞻仰一下，却始终抽不出时间来。

我不能把我离开后的许多年里网飞取得的成就都归功于我自己。不过，尽管公司的许多举措都是在我卸任后实施的，但我认为，其中有不少明显带着我的印记。

企业文化的许多方面都源于我和里德对待彼此的方式，以及我们对待其他人的方式。绝对的坦诚、自由与责任，都是从一开始就有的——在 17 号公路上的车里，在霍比餐厅里，在初创时期的银行保险库里。

网飞对分析的重视也是如此。当你把一个有着直接营销经验的人放进一辆车（然后是会议室，再接着是董事会）里，让他和另一个聪明的人在一起时，效果就是这样的。

里德带来了规模增长的驱动力，而我负责确保我们从未停止关注每个用户。我们两个人都意识到，不管是拥有 150 个还是 1.5 亿个订阅用户，我们如何对待每一个用户个体都是同样重要的。

如今的网飞拥有上千个员工。距离我最后一次把车开出公司的停车场已经过去 16 年了。但每当我看到有关网飞电影业务的新闻报道，读到对里德的访谈，或者只是在家里播放一集《黑钱胜地》时，我都会深感自豪。我想，那是我的公司，它仍然承载着我的基因。这孩子可能长得不太像我，但它的鼻子绝对跟我一模一样。

当我不在网飞上刷剧或者忙于撰写本书的时候呢？作为创业者的脚步永远都不能停下。2003 年离开公司后，我知道自己暂时还没有能力创办一家新的公司，我要等到 2012 年再做这件事，但我也知道我不能完全离开这个领域。我意识到我可以通过帮助其他年轻公司的创始人实现他们的梦想来解决这个问题。在过去的 15 年里，我以首席执行官教练的身份帮助了大量初创企业，以早期投资者的身份投资了许多初创企业，还指导了上百名来自世界各地的年轻创业者。正如我在网飞所做的那样，我仍然能够介入危机，与聪明人一起解决复杂的问题。不同的是，现在我可以每天下午 5 点下班回家，而他们却要通宵达旦进行真正的落实。

有时候，你必须从你的梦想中后退一步，抽离出来，尤其是当你认为你已经实现了梦想的时候。那时你才能真正地看清它。就我而言，离开网飞是因为我意识到已经锻造为成品的网飞并不是我的梦想。我的梦想是打造事物，是创建网飞的过程。

离开网飞让我得以继续打造事物，帮助别人实现梦想。进入下一个阶段让我有时间追求生活中其他重要的事情。即使我不再拥有一份全职的工作，我也永远不会停止做一个具备 A 型人格[1]的人。我仍然会像有强迫症一般将待办事项列成清单。只是现在，我的清单上只有我自己写下的内容。我开始培养自己的兴趣爱好：学会制作完美的卡布奇诺咖啡；自己种植葡萄，自己酿酒；了解罗马教堂地砖的演变历程。

（我知道，我知道：一时的呆子，终生的呆子。）

我真的为我们在网飞取得的成就而感到骄傲，它的成功已经远远超出了我的期望。但我逐渐意识到，成功不是由一家公

---

[1] A 型人格的人具有较强的进取心、侵略性、成就感，愿意从事高强度的竞争活动。——编者注

司的成就来定义的。我有一个不同的定义：成功是你自己的成就。成功是你能做自己喜欢的事，做你最擅长的事，追求对你来说重要的事。

从这个定义来看，我做得不错。

但是成功也可以被定义得更加宽泛一点儿：你拥有一个梦想，你通过时间、天赋和毅力，见证梦想变为现实。

我也完全符合这个定义，为此我很自豪。

但是你知道我最自豪的是什么吗？是我一边做着这一切，一边与我最好的朋友保持着美满的婚姻，我从未缺席孩子们的成长过程，他们（据我所知）都很喜欢我。我刚和洛琳、洛根、摩根、亨特在海滩边度了两周假。什么也不做，只是陪伴他们。

我想，这就是伦道夫法则所指向的那种成功，是父亲一直期望我实现的那种成功：实现你的目标，让你的梦想成为现实，同时享受来自家庭的爱的滋养。

不要总想着金钱，不要总想着股票期权。

这才是成功。

好吧，再一次这么说——故事还没有就此结束。

因为这个故事的主角现在是你。

把你手上的书翻过来，再读一遍最初的书名。

《那永远不会成功》[1]。

---

[1] 作者此处指英文书名 That Will Never Work，直译就是"那永远不会成功"。——编者注

在那天晚上我告诉洛琳有关网飞的想法时,这是她脱口而出的第一句话。她并不是唯一这么说的人。我从很多人口里听到过这句话,听到过很多很多次。

说句公道话,最初的设想确实是无法成功的。我们花了数年时间调整、改变策略,想出新点子,再加上运气好,才最终找到了一个可行的版本。

但是每个心怀梦想的人都有过这样的经历,对吧?某天早上醒来,你想到了一个将会改变世界的伟大创意!你迫不及待地跑下楼,告诉你的配偶,向你的孩子们解释,和你的教授讨论,或者冲进你老板的办公室,把这一切都告诉他。

他们都说了什么?

那永远不会成功。

现在,但愿你已经知道我对这句话的回答了。

无人知晓一切。

这本书我只能写一次。如果我在结束这个故事的时候没有给你提供一些建议,我就会觉得我错过了一个机会。

要将梦想变为现实,任何人所能采取的最有力的一步都很简单:你只需要开始。要想知道你的想法到底好不好,唯一的方法就是去试试。你花一个小时去做一件事,学到的东西会比花一辈子去思考它还多。

所以,迈出这第一步吧:去建造,去创造,去测试,去销售,亲自看看你的想法到底好不好。

要是你的想法行不通怎么办?如果你的测试失败了,没人订购你的产品或者没人加入你的俱乐部怎么办？要是销量不上升，客户投诉量不下降呢？如果小说才写到一半，但你已经文思枯竭了怎么办？如果经过几十次尝试，甚至数百次尝试，你仍然没有看到你的梦想哪怕有一点点变成现实的迹象，又该怎么办呢？

你必须学会热爱问题，而不是热爱解决方案。当事情耗费的时间比你预期的久时，这就是你保持专注的方式。

相信我，事情耗费的时间绝对比你预期的久。如果你已经读到了这里，你就会发现，把梦想变成现实的过程有一个戏剧式结构，这个过程不会很快，也绝不容易，在整个过程中，你会遇到许多问题和困难。

我从威廉·戈德曼的《银幕春秋》一书中学到的一点是（当然，除了"无人知晓一切"），每一部电影开头的都会有一个诱发事件，也就是推动情节发展的事件。电影的主角必须渴望得到某样东西，而为了让电影更加有趣，在主角与其想得到的东西之间必须得有障碍。

就我个人而言，网飞的梦想与将其变为现实之间确实存在着相当多的障碍，用编剧的行话来说就是"戏剧性"。但是怀揣梦想的好处就是，你可以书写属于你自己的故事。对于你自己的这部电影来说，你既是主角，又是编剧。

而你的创意就是推动情节往下发展的诱发事件。

我相信，至少我的某几句话能让你联想到自己心里的某个想法：你想要完成的某件事，你想创办的公司，你想做的产品，你想得到的工作机会，你想写的一本书。

雅达利（Atari）的联合创始人诺兰·布什内尔说过一句话，这句话直到现在都能引起我的共鸣："每个冲过澡的人都有过一个想法，但真正与众不同的是那些从浴室出来，用毛巾把自己擦干，然后采取行动的人。"

也许你已经在考虑是否可以运用我给你的一些建议来实现你的梦想；也许你已经有了信心，总有一种方法可以让你迈出艰难的第一步，让你的梦想成真；也许你已经准备好走出浴室，用毛巾把自己擦干，然后采取行动。

如果是这样，那我的工作就完成了。

从这里开始，一切就交给你来书写。

致 谢

当我告诉别人我写了一本书时，他们问的第一个问题通常是"是你自己写的吗？"我猜他们以为我雇了一个枪手，或者找来一位专业作家根据我的叙述整理出了一本书，又或者他们以为我是在做了一个有关电影滞纳金的梦之后受到了启发，突然就文思如泉涌了。

但正如我希望你现在已经明白的那样，任何一个风险项目，不管是写书还是创业，都不可能仅仅出自一人之手。那么这本书是我自己写的吗？当然不是。和网飞一样，这本书也是几十个人的作品，每个人都在其中加入了一点儿自己的元素。我对于他们的感激之情无以言表……但如果你愿意再容我唠叨一会儿，我愿意一试。

非常感谢乔丹·杰克斯，感谢他耐心的指导和无数次"这太棒了"的鼓励。他对初稿进行了审阅、修改，重新编排、塑造和深化。乔丹，我欠你一个大人情。

还要感谢我的朋友，"概念建筑师"（Idea Architects）的道格·艾布拉姆斯。有一次，我们一起在树林里散了几个小时的步，其间他让我相信我的故事或许可以写成一本书。之后他又花了很多时间帮助我把它变成现实。要是没有他，这本书就不可能问世。

感谢我的编辑们：利特尔与布朗出版社的菲尔·马里诺，他接受了我最初向他自荐的指南手册，并且意识到如果写成回忆录的形式，这本书会更好、更有吸引力。他是对的。他对书稿的编辑和建议让这本书变得更好了。我还要感谢我在奋进出版社的英国编辑克劳迪娅·康纳尔，她不仅帮助我成功地避免了一场由于拼写错误带来的国际事件，还提出了许多很棒的建议，让这本书的内容在每个国家出版时都更紧凑、更清晰。

感谢我的文字编辑珍妮特·伯恩，她尽力发现了每一个错置的逗号、错拼的单词和不准确的事实陈述。如果没人帮你指出来，那你是不会注意到这些问题的。要不是因为她，你可能就会以为邪恶博士的阴囊是"刚刚剃了毛"，而不只是（更准确地说）"剃了毛"。

我要大声感谢网飞创始团队的所有成员，他们花了那么多时间和我打电话或者面对面交谈：克里斯蒂娜·基什、特·史密斯、吉姆·库克、埃里克·迈耶、苏雷什·库马尔、米奇·洛、帕蒂·麦科德，还有史蒂夫·卡恩。他们分享了自己的故事，填补了我记忆的空白，还帮忙就基调和内容方面校阅了本书的初稿。很抱歉我不能把你们所有的精彩故事都写进来，但我真的很喜欢倾听这些故事。

致 谢

我要特别感谢《网飞传奇》(*Netflixed*)[1]的作者吉娜·基廷，她无私地分享了她的原始笔记和采访记录，这些都帮助我更准确地捕捉人们说的内容，以及他们当时说话的方式。

感谢抢先版样书的首位读者萨莉·拉特利奇，她在一次横跨大陆的飞行途中读完了整本书，第一次证明了这本书可能是值得"一次刷完"的（对于一本主要讲网飞的书来说，这个词再合适不过了）。

感谢"概念建筑师"道格·艾布拉姆斯团队的所有成员：劳拉·拉芙、泰·拉芙、科迪·拉芙、玛丽亚·桑福德，以及詹妮尔·朱利安，他们花了两天的时间耐心地听我讲述网飞的故事，帮助我把这些故事塑造得更接近叙事风格。

感谢利特尔与布朗出版社的团队：克雷格·扬、本·艾伦、玛姬·索瑟德、伊丽莎白·加斯曼，以及伊拉·布达。感谢奋进出版社的团队：亚历克斯·斯泰特、肖娜·阿伯纳卡、卡罗·帕罗蒂，以及朱丽叶·诺斯沃西。他们都耐心地包容了我这个好奇心很强的新手，因为我总想知道出版业是如何运作的。他们宣传并出版了这本书。

感谢凯斯宾·丹尼斯和卡米拉·费瑞厄，他们帮忙把这本书带给了其他国家的读者。

感谢负责有声读物的安东尼·戈夫和克丽丝·法雷尔。谢谢你们让我知道原来这么多年，我一直念错了 timbre（音色）和

---

[1] 该书中文版由中信出版集团于2014年2月首次出版。——编者注

inchoate（不成熟的）这两个词。

有一大群人向外界推广了这本书。我要特别感谢 K2 通信公司的海蒂·克鲁普、玛丽亚·特里、詹恩·加博斯基、阿拉娜·雅各布斯、林赛·温克勒、科琳·麦卡锡，以及凯莉·罗姆；感谢来自 BigSpeak 供应商的巴雷特·科德罗、肯·斯特林、布莱尔·尼科尔斯、达莉亚·瓦格纳和阿吉·阿尔维佐；感谢"人类群体"（Group of Humans）项目团队的罗布·诺布尔、吉奈尔·沙、西蒙·沃特福尔、凯尔·邓肯，以及保罗·比恩；感谢克里斯汀·泰勒；感谢来自 Catch the Sun Media 传媒公司的科尔比·德维特；感谢威德纳，据我所知，他的企业目前还没有名字。

刚才这一段是不是让你感觉有一大群人？你想知道怎样才能使全体人员协调一致，朝着同一个方向前进吗？我也很好奇。所以，我要特别感谢我的朋友奥尼·阿贝格伦，感谢她承担了管理团队这个费力但不讨好的任务。谢谢你，奥尼，我希望这比做狗粮广告更有趣。

在结束之前，还要最后感谢一下海波特大学和明德学院的学生们。多年来，他们一直与我分享他们所有的创业想法，帮助我认识到，我作为企业家所学到的经验教训其实可以为任何怀揣梦想的人所用。尤其要感谢明德学院 MiddCORE 项目[1]的前任主

---

[1] MiddCORE项目会请各界精英带领学生做一些创新项目，以培养学生的创新力、领导力、决策力等。——编者注

任杰西卡·霍姆斯，正是在她的支持和耐心指导下，我才学会了如何用简明易懂的方式更清晰地表达这些来之不易的真相。

这一切的实现离不开我在网飞的所有朋友和同事，无论他们现在是否已经离开网飞。请继续关注这篇致谢的姊妹篇，我在其中向网飞所有 7 137 名员工表达了感谢。但是，在你们等待那篇文章的时候，请允许我首先感谢一下还未提及的、网飞上线之前的全职员工：科里·布里奇斯、比尔·孔茨、海蒂·尼伯格、凯莉·凯利、梅里·劳、鲍里斯·德鲁特曼、维塔·德鲁特曼、格雷格·朱利安和丹·杰普森。好吧，还有谁是我忘了说的？

恕我实在词穷，言语不足以表达我对里德·哈斯廷斯的感谢。如果没有他，我就不会写这本书，或者至少，我估计不会有人愿意一读。回顾多年以前发生的那么多事情，我更加清楚地意识到他为公司做出了多么伟大的贡献，以及我从他身上学到了多少东西。纪念我们之间的友谊以及我们共同创造的历史，就是我撰写本书的最高目标之一。但愿我成功做到了这一点。里德，如果你准备再度创业，我立马就加入！

最后，感谢我的家人。感谢你们给予我的爱和支持，感谢你们对我的包容。即便是现在，我们正在度假，我的妻子和女儿在游泳池里，而我却躲在酒店房间里埋头写作。我要再一次道歉了。

感谢我的孩子们，洛根、摩根和亨特。除了你们一贯的支持，你们 3 个人都在这本书成型时期阅读了多个版本，提供了宝贵的反馈意见。去年圣诞节我们在度假时，你们 3 个轮流大声读书里的章节，而且心甘情愿地这么做，那是我第一次意识到我可能在做一件有价值的事情。

　　洛琳，我对你感激不尽。感谢你的支持、你的建议，还有你的爱。感谢你能理解写这本书对我来说有多重要，感谢你陪伴我度过每一分钟。我爱你！

　　还有霍，谢谢你，无论你现在身在何处。

NETFLIX
参考文献

图书

Bernays, Edward. *Propaganda*. New York: H. Liveright, 1928.
Conant, Jennet. *Tuxedo Park: A Wall Street Tycoon and the Secret Palace of Science that Changed the Course of World War II*. New York: Simon & Schuster, 2002.
Novak, David, and Boswell, John. *The Education of an Accidental CEO*. New York: Three Rivers Press, 2007.
PricewaterhouseCoopers. *Global Entertainment and Media Outlook: 2004–2010*. New York: PricewaterhouseCoopers, 2004.
Redstone, Sumner, and Knobler, Peter. *A Passion to Win*. New York: Simon & Schuster, 2001.
Tye, Larry. *The Father of Spin: Edward L Bernays and the Birth of Public Relations*. New York: Henry Holt and Company, 1998.
Wilkofsky Gruen Associates. *Global Entertainment and Media Outlook: 2010–2014*. New York: PricewaterhouseCoopers, 2010.

文章

"Blockbuster to accept online DVD returns at stores." Reuters, Nov. 1, 2006.
"Blockbuster names former 7-Eleven chief as its new CEO and chairman." Associated Press, July 3, 2007.
"Blockbuster Rollout and Sony Ad Campaign Boost DVD." *Video Week*, Sept. 14, 1998.
"Deaths: Randolph, Stephen B." *New York Times*, March 16, 2000.
"DIVX Says It's Poised for National Rollout." *Audio Week*, Sept. 28, 1998. *USA Today*, April 22, 1998.
"DIVX and DVD Jockey for Position." *Audio Week*, Aug. 17, 1998.
"DVD Online Service Stresses Rentals." *Consumer Multimedia Report*, May 4, 1998.
"DVD Rentals Ready for Mainstream with Blockbuster Announcement." Consumer

Multimedia Report, Oct. 18, 1999.

"Exec Exits after Offer; Mark Wattles Leaves Hollywood Entertainment Corp. on Blockbuster Inc.'s Proposal of Takeover." *Daily Variety*, Feb. 4, 2005. "Factory Sales of DVD Players." *DVD News*, Sept. 1999.

"First Online DVD Rental Store Opens: Netflix Site Offers Unprecedented Title Selection, Availability and Convenience." Business Wire, April 14, 1998.

"Internet's Netflix Debuts DVD Rental Program." *DVD Report*, April 20, 1998.

"Janet Bissell Fiancee of William Loomis Jr." *New York Times*, Nov. 1, 1962.

"Joan Amory Loomis Becomes Affianced." *New York Times*, Dec. 23, 1957.

"Miss Violet Amory Engaged to Marry." *New York Times*, March 15, 1937.

"Miss Joan Loomis Becomes Engaged." *New York Times*, Dec. 22, 1957.

"Mrs. V.A. Loomis Married." *New York Times*, Sept. 3, 1946.

"Netflix Cancels $86 Million IPO." *DVD Report*, Aug. 14, 2000.

"Netflix Makes $86 Mil. IPO Bid." *DVD Report*, April 24, 2000.

"Netflix shares feel tailwind of good news." Associated Press, Dec. 7, 2011.

"New DVD Online Service Emphasizes Rentals." *Audio Week*, April 20, 1998.

"Online Renters Swamp Netflix." *DVD Report*, June 15, 1998.

"Online DVD Sales Grow." *Consumer Electronics*. Sept. 7, 1998.

"The Rental Revolution." *Inside Multimedia*, Oct. 26, 1998.

"$700 Million for Next Generation Nets." *CBS MarketWatch*, April 14, 1998.

"Tech Group Backs Charter Schools Step." *San Jose Mercury News*, Feb. 28, 1998.

"2 named to Board of Education." *San Diego Union Tribune*, Feb. 26, 2000.

"Unit Sales to Dealers—DVD Players." *DVD News*, Oct. 4, 1999.

"Video Biz in Slash Rash." *Daily Variety*, Dec. 23, 2004.

Video Software Dealers Association. "The Annual Report on the Home Video Market." *PRC News*, Sept. 13, 1999. "Washington: For the Record." *New York Times*, Sept. 8, 1970.

"We'll Support DIVX Only after DVD Is Established—Sony." *Audio Week*, Nov. 16, 1998.

"Wrong Disks Ship to Some Clinton DVD Customers." *DVD Report*, Oct. 12, 1998.

Abkowitz, Alyssa. "How Netflix Got Started." *Fortune*, Jan. 28, 2009.

Ali, Rafat. "Interview: Blockbuster CEO: Skeptics Aside, Confident of Physical's Digital Future." paidContent, Aug. 14, 2008.

Anderson, Nick. "A New Lesson Plan? Voter Initiative Proposed for Fall Ballot Could Spawn Hundreds More Charter Schools." *Los Angeles Times*, Feb. 25, 1998.

Antioco, John. "How I Did It: Blockbuster's Former CEO On Sparring with an Activist Shareholder." *Harvard Business Review*, April 2011.

Applefield Olson, Catherine. "Online Retailers Slash DVD Prices—Competition Over New Format Heats Up in Cyberspace." *Billboard*, May 16, 1998.

Arango, Tim. "Time Warner View Netflix as a Fading Star." *New York Times*, Dec. 12, 2010.

Arnold, Thomas. "Company Town: Virtual Video Chain Builds Its Presence on PCs." *Los Angeles Times*, Aug. 12, 1998.

Bathon, Mike. "Movie Gallery Files for Bankruptcy." Bloomberg, Feb. 3, 2010.

Bazeley, Michael. "Pair Attempt to Change Law Pushing for More Charter Schools." *San Jose Mercury News*, Feb. 2, 1998.

———. "Boost for Charter Schools Bill Advances: A Silicon Valley Group Helps Broker a Deal that Gov. Wilson May Sign by Friday." *San Jose Mercury News*, April 29 1998.

Bebitch Jeffe, Sherry. "The State: Hi-Tech Makes Its Political Mark." *Los Angeles Times*, Nov. 5, 2000.

Bell, Robert; Bennett, Jim; Koren, Yehuda; and Volinksy, Chris. "The Million Dollar Programming Prize." *IEEE Spectrum*, May 2009.

Bell, Robert; Koren, Yehuda; and Volinksy, Chris. "Matrix Factorization Techniques for Recommender Systems." *Computer*, August 2009.

———. "Statistics Can Find You a Movie, Part 2." AT&T Labs Research, May 19, 2010.

Bloom, David. "Digital LA: Shortage of Outlets Carrying DVD Movies Creates Niche." *Daily News* (Los Angeles), June 24, 1998.

Bond, Paul. "Netflix.com Subscribes to DVD Passions." *The Hollywood Reporter*, Oct. 14, 1999.

———. "Blockbuster to Drop Late Fees." *The Hollywood Reporter*, Dec. 15, 2004.

———. "Movie Gallery Gains Upper Hand in Bid for Hollywood Video." *The Hollywood Reporter*, Jan. 11, 2005.

Buck, Claudia. "Silicon Valley." *California Journal*, June 1, 1998.

Chasan, Emily, and Keating, Gina. "Blockbuster seeks debt overhaul, shares halted." Reuters, March 3, 2009.

Chmielewski, Dawn. "Hot Products: DVDs to Your Door." *Orange County Register*, July 12, 1998.

Cohen, William. "Seeing Red." *Vanity Fair*, Feb. 22, 2012.

Copeland, Mike. "Waco, Texas, Blockbuster Outlets Aren't Jumping on 'No Late Fees' Bandwagon." *Waco Tribune-Herald*, Dec. 22, 2004.

———. "Reed Hastings: Leader of the Pack." *Fortune*, Nov. 18, 2010.

Coplan, Judson. "Diagnosing the DVD Disappointment: A Life Cycle View." Leonard N. Stern School of Business, Glucksman Institute for Research in Securities Markets, April 3, 2006.

Coursey, David. "Harbingers of DVD." *Upside,* October 1998.

Cruz, Sherri. "Online Movie-Rental Service to Open Distribution Center in Minneapolis; Netflix Planning 9 Other Facilities." *Minneapolis Star Tribune*, June 19, 2002.

Dash, Eric, and Fabrikant, Geraldine. "Payout Is Set by Blockbuster to Viacom." *New*

York Times, June 19, 2004.

Demerjian, Dave. "Rise of the Netflix Hackers." *Wired*, March 15, 2007.

Demery, Paul. "The New Walmart?" *Internet Retailer*, May 5, 2004.

Donahue, Ann. "Netflix: 300,000 Customers and $75 Million in Revenue, All in a Postage-Paid Envelope." *Video Business*, Dec. 17, 2001.

———. "Netflix Goes on Public Display; Online DVD Rental Service Files for IPO Again." *Video Business*, March 11, 2002.

Edwards, Cliff, and Grover, Ronald. "Can Netflix Regain Lost Ground?" *Bloomberg Businessweek*, Oct. 19, 2011.

Elkin, Tobi. "Toshiba, Netflix Put Friendlier Face on DVD." *Brandweek*, May 1998.

Espe, Eric. "Retailer's Plan: 'DVD' and Conquer." *San Jose Business Journal*, July 20, 1998.

———. "Educating Reed." *San Jose Business Journal*, Sept. 3, 1999.

Fabrikant, Geraldine. "So Far, Icahn's Midas Touch No Help to Blockbuster." *New York Times*, Jan. 16, 2006.

Fitzpatrick, Eileen. "Netflix Drops Per-Movie Rentals, Offers Monthly DVD Subscription." *Billboard*, Feb. 26, 2000.

Fonseca, Natalie. "TechNet's Reed Hastings on Shareholder Suits and Aggressive Accounting." *Upside,* Feb. 1999.

Franklin, Paul, and Gershberg, Michele. "CEO sees Blockbuster role in leading media devices." Reuters, Nov. 8, 2007.

Franklin, Paul, and Keating, Gina. "Blockbuster same-store stales rise, shares jump." Reuters, March 5, 2009.

Fritz, Ben. "Blockbuster Files for Chapter 11 Bankruptcy, Sets Plan to Reorganize." *Los Angeles Times*, Sept. 23, 2010.

Garrity, Brian. "Blockbuster Readies Itself for Digital Age." *Billboard*, Nov. 10, 2001.

Gelsi, Steve. "Netflix.com Refiles IPO Amid Cocooning Trend." *CBS MarketWatch*, March 7, 2002.

———. "Netflix Founder Touts Future Role in Digital Movies." *CBS MarketWatch*, June 19, 2002.

Gershberg, Michele, and Keating, Gina. "Blockbuster to test prices, store formats." Reuters, Nov. 8, 2007.

Gilpan, Kenneth N. "Online DVD Rental Service Performs the Best of 3 Initial Offerings." *New York Times*, May 24, 2002.

Glenn, David J. "Profits from Passion: Muriel Randolph from Front Porch to In Town Office." *Fairfield County Business Journal*, Sept. 9, 2002.

Goldman, Andrew. "Reed Hastings Knows He Messed Up." *New York Times*, Oct. 20, 2011.

Goldsmith, Jill. "H'wood Vid Bid Battle Heating Up." *Daily Variety*, Jan. 11, 2005.

———. "Vidtailers in Hostile Territory." *Daily Variety*, Feb. 3, 2005.

———. "Vid Bid Gets Rejected." *Daily Variety*, Feb. 18, 2005.
Goldsmith, Jill, and Sweeting, Paul. "Vid Fast-Forward: Icahn Pushes Merger of Top Rental Chains." *Daily Variety*, Dec. 15, 2004.
Goldstein, Seth. "DVD Rentals on Their Way From Warner." *Billboard*, April 25, 1998.
———. "DIVX Backers Upbeat Despite Hurdles as DVD Base Grows, Alternate Format Could Still Prompt Confusion." *Billboard*, Oct. 24, 1998.
———. "Picture This: British Research Report Underscores VHS' Decline, DVD and DVD-ROM Growth." *Billboard*, April 24, 1999.
———. "Circuit City Pulls Plug on DIVX—Home Entertainment War Won by 'Open' DVD." *Billboard*, June 26, 1999.
———. "Picture This: Blockbuster Finally Joins DVD Crowd." *Billboard*, Oct. 9, 1999.
Gomes, Lee. "Netflix Aims to Refine Art of Picking Films." *Wall Street Journal*, Nov. 29, 2007.
Gottfredson, Mark; Puryear, Rudy; and Phillips; Stephen. "Capability Sourcing at 7-Eleven." *Harvard Business Review*, March 28, 2005.
Graham, Jefferson. "DVD Rentals with No Late Fees Netflix, Others Are Challenging Video-Store Supremacy." *USA Today*, June 19, 2001.
Graser, Marc. "Netflix, Amazon Ink DVD Deal." *Daily Variety*, Dec. 7, 1998.
———. "Netflix Gets $30 Mil Influx." *Daily Variety*, July 8, 1999.
Grossman, Robert J. "Tough Love at Netflix." *HR Magazine* 55 no. 4 (April 1, 2010).
Gustin, Sam. "Netflix CEO Reed Hastings: No Armageddon Battle with Cable Giants." *Wired*, May 3, 2011.
Halkias, Maria. "DVD Rentals Slashed; Blockbuster Cuts Online Subscription Fee Again; Netflix Won't Follow." *Dallas Morning News*, Dec. 23, 2004.
———. "Blockbuster Meeting May Offer Latest Twist in Saga." *Dallas Morning News*, May 9, 2005.
———. "Blockbuster Chief Keeps Post: Antioco Re-elected to 3-Year Term; Icahn Absent from Meeting." *Dallas Morning News*, May 26, 2006.
———. "Blockbuster Is Trying to Turn It Around." *Dallas Morning News*, May 8, 2010.
Hargett, Joseph. "Puts Popular on Apple, Bank of America, Netflix, Amazon.com and Citigroup." *Forbes*, Nov. 27, 2011
Hawkins, Robert J. "Entertainment, television and culture." Copley News Service, April 20, 1998.
Hays, Kathleen, and Francis, Bruce. "Netflix on the Rise." CNNfn, June 24, 2002.
Helfand, Duke, and Rau, Jordan. "Education Official Is Targeted." *Los Angeles Times*, Jan. 11, 2005.
Helman, Christopher. "7-Eleven's Inconvenience." *Forbes*, April 11, 2005.
Hennessey, Raymond. "Dropping 'dot-com' does wonders for firm." Dow Jones Newswires, May 27, 2002.

Herhold, Scott. "The Honeymoon Goes On as Record $1.25 Billion Poured in during 2nd Quarter." *San Jose Mercury News*, Aug. 16, 1998.

Hettrick, Scott. "Netflix Puts DVD Rentals on the Web." *The Hollywood Reporter*, April 16, 1998.

Hettrick, Scott, and DiOrio, Carl. "Divx Clearance at Circuit City." *The Hollywood Reporter*, June 17, 1999.

Icahn, Carl. "Why Blockbuster Failed." *Harvard Business Review* (April 2011).

Isensee, Laura, and Keating, Gina. "Blockbuster loss grows as sales drop, shares fall." Reuters, Nov. 12, 2009.

James, Frank. "New Winner Emerges in the Game of Lobbying; Reluctant Tech Sector Proves a Quick Lesson." *Chicago Tribune*, Dec. 29, 1998.

Johnson, Greg. "Taco Bell Chief Leaving for Blockbuster." *New York Times*, June 4, 1997.

Kadlec, Daniel; Keith, Andrew; and Pascual, Alixa. "How Blockbuster Changed the Rules." *Time*, Aug. 3, 1998.

Kaltschnee, Michael. "Blockbuster Online Rental Service Beta Site Leaked to Hacking Netflix." HackingNetflix.com, July 16, 2004.

Keating, Gina. "Blockbuster cuts online price, challenges Netflix." Reuters, Oct. 15, 2004.

———. "Netflix move sparks market concern, shares tumble." Reuters, Oct. 15, 2004.

———. "Netflix sticks to guns in online DVD rental fight." Reuters, Oct. 18, 2004.

———. "Amazon CEO Bezos predicts record holiday season." Reuters, Nov. 9, 2004.

———. "Netflix, Warner partner to push movie 'Engagement.'" Reuters, Nov. 30, 2004.

———. "Netflix CEO rates Blockbuster, Amazon threats." Reuters, Dec. 10, 2004.

———. "DVD sales boom again in 2004—slower growth seen." Reuters, Jan. 13, 2005.

———. "Netflix profit up, sees '05 loss and 4 million renters." Reuters, Jan. 24, 2005.

———. "Netflix CEO vows to fight, win price war." Reuters, Feb. 22, 2005.

———. "Netflix downplays online movie delivery." Reuters, March 2, 2005.

———. "Netflix prepared to trade profits for growth—CEO." Reuters, March 2, 2005.

———. "Blockbuster in talks over late fee claims—sources." Reuters, March 7, 2005.

———. "Amazon eyeing DVD rental partnership in U.S.-source." Reuters, April 15, 2005.

———. "Netflix posts first-quarter loss." Reuters, April 21, 2005.

———. "Interview: Icahn says Blockbuster a long-term play." Reuters, April 29, 2005.

———. "Blockbuster board urges vote for incumbents." Reuters, May 2, 2005.

———. "Advisory firm urges vote against Blockbuster CEO." Reuters, May 9, 2005.

———. "Walmart ends Web DVD rentals, promotes Netflix." Reuters, May 19, 2005.

———. "Netflix posts surprise profit, shares jump." Reuters, July 25, 2005.

———. "Blockbuster CEO warns of weakness in rental sector." Reuters, Aug. 2, 2005.

――. "Netflix targets strong profit growth, shares jump." Reuters, Sept. 8, 2005.
――. "Blockbuster shares tumble on debt and growth fears." Reuters, Sept. 16, 2005.
――. "Netflix 3rd quarter earnings dip, subs top forecast." Reuters, Oct. 19, 2005.
――. "Blockbuster posts loss; sees more cost cutting." Reuters, Nov. 8, 2005.
――. "Blockbuster completes $150 million offering." Reuters, Nov. 15, 2005.
――. "Netflix shares rebound after four-day slide." Reuters, Dec. 15, 2005.
――. "Netflix wins first round in online DVD rental war." Reuters, Dec. 23, 2005.
――. "Blockbuster to push customers toward online—CEO." Reuters, Jan. 10, 2006.
――. "U.S. rental revenue down 3 pct in 2005—Rentrak." Reuters, Jan. 17, 2006.
――. "Netflix testing $5.99 subscription plan." Reuters, Feb. 15, 2006.
――. "Movie Gallery shares drop after meeting with banks." Reuters, March 8, 2006.
――. "Blockbuster profit up but revs miss Street target." March 9, 2006.
――. "Blockbuster CEO sees digital future." Reuters, March 9, 2006.
――. "Movie Gallery posts loss on weak box offices, closures." Reuters, March 23, 2006.
――. "Netflix hopes customers will fall for 'Cowboy.'" Reuters, April 2, 2006.
――. "Netflix sues Blockbuster to shut online service." Reuters, April 4, 2006.
――. "Blockbuster says Netflix suit without merit." April 6, 2006.
――. "Netflix turns to profit in 1st quarter, ups forecast." Reuters, April 24, 2006.
――. "Blockbuster loss narrow, U.S. rentals improve." Reuters, April 27, 2006.
――. "Tepid interest seen for next-generation DVDs in 2006." Reuters, May 3, 2006.
――. "Netflix has edge in Blockbuster lawsuits—attorneys." Reuters, June 28, 2006.
――. "Analysis: Web to TV still a long road for movie downloads." Reuters, July 19, 2006.
――. "Netflix qtly profit top views, outlook disappoints." Reuters, July 24, 2006.
――. "Blockbuster 2nd-quarter results miss view, shares fall." Reuters, July 27, 2006.
――. "Movie Gallery posts unexpected loss, shares plunge." Reuters, Aug. 10, 2006.
――. "Netflix profit beats Street, shares jump." Reuters, Oct. 23, 2006.
――. "Blockbuster posts narrower loss, stock up." Reuters, Nov. 2, 2006.
――. "Netflix sees struggle for movie download model." Reuters, Dec. 1, 2006.
――. "JP Morgan raises Movie Gallery earnings target." Reuters, Dec. 6, 2006.
――. "Netflix launches 1,000-title online movie feature." Reuters, Jan. 15, 2007.
――. "Netflix shares rise after online delivery unveiled." Reuters, Jan. 16, 2007.
――. "Movie Gallery faces risk of bankruptcy—analysts." Reuters, Jan. 24, 2007.
――. "Netflix 4th-qtr earns top estimates, shares up." Reuters, Jan. 24, 2007.
――. "Walmart entry to video downloads signals change." Reuters, Feb. 6, 2007.

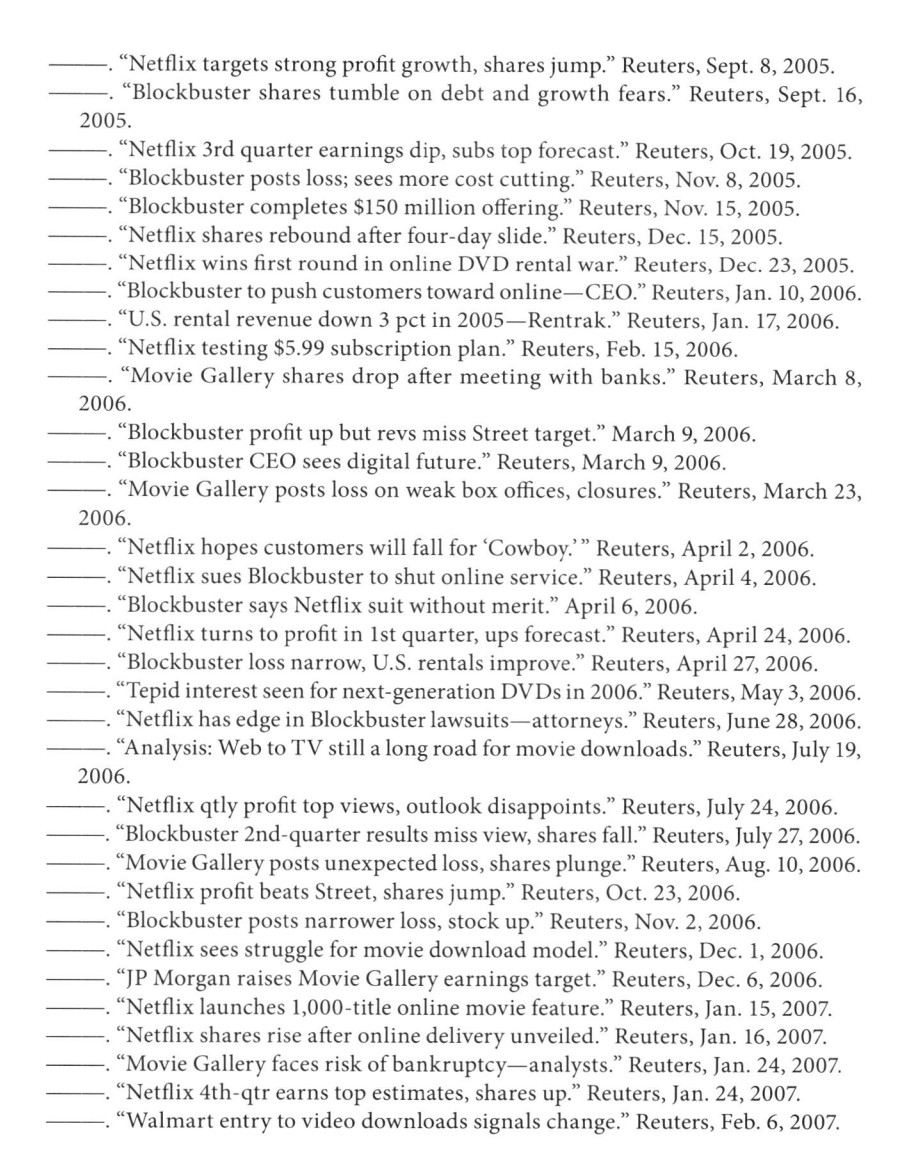

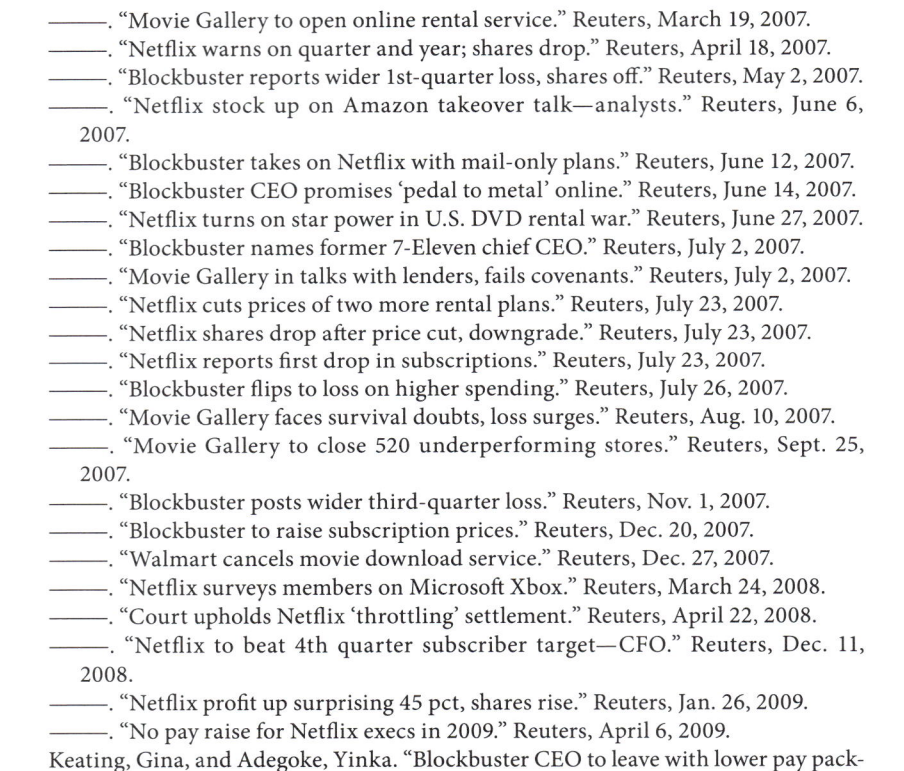

———. "Movie Gallery to open online rental service." Reuters, March 19, 2007.
———. "Netflix warns on quarter and year; shares drop." Reuters, April 18, 2007.
———. "Blockbuster reports wider 1st-quarter loss, shares off." Reuters, May 2, 2007.
———. "Netflix stock up on Amazon takeover talk—analysts." Reuters, June 6, 2007.
———. "Blockbuster takes on Netflix with mail-only plans." Reuters, June 12, 2007.
———. "Blockbuster CEO promises 'pedal to metal' online." Reuters, June 14, 2007.
———. "Netflix turns on star power in U.S. DVD rental war." Reuters, June 27, 2007.
———. "Blockbuster names former 7-Eleven chief CEO." Reuters, July 2, 2007.
———. "Movie Gallery in talks with lenders, fails covenants." Reuters, July 2, 2007.
———. "Netflix cuts prices of two more rental plans." Reuters, July 23, 2007.
———. "Netflix shares drop after price cut, downgrade." Reuters, July 23, 2007.
———. "Netflix reports first drop in subscriptions." Reuters, July 23, 2007.
———. "Blockbuster flips to loss on higher spending." Reuters, July 26, 2007.
———. "Movie Gallery faces survival doubts, loss surges." Reuters, Aug. 10, 2007.
———. "Movie Gallery to close 520 underperforming stores." Reuters, Sept. 25, 2007.
———. "Blockbuster posts wider third-quarter loss." Reuters, Nov. 1, 2007.
———. "Blockbuster to raise subscription prices." Reuters, Dec. 20, 2007.
———. "Walmart cancels movie download service." Reuters, Dec. 27, 2007.
———. "Netflix surveys members on Microsoft Xbox." Reuters, March 24, 2008.
———. "Court upholds Netflix 'throttling' settlement." Reuters, April 22, 2008.
———. "Netflix to beat 4th quarter subscriber target—CFO." Reuters, Dec. 11, 2008.
———. "Netflix profit up surprising 45 pct, shares rise." Reuters, Jan. 26, 2009.
———. "No pay raise for Netflix execs in 2009." Reuters, April 6, 2009.
Keating, Gina, and Adegoke, Yinka. "Blockbuster CEO to leave with lower pay package." Reuters, March 20, 2007.
Keating, Gina, and Dorfman, Brad. "Blockbuster posts loss, drops forecast, stock hit." Reuters, Aug. 9, 2005.
———. "Blockbuster won't pay Q3 dividend." Reuters, Sept. 2, 2005.
Keating, Gina, and Henderson, Peter. "Netflix seeks growth, not profit, shares plunge." Reuters, Oct. 14, 2004.
Kee, Tameka. "Warner Bros Throws DVD Rental Gauntlet Down at Redbox—and Netflix." paidContent, Aug. 14, 2009.
Kerstetter, Jim. "Blockbuster/Circuit City: OK, I Don't Get It Either." CNET News, April 14, 2008.
Kilgore, Leslie. "Netflix Clicks." *The Hub,* January/February 2006.
Knapp, Shelley. "DVD Get Net Boost." *Calgary Herald*, April 16, 1998.
Koenig, David. "Blockbuster Raises Takeover Bid Pressure: Hollywood Entertain-

ment Chain Is Target." *Washington Post*, Dec. 29, 2004.

———. "Blockbuster 3Q Loss Narrows: Shares Soar." Associated Press Online, Nov. 2, 2006.

LaGanga, Maria, and Anderson, Nick. "Lungren Joins Call for More Charter Schools." *Los Angeles Times*, Feb. 13, 1998.

Landy, Heather, and Shlachter, Barry. "Icahn Blasts Board, Aims to Take Over." *Fort Worth Star-Telegram*, April 8, 2005.

Lewis, Peter. "Clinton Testimony for Sale (Real Cheap) on DVD." *New York Times*, Sept. 24, 1998.

Lieber, Ed. "Netflix vs. DIVX: Round One Under Way." HFN, the Weekly Newspaper for the Home Furnishing Network, April 27, 1998.

———. "Sony Ready to Flex DVD Muscle in Fourth Quarter." HFN, Sept. 14, 1998.

———. "Blockbuster Rollout and Sony Ad Campaign Boost DVD." *Video Week*, Sept. 14, 1998.

———. "DVD's Success Helps Limit DIVX's Launch." HFN, Oct. 19, 1998.

Lieberman, David. "Blockbuster Sweetens Hollywood Bid." *USA Today*, Feb. 3, 2005.

Liedtke, Michael. "Online DVD rental service Netflix emerging as Internet star." Associated Press, Sept. 10, 2001.

———. "Online DVD service Netflix prices IPO at $15 per share." Associated Press, May 22, 2002.

———. "Humbled Netflix CEO still thinking, talking big." Associated Press, Dec. 6, 2011.

Lindow, Megan. "Fee Changes Helped Propel DVD Rental Company to Fast Growth." *San Jose Business Journal*, Nov. 23, 2001.

McAleer Vizard, Mary. "If You're Thinking of Living in Westchester." *New York Times*, Oct. 21, 1990.

McGinn, Daniel, with Setoodeh, Ramin. "Rewinding a Video Giant." *Newsweek*, June 27, 2005.

MacMillan, Robert, and Keating, Gina. "MovieBeam Offers 1st High-Definition Movie Rentals." Feb. 14, 2006.

Marshall, Matt. "Number of Internet Start-Up Companies Begins to Slow." *San Jose Mercury News*, Aug. 21, 2000.

———. "Silicon Valley IPOs Maintain a Holding Pattern for the New Year." *San Jose Mercury News*, Dec. 17, 2000.

Meek, Andy. "Blockbuster Suit Meets with Failed Injunction Request." *Memphis Daily News*, Sept. 8, 2009.

———. "Blocked and Tackled; Lawsuit Dies between Blockbuster, Local Franchise Group." *Memphis Daily News*, Jan. 27, 2010.

Mendel, Ed. "Entrepreneur Aids Charter School Growth." *San Diego Union Tribune*, Feb. 1, 1998.

———. "Legislators Compromise, May Keep School Initiative Off Ballot." Copley News Service, April 29, 1998.

Menefee, Sami. "DVD Movie Rentals Come Online." *Newsbytes*, April 15, 1998.

Mitchell, James J. "James J. Mitchell Column." *San Jose Mercury News*, March 29, 1998.

Mnyandu, Ellis. "Blockbuster profit up, fueling battle with Netflix." Reuters, March 9, 2005.

Mollison, Andrew. "Political Giving Begins to Compute; Tech Companies Seeking More Pull." *Austin American-Statesman*, Aug. 24, 1998.

Morain, Dan. "Making of a Ballot Initiative." *Los Angeles Times*, April 16, 1998.

———. "Wilson Expected to OK Bill on Charter Schools." *Los Angeles Times*, April 29, 1998.

Morris, Valerie. "The Leading Edge: Netflix, the Virtual DVD Rental Store, Coming Soon to a Browser Near You." CNNfn, Jan. 23, 2001.

Munoz, Lorenza. "Blockbuster to Halt Late Fees, but There's a Catch." *Los Angeles Times*, Dec. 15, 2004.

Netherby, Jennifer, and Sweeting, Paul. "Some Predicting Rental Resurgence; but Hard Evidence Is Tough to Identify." *Video Business*, Dec. 20, 2004.

Nichols, Peter. "Amazon Joins the Film Fray." *New York Times*, Nov. 20, 1998.

Osbourne, Jeffrey M. "The Netflix Effect." *Wired* (December 2002).

Ostrom, Mary Anne. "With .com Dropped from Name, Netflix Shares Up 12% in IPO: Market Warms to DVD-Rental Firm." *San Jose Mercury News*, May 24, 2002.

———. "With newer releases, Netflix users can anticipate a 'very long wait.'" *San Jose Mercury News*, July 7, 2002.

Patsuris, Penelope. "Blockbuster Takes On New Strategy vs. Netflix." *Forbes*, April 24, 2003.

Peers, Martin. "Will Starz Turn into a Black Hole for Netflix?" *Wall Street Journal*, Sept. 16, 2010.

Pogue, David. "Where Are the Netflix Profiles?" *New York Times*, June 23, 2008.

Puzzanghera, Jim. "Immigration Bill Stalls: Labor Ally in Senate Stymies Measure to Raise Cap on Tech Visas." *San Jose Mercury News*, Oct. 10, 1998.

———. "Foreign Worker Visas Revived: Bill to Close Loophole on Lawsuits Also Alive." *San Jose Mercury News*, Oct. 14, 1998.

———. "Behind High-Tech Successes as Congressional Victories Show, Silicon Valley Now Has Some Clout." *San Jose Mercury News*, Oct. 17, 1998.

Quintos Danyliw, Norie. "Disks for Rent." *U.S. News & World Report*, May 4, 1998.

Rabinovitz, Jonathan. "High-Tech Lobby Picks New President." *San Jose Mercury News*, May 6, 1999.

Ralli, Tania. "Brand Blogs Capture the Attention of Some Companies." *New York Times*, Oct. 24, 2005.

Rau, Jordan. "Democrats Reject Gov.'s Nominee." *Los Angeles Times*, Jan. 13, 2005.

Ray, Tiernan. "Down 79% from Their July High, Netflix Shares May Be a Buy." *Technology Trader*, Nov. 26, 2011.

Redburn, Tom. "Forget Plastics. Go Find Subscribers." *New York Times*, Dec. 9, 2001.

Roberts, Jeff. "Time Warner's Bewkes: 'Netflix Is Our Friend.'" paidContent.org, Dec. 6, 2011.

Rose, Derek. "W'chester Granny Dies on Viet Trip." *New York Daily News*, March 16, 2004.

Roth, Daniel. "Netflix Everywhere: Sorry Cable, You're History." *Wired*, Sept. 21, 2009.

Sandoval, Greg. "Redbox, Kiosk Rentals Now Outpace Video Stores." CNET News, Jan. 17, 2011.

———. "Who Stole Netflix's Mojo?" CNET News, Sept. 19, 2011.

Savitz, Eric. "Netflix: Obvious Takeover Bait, or Risky Value Trap?" *Forbes*, Nov. 27, 2011.

Schlachter, Barry. "Icahn Sweeps Blockbuster Vote." *Fort Worth Star-Telegram*, May 12, 2005.

Seitz, Patrick. "Consumer Web Services DVD Movie Rental Plot Pits Tiny Netflix vs. Blockbuster." *Investors' Business Daily*, March 21, 2001.

Seitz, Patrick. "Netflix Could Challenge Blockbuster in DVD Field." *Investors Business Daily*, Dec. 20, 2001.

———. "Netflix Is Moving to Get Big Fast; Overnight Service Firm's Aiming for Profit and a Million Subscribers in Second Quarter of '03." *Investor's Business Daily*, July 2, 2002.

Simon, Mark. "Widespread Success for TechNet: Silicon Valley Political Action Group Is a Big Hit." *San Francisco Chronicle*, July 16, 1998.

———. "Political Action Chief Steps Down: Reed Hastings Will Stay Active in Silicon Valley Group." *San Francisco Chronicle*, Jan. 12, 1999.

Sinton, Peter. "Start-ups Fetch Record Financing." *San Francisco Chronicle*, Aug. 11, 1999.

Spector, Mike. "Icahn Takes Blockbuster Debt Holding." *Wall Street Journal*, Sept. 17, 2010.

Sporich, Brett. "Vid Firm Quick to Market Clinton Tape." *Daily Variety*, Sept. 22, 1998.

Stack, Peter. "DVD Puts a New Spin on Old Movies." *San Francisco Chronicle*, July 26, 1998.

Summers, Nick. "Netflix: The Sequel." *Newsweek*, July 13, 2010.

Swartz, Jon. "New Web Site Sells, Rents DVD Movies." *San Francisco Chronicle*, April 18, 1998.

Swanson, Tim. "Netflix Clicks Pix with New Studio Mix." *Daily Variety*, June 13, 2001.

Sweeting, Paul. "Blue Turns to Distribs for Online Product; Chain Aims to Sync Store,

Online Eventually." *Video Business*, Feb. 28. 2005.

———. "Big Retailers Socked by Stock Woes: Marketing Softening Undermines Blockbuster, Gallery." *Video Business*, Sept. 19, 2005.

Tan, Shannon. "Blockbuster Goes DVD." *Miami Herald*, Sept. 11, 2001.

Tedeschi, Bob. "E-Commerce Report: As Blockbuster Moseys Online, Two Competitors Are Already Running Hard. But Will That Matter?" *New York Times*, April 28, 2003.

Thompson, Clive. "If You Liked This, You're Sure to Love That." *New York Times*, Nov. 23, 2008.

Thompson, Wayne. "DIVX, DVD's Poorer Cousin, Looks for a Place in Your Home but Is More Trouble Than It Is Worth." *The Oregonian*, Sept. 25, 1998.

Traiman, Steve. "DVD's Steady Climb Mapped Out at Industry Conference." *Billboard*, Sept. 5, 1998.

Tsering, Lisa. "Can Netflix Deliver On Its Promise to Bollywood Fans?" *India-West*, Dec. 28, 2001.

Turner, Megan. "The Death of Video? Booming DVDs Hit Fast Forward." *New York Post*, Jan. 6, 2000.

Volinsky, Chris. "Statistics Can Find You a Movie, Part 1." AT&T Labs Research, Feb. 16, 2010.

Williams, Leticia. "Can Netflix Become an Internet Success Story?" *CBS MarketWatch*, Sept. 1, 2001.

Wilmouth, Adam. "Kerr-McGee Agreement Keeps the Peace." *The Oklahoman*, May 11, 2005.

Zajac, Andrew. "Bill to Add Tech Visas Moves Ahead: House Approves Plan to Admit More Workers." *Chicago Tribune*, Sept. 25, 1998.

Zaragosa, Sandra. "Jim Keyes, 7-Eleven Both Poised for Change." *Dallas Business Journal*, Jan. 1, 2006.

Zeidler, Sue. "Blockbuster buys movie download service Movielink." Reuters, Aug. 8, 2007.

———. "Netflix scrambles future of TV and films." Reuters, Dec. 1, 2010.

Zeidler, Sue, and Keating, Gina. "Blockbuster takes on Netflix with new set-top box." Reuters, Nov. 25, 2008.

Zipkin, Amy. "The Boss: Out of Africa, Onto the Web." *New York Times*, Dec. 17, 2006.